핵심감정 시리즈 ①

핵심감정 탐구

세움북스는 기독교 가치관으로 교회와 성도를 건강하게 세우는 바른 책을 만들어 갑니다.

핵심감정 시리즈 ①

핵심감정 탐구

핵심감정의 치유와 성화의 길

초판 1쇄 발행 2018년 9월 15일
초판 3쇄 발행 2019년 7월 15일

지은이 | 노승수
펴낸이 | 강인구

펴낸곳 | 세움북스
등 록 | 제2014-000144호
주 소 | 서울시 마포구 양화로 78, 502호(서교동, 서교빌딩)
전 화 | 02-3144-3500
팩 스 | 02-6008-5712
이메일 | cdgn@daum.net

교 정 | 이윤경
디자인 | 참디자인

ISBN 979-11-87025-33-7 (03230)

NUCLEAR FEELING

핵심감정 시리즈 ①

핵심감정 탐구

노승수 지음

세움북스

추천사

저자는 개혁주의 교단의 목회자로서 오랜 기간 성실히 목회사역을 감당함과 동시에 목회상담자로서 수많은 내담자들을 직접 상담해 온 보석 같은 경험을 이 책에 자상히 쏟아 놓았습니다. 특히 저자는 '자연신학에서 인간이 하나님을 찾아가는 것에 초점을 두는 반면, 계시신학은 하나님이 인간을 찾아오는 것에 초점을 둔다'는 전제 아래 심리학적 방법론으로는 구원의 길이 불가능하다는 것을 강조합니다. 맞습니다. 구원은 우리를 향한 하나님의 선물이며 오직 은혜로만 주어지는 것입니다. 하지만 저자가 자세히 설명해 주고 있는 핵심감정들이 우리를 억누를 때 우리는 구원의 확신이 분명하지 않은 상태에서 하나님께로 가는 길을 헤매는 구도자로 머무를 수밖에 없을 것입니다. 따라서 핵심감정은 "세 살 버릇 여든까지 간다"는 우리 속담에도 잘 나타나 있다고 저자가 강조했듯이 핵심감정으로 인해 평생 힘겨워하며 목회자와 상담실을 찾아오는 이들에게 이 책은 확실한 설명과 치유의 길을 열어 줄 수 있을 것으로 확신합니다.

저자는 우리가 핵심감정에서 벗어나면 자기만족을 바라는 부패한 본성의 바탕으로 살지 않고 하나님께 초점을 맞추고 하나님을 기쁘시게 하면서 살 수 있다고 주장합니다. 그런 삶은 인생의 모든 역경에도 불구하고 행복과 평안을 얻을 수 있을 것이라고 합니다. 우리는 누구나 하나님께 초점을 맞추고 하나님을 기쁘시게 하면서 살고자 최선을 다하며 살아내고 있을 것입니다. 그러나 이는 절대로 우리 힘으로는 불가능하며 행복과 평안을 얻기는 정말로 쉽지 않습니다. 하나님과의 화해적 관계는 우리의 경험에서 비롯되는 것이 아니라 그리스도의 십자가의 대속에서 비롯되는 것이라고 저자는 주장합니다. 이것이 바로 복음의 핵심입니다. 저자의 주장처럼 기독교 구원의 출발점은 우리 자신이 아니라 계시하시는 하나님으로부터입니다. 따라서 우리는 하나님과의 화해를 방해하는 핵심감정과 같은 장애물들이 제거되도록 도와주는 일반계시를 상담과 심리학적인 접근으로 선용(善用)하며 특별계시인 하나님의 구원의 역사, 은혜, 섭리와 인도하심에 순종하기만 한다면 나머지 모든 일은 하나님께서 만들어 가실 것입니다.

_ **박은정** (웨스트민스터 신학대학원 대학교 상담심리학과/놀이치료학과 교수)

******

일반적으로 신자들이 예수님을 믿고 점점 거룩해지는 과정을 성화라고 합니다. 문제는 성화를 소원하는 간절함에 비해 실제적 삶에서 성화를 경험하는 신자들이 많지 않다는 것입니다. 회심을 체험하고 난 후, 예수님을 닮아가는 모습이 어느 정도 나타나는 것 같았는데, 사실은 그것이 느낌에 불과했고 늘 제자리에 있는 비참한 자신을 만납니다. 어떤 분은 이런 신자의 모습을 두고 '제자리에서 줄넘기'하고 있다고 말하더군요. 순간적인 감정의 상승이 있을 뿐이지 삶은 동일한 행동을 반복한다는 뜻입니다. 이렇게 성화의 실체를 경험하지 못하는 현실 속에서 계속해서 성화를 요구받는 자리에 서게 되다 보니, 기독교 신앙에 진지한 열심을 내었던 대부분의 신자들은 스스로에게 크게 실망하고 좌절합니다. "성화란 정말 존재할까?", "성화가 과연 성경적인 개념일까?", "성화의 실체적 진실은 무엇일까?" "성화의 주체는 인간인가 하나님이신가?" 자연스럽게 이런 종류의 질문들을 던지고 성화에 대한 지식을 정리하지만, 성화를 이루는 실제적인 동력을 얻지는 못합니다. 이 지점에서 많은 신자들이 성화에 대한 갈망보다는 자포자기의 심정으로 별생각 없이 살아갑니다. 나름 진지한 추구를 했지만 성화를 맛보지 못한 자의 일종의 항변이며, 저항이지요. 성화의 실체적 진실이 무엇인지 잘 모르는 상태에서 우리는 이 개념을 가르치고 배웠습니다. 그것이 이런 참담한 결과로 나타나고 있는 것입니다. 노승수 목사께서 이런 현실 속에서 참으로 의미 있는 작업을 해주셨습니다. 신자의 성화가 인간의 핵심감정들과 밀접한 연관이 있다는 사실을 파악하고, 그 지식을 명징(明徵)하고 정갈한 언어로 풀어냈습니다. 이 책은 성화에 대한 심리학적 통찰과 신학적 정밀함을 동시에 담고 있습니다. 그동안 출간된 성화와 관련된 책들은 신학적인 내용이 풍성하면 사람을 이해하는 측면이 약했고, 사람에 대한 이해와 분석을 제법 의미 있게 작업한 책들은 성경신학적 메시지가 부족한 경우가 많았습니다. 이 책은 엄밀한 개혁주의 신학의 토대 위에서 하나님 형상대로 지음 받은 인간을 섬뜩할 정도로 정확하게 분석하고 있습니다. 성화의 여정에서 길을 잃은 사람들은 과감하게 이 책을 잡으십시오. 그동안 실타래처럼 얽힌 성화에 대한 지식들이 교통정리가 되는 놀라운 경험을 하게 되실 겁니다. 성도들의 성화의 여정에 노련하고 따뜻한 길잡이가 될 것이라 확신합니다.

_ **김관성** (행신교회 담임목사, 『본질이 이긴다』 저자)

******

"돌보지 않은 감정은 다른 곳에서 말썽을 부리기 마련이다."

어느 노학자의 책에서 본 글귀이다. 상담학을 가르치고 실제 상담을 하면서 다양한 학생들과 내담자들을 만나다 보면 삶의 여정 곳곳에서 생겨난 분노, 슬픔, 수치, 억울함, 부담감, 두려움 등의 여러 감정들이 제대로 처리되지 않은 채 거칠게 터져 나오는 것을 봅니다. 그리고 그 감정들이 그 사람의 몸을 병들게 하고, 관계를 깨뜨리고, 삶의 상당 부분을 잠식해버린 안타까운 상황들에 대한 호소들을 접하게 됩니다. 사람은 가고 사건은 잊혀진듯하나 경험했던 감정은 오롯이 마음에 남아 세월 속에 묻히고 가려져 있다가 때론 나의 삶에 엄청난 영향을 미칩니다. 이는 이 책의 저자가 말하는 '핵심감정'의 힘일 것입니다.

'핵심감정'을 잘 다루는 것이 건강한 삶에 있어서 필수적인 부분이라는 것은 모두 쉽게 동의할 수 있습니다. 그러나 신앙생활과 관련해서 이를 어떻게 이해하고 다룰 것인가에 대해 다룬 책은 찾아보기가 쉽지 않습니다. 어쩌면 초기 역사에서 분노를 '죽음에 이르는 죄'로 규정한 이후 기독교가 인간의 다양한 감정을 이성에 비해 열등한 것으로 취급하거나 적극적으로 다루지 못해왔기 때문이기도 할 것입니다. 그래서인지, 모처럼 신선한 제목으로 만나게 된 『핵심감정 탐구』라는 이 책이 반갑습니다. 곳곳마다 들려오는 상한 영의 탄식 소리에 대한 적절한 반응이기 때문입니다.

슬플 때 슬퍼하고 화날 때 화내는 것은 인간의 자연스러운 모습입니다. 또한 인간의 다양한 감정은 여러 상황에서 적절히 반응할 수 있도록 허락하신 하나님의 선물입니다. 이 책은 하나님의 선물인 감정을 잘 이해하고 특히 핵심감정을 잘 다뤄가는 것이 성숙한 신앙의 한 모습이고, 성화의 과정과 긴밀한 관계가 있음을 잘 짚어주고 있습니다. 특히 저자가 목회자로서 핵심감정과 관련된 상담 경험과 신학적인 감수성을 적절히 조화시키고 균형감 있게 풀어낸 것은, 비슷한 주제를 다룬 다른 책들과 확연히 구분되는 이 책의 중요한 강점입니다.

구원은 받았고 교회는 다니고 있으나 감정적으로 깊은 혼돈과 상처로 인해 고통을 겪는 영혼들에게 그리고 그 영혼들을 슬기롭게 인도하고 돌봐야하는 교회 지도자들에게 이 책이 소중한 영적 성장의 사다리로 잘 활용될 것을 기대하며 기쁨과 설렘으로 권해주고 싶습니다.

_ **문희경** (총신대학교 외래교수, 상담의 집 '지혜와 사랑' 대표)

PREFACE
서문

『문화를 넘어서』(*Beyond Culture*)라는 책에서 에드워드 홀(Edward Hall)은 한국 문화를 고맥락 문화(high context culture)라고 말한다. 고맥락은 문자의존도가 낮은 의사전달방식을 말하는데 예컨대, "차린 게 별로 없어요"라는 표현은 정말 차린 게 없다는 뜻이 아니라 "뭘 이렇게 많이 준비하셨어요"라는 대답을 듣기 위한 겸양의 표현이라는 것이다. 단지 메시지를 전하는 것으로 끝나지 않고 상대가 어떻게 행동해야 하는지 그 태도를 암시적으로 전달하는 다양한 맥락이 존재하는 소통의 방식이다. 저맥락 문화(low context culture)에 속한 영국인이나 유대인들보다 협상과 소통에 더 많은 장애가 존재할 수밖에 없다. 게다가 한국은 지난 60년간 엄청난 속도의 발전을 거듭하면서 세대 간의 문화와 소통의 방식에 온도차가 크게 난다. 한국 교회가 처한 상황은 의사소통의 장애뿐만 아니라 세대의 갈등이 늘어날 수밖에 없는 형편들을 잘 보여 준다. 기독교 신앙의 핵심은 화해와 소통이다. 그리스도의 십자가는 하나님과의 화해이며 공동체적 일치다. 신앙의 성숙이란 이런 일치와 소통으로 나타난다. 성령의 열매는 하나님과 이웃과 자신에 대한 관계성에 대한 것이기도 하다.

데이비드 포울리슨(David Powlison)은 상담이론들이 예외 없이 육체의 기호에 맞는 욕망과 거짓인 성공, 자존감, 인정 등을 섬긴다고 말한다. 이 평가는 옳다. 그리스도인은 다 상처와 갈등을 갖고 있지만 심리학에 의지해서 죄 문제를 등한히 볼 수 없다. 이 책은 1차적으로 핵심감정의 치유의 실제와 이론을 다루는 책이다. 신자가 어떻게 죄의 세력으로부터 자유할 수 있는지에 대한 실제적 방법을 다룬 책이다. 그 과정은 핵심감정의 찾기-보기-지우기-인격주체 세우기의 과정으로 진행된다. 이 과정은 두 가지 형편에 있는 사람들을 모델로 했다. 첫째는, 그리스도인으로서 성화의 여정을 돕도록 설계되었다. 둘째는, 구도자로서 그리스도를 만나는 과정을 돕도록 설계되었다. 서론, 1부, 2부는 핵심감정을 실제적으로 다룬 부분이다. 3부는 핵심감정을 신학적으로 재해석한 부분과 심리학적인 이론적 배경을 다루었다. 자아, 타자와 관계, 본성이라는 세 가지 주제를 따라 인간을 설명하려고 노력했다. 3부는 인간이해를 돕는 신학과 심리학적 배경을 다룬 것으로 목회자와 더 전문적인 공부를 원하는 사람들을 위한 것으로 어렵게 느껴진다면 넘어가도 무방하다. 이 부분을 잘 몰라도 핵심감정으로부터 해방되는 자유와 혁신의 과정에 크게 문제가 되지 않는다. 현장에서 실제 공부가 쌓이면 자연스럽게 이해가 되고 그때 읽으면 오히려 이해도가 더 나을 수도 있다. 4부는 핵심감정의 실제적인 치유의 과정과 모델을 다루었다. 3부의 이론을 배경으로 그것을 녹여낸 인간이해 모델과 치유의 모델을 제시했다.

이론에 대한 깊은 이해도가 없더라도 임상에서 작동하는 모델이다. 왜냐하면, 핵심감정은 상담자가 파악한 객관적 감정이 아니라 자신이 느끼는 주관적 감정을 기초로 하기 때문이다. 문제는 현장이다. 우리 일상에서는 고맥락 문화 때문에 자기 패턴과 내 인식과 감정이 사실과 같은지 다른 지도 알기 어렵다. 이런 상황에서 화해와 일치를 이루기 어렵다. 그래서 목사들은 푸념 섞인 말로 정말 성화가 일어나기는 하냐고 자조하기도 한다. 이런 사회 문화적 특성은 기독교 신앙 자체를 왜곡한다. 예컨대, 유교문화는 우리를 율법주의로 경도되게 하는 특성이 있으며 샤머니즘은 번영신학으로 기울게 한다. 출애굽 백성이 애굽의 습관을 잊지 못해서 문제가 되었던 것처럼 오늘 우리가 속한 문화·사회적 습관에서 벗어나지 않고는 진정한 기독교 신앙의 구현은 어렵다.

이 책은 한국 교회의 이런 실제적 문제를 해결하기 위해서 만들어졌다. 뿐만 아니라 기독교 신앙을 신종하기를 원하는 이들을 위해 진정한 기독교 신앙으로 나아가는 과정을 도울 수 있도록 했다. 단지 이 책은 이론에 머무르지 않고 여러분의 실제적인 신앙 입문과 신앙 성장에서 발생하는 우리 자신의 문제를 돌아보게 할 것이다.

2018년 가을

저자 노승수

CONTENTS

목차

표 및 그림 목차

주요 개념 설명

경시	주요한양육태도 중 하나. 제대로 돌보지 않는 양육태도
계시신학	근거로 성경을 두는 신학
관계성	관계 맺음의 방식
관계의 유비	삼위 하나님의 관계성과 인간의 관계성을 서로 유비하는 것
교정적 정서의 재경험	핵심감정이 치유되고 교정된 감정을 갖게 되는 치료 경험
구도자	교회에 출석하거나 신앙에 관심이 있지만 믿음이 아직 없는 상태
근대성	주체와 대상 사이의 일대일 대응으로써 진리가 있을 것이라는 형이상학적 가정
기체	동일한 본성에도 불구하고 다른 것과 구별되게 지칭되는 대상으로 아리스토텔레스의 형생개념 중 위격적 지칭을 일컬음
내사	외부적인 대상이 정신 표상 내에 자리잡게 되는 현상
내재적 삼위일체	피조물과 관계하지 않는 삼위 하나님의 내적인 사역
내재주의	초월이신 하나님을 자연 안으로 환원하는 이론
넓은 의미	하나님의 형상의 넓은 의미로 인간의 지, 정, 의, 몸 등이 하나님의 형상이다.
노예의지	루터가 설명한 타락한 인간의 자유를 설명하는 신학 개념, 자유가 있지만 죄를 기뻐해서 죄로 기울어지는 자유를 설명함.
대상관계	자기와 타자 사이의 관계 맺는 방식 혹은 그런 방식으로 마음에

	내면화된 자기표상과 대상표상의 관계
대상-리비도	정신에 표상된 욕동의 힘이 대상에 집중되는 현상
대상표상	나 외의 타자에 대한 심상으로 외부적인 대상이 아니라 마음속의 심상. 주로 주요한 양육자로부터 유래
대표표상	표상은 여러 심상의 집합체인데 그중 대표가 되는 표상
도피	갈등에 대해 회피하고 도망하려는 태도
리비도	욕동의 다른 표현. 생리학적 힘
몸-영혼 추동	몸 추동과 영혼 추동을 통합해서 일컫는 개념
몸-추동	몸으로부터 시작된 욕동의 생리학적 힘에 대한 신학적 해석
무위격적	비위격적과 같은 의미
무의식	의식이지만 잘 깨닫지 못하는 영역을 설명한 용어로 실제로 우리 행동과 태도들에서 관찰된다.
믿음 추동	16세기 이후 개혁신학 전통 안에 믿음에 관해 설명한 방식, 거룩한 감정으로써 믿음
박탈	주요한 양육태도 중 하나, 사랑과 돌봄이 일관성 없이 주어지는 양육태도
반펠라기우스주의	절반만 펠라기우스를 따른다는 표현, 종교개혁 당시의 가톨릭교회의 신학
본질	어떤 존재의 본래의 특성
부가적 은사	덧붙여진 은혜의 선물
부모원상	아동이 이해한 내사된 부모의 이미지
비위격적	그리스도께서 취하신 인성은 인격이 없다는 개념
상호주관성	객관을 대상과 진술 사이의 일치가 아니라 인식하는 주체들 간의 일치로 규정하고 언어의 공적 사용법에 따라 객관성을 설명하는 후기-근대의 진리규명 방식
상호침투	외적 대상과 내적 표상 사이에 침투가 일어나서 실제에 가까워지는 과정을 설명하는 말로 삼위일체 간의 관계를 설명하는 말로도 사용된다.

소생	새생명이 살아나는 과정으로 성화의 한 양상
스콜라	중세 신학적 체계
습관	17세기 신학은 4가지의 습관을 설명하고 믿음을 주입된 습관이라 설명함
시카고 정신분석학파	시카고 지역의 임상 정신 분석의 전통.
실체	진짜로 있는 것, 존재 개념
심리학적인 신학	현대 심리학적 발견을 신학적으로 재구성하는 신학작업
아동기감정양식	핵심감정을 객관화시킨 표현
양심	우리 내적인 도덕 체계
양육태도	부모나 주요한 양육자가 아이를 기르는 태도로 경시, 지배, 박탈 등이 있음
억압	무의식에 의해서 욕망을 억누르게 되는 방어의 양식
언어적 전회	비트겐슈타인이 언어의 의미 규정을 대상과 언어의 일치로부터 언어적 사용법으로 진리체계를 전환한 것을 코페르니쿠스가 천동설에서 지동설로 전환한 것에 비유하여 한 설명
에로스	사랑의 신. 프로이트는 그리스 신화를 인용해 욕동을 설명함. 의존적인 사랑의 욕구라고도 표현됨
영혼-추동	욕동의 정신적 표상인 추동을 영혼의 범위로 확대한 신학적 해석
오이디푸스	만4세를 전후로 자아-리비도에서 대상-리비도로 추동이 전환되는 시기에 아버지와 경쟁에서 도피하여 아버지상을 자기 안으로 내면화하는 프로이트의 개념
욕동	추동의 생리학적 형태의 힘
원의	좁은 의미의 하나님의 형상으로 참지식, 의, 거룩
위격적 연합	그리스도의 신인양성의 결합을 설명하는 신학 개념으로 신성과 인성은 제2위격 안에서 분리되거나 혼합되지 않고 연합된다는 기독론의 주요 개념
은혜의 습관	믿음을 일컫는 표현

응축	리비도가 응집되는 현상. 상징이나 이미지로 형성됨
의의 주입	로마 가톨릭교회의 교리. 의가 주입되어 선을 행할 수 있게 된다고 함
의존적 사랑의 욕구	대표적인 추동의 힘으로 의존해서 사랑받으려는 감정
이드	프로이트의 구조모형으로 욕동의 저장소
이신론	하나님을 이성으로 보는 신론. 소키누스주의가 그 대표적임
인격주체	심리학적인 자아개념에 상응하는 신학적인 인간의 주체성
자기	자아와 유사한 개념. 학자들에 따라 정의가 다름
자기애	자기에 대한 사랑
자기표상	자기에 대한 마음속의 심상으로 무의식적이고 여러 이미지의 집합체
자아	프로이트의 구조모형의 의식의 저장소로 중재적 힘이며 자기와 유사한 개념. 의식적 주체거나 혹은 자기에 관한 심상들
자아-리비도	정신에 표상된 욕동의 힘이 자아 혹은 자기를 향해 힘이 집중되는 정신현상
자아이상	아동기 부모의 상이 내사되어서 생기는 내적 체계로 도덕규범과 양심 등이 있음
자연신학	계시신학의 반대의미로 자연을 통해서 하나님 지식을 알게 되는 것
적개	대표적인 추동의 힘으로 사랑의 욕구가 좌절될 때 느끼는 감정
전치	리비도의 만족이 대치되는 현상
정신결정론	인간의 정신 안에서 일어나는 것은 어떤 것이라도 우연히 일어나는 것이 없고, 정신적 현상이나 심리적 경험이라는 것은 어떤 것이라도 거기에는 반드시 어떤 원인이 있다는 것
존재의 유비	하나님과 자연을 존재론적으로 유비하는 것
좁은 의미	하나님의 형상의 좁은 의미로 참지식, 의, 거룩
죄 죽임	죄를 죽이는 과정으로 성화의 한 양상
중생자	거듭난 그리스도인

지배	주요한 양육태도 중 하나, 개인의 인격성을 침해하는 양육태도
초자아	프로이트의 구조모형에서 부모 상이 내사된 형태의 구조물
추동	욕동이 정신에 표상되어 특정한 방향으로 힘이 드러나는 것. 의존적 사랑의 욕구, 적개심 등이 있음
치료적 분열	경험하는 자아와 관찰하는 자아를 분리시키는 일
쾌락원칙	1차 과정 사고의 특징으로 몸이 즐거운 것을 따라 추동하는 사고의 특징
타나토스	죽음의 신. 프로이트는 그리스 신화를 인용해 욕동을 설명함
투사적 동일시	각주 69 참조
투쟁	갈등에 대해 적극적으로 싸워서 욕망을 충족하려는 태도. 적개심
투쟁-도피	한 개인이 환경과 내부적인 갈등에 대해서 취하는 태도로 싸우거나 회피함
페리코레시스	삼위일체를 설명한 동방교부들의 개념, 원을 이루며 춤을 추는 것에 비유한 개념
표상	사람 마음의 대표적인 이미지나 심상
하나님의 형상	좁은 의미와 넓은 의미가 있음. 좁은 의미는 원의라 하고 넓은 의미는 지정의 등으로 규정함
하나님표상	대상표상의 한 종류로서 초기 아동기에 형성된 심상
핵심감정	한 사람의 행동, 사고, 감정을 지배하는 중심 감정
현실원칙	2차 과정 사고의 특징으로 이성을 따라 추동하는 사고의 특징
후기-근대성	주체와 대상 사이의 일대일로 대응시킨 진리체계 수립에 실패한 후 주체들 사이의 상호주관성을 중심으로 진리체계를 세우려는 형이상학적 가정
1차 과정 사고	유아기와 아동기의 주요한 사고의 방식이며 꿈의 사고 패턴
2차 과정 사고	성인의 합리성에 기초한 사고
acqusita	반복에 의해 획득되는 전통적인 습관을 설명하는 17세기 신학 개념

actus fidei	행위로서 믿음
affection	조나단 에드워즈의 믿음을 설명하는 성질로 마음의 끌림
habitus fidei	습관으로서 믿음
habitus	습관
infusa	습관을 주입된 것으로 설명하는 17세기 신학 개념으로 주로 믿음을 설명할 때 사용함
innata	습관을 타고난 기질로 설명하는 17세기 신학 개념
insita	습관을 외부의 자극에 의해 내부에서 촉발되는 특성으로 설명하는 신학 개념
Instinkt	본능을 뜻하는 독일어
Treibe	욕동을 뜻하는 독일어
via moderna	새로운 길

INTRODUCTION

서론: 심리학적인 신학은
어떻게 해야 하는가?

이 책에서 다루고자 하는 것은 심리학적 신학이다. 사람들이 살면서 가장 곤란을 많이 겪는 문제 중 하나는 인간관계다. 그래서 인간을 어떻게 이해할 것인지와 관련해서 심리학에서는 정신분석학의 전통에 서서 핵심감정을 다루고 신학에서는 개혁신학 전통에 서서 인간 인격, 관계, 본질에 대해 다룰 예정이다. 그전에 우리가 해야 할 질문이 있다. 이 장은 그 질문에 관한 것이다. 개혁신학은 심리학적인 신학체계를 허용할까? 질문은 했지만 여전히 막연하다. 더 구체적으로 묻자면, 심리학은 구원의 방편인 믿음이나 은혜의 수단을 대신할 수 있을까? 심리학이 인간의 사회적 적응에 관한 해답을 합리적으로 제시한다고 해서 그 해답이 인간 구원에 관한 해답이 될 수 있을까? 결론부터 말하자면, 개혁신학은 이런 통합을 허용하지 않는다는 것이다. 왜 그럴까? 그걸 알려면 자연신학으로 구원론을 구성하는 것이 가능한가 물어야 한다. 이 문제를 다룬 가장 고전적 신학자는 아퀴나스(Thomas Aquinas)다. 그는 신학체계를 세우는데 아리스토텔레스(Aristoteles)의 여러 철학을 부분적으로 사용했다. 그는 자연과 초월의 상관관계를 어떻게 해석해야 하는지에 대해서, 초월이 역사에 반영(reflection)

될 때, 비로소 우리가 신학을 할 수 있는 유비가 마련된다면서[1] 자연신학(Natural Theology)의 길을 열었다.

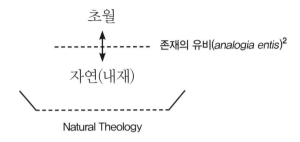

그림 1. 자연신학, 존재의 유비

이런 신학구조는 개혁신학의 눈에는 심각한 결함이 있는 것으로 보였다. 물론 17세기 개혁신학 역시 자연신학을 전면적으로 부정하지는 않는다. 개혁신학 관점에서 자연신학은 불완전하고 타락한 후에는 더더욱 부패한 것으로 보았다. 그러나 19세기 이후 자유주의 신학의 한 형태인 자연신학이 그 자체로 온전한 이성에 의한 지식을 구성할 수 있다고 생각한 것은 심각한 결함이 있었다. 예컨대, 초월이 내재와 존재론적인 연계가 있다면 결국 내재는 하나님의 존재에 대한 반영(reflection of God's existence)이 될 것이고 내재로서 자연의 모든 존재 자체가 형이상학적 필연성의 속박을 받게 된다. 왜냐하면 자연이 필연적 존재이신 하나님께 묶여 있기 때문에 자연도 필연적이어야 한다. 그러나 우리가 현실에서 확인하는 바는, 자연에서 일어나는 모든 일은 비연적(contingent)이라는 것이다. 또 다른 문제점은 자연이 필연적이라면 하나님의 자유의지는 자연에 속박될 수밖에 없다. 이 논리를 극단적으로 주장하면 근대적 이신론(deism)이 된다. 근대 철학자들 중에 R. 데카르트(R. Descartes), 게오르그 W. F. 헤겔(Georg W. F.

Hegel), 찰스 하트숀(Charles Hartshorne) 등이 자연신학을 발전시켰다.[3]

그중 가장 대표적 논쟁이 바로 칼 바르트(Karl Barth)와 에밀 브룬너(Emil Brunner)의 논쟁이다. 자유주의가 번성하던 19세기와 20세기 초는 자연신학이 논쟁의 대상이 아니었다. 왜냐하면, 자유주의의 영향으로 하나님에 대한 자연적 지식의 가능성이 폭넓게 인정받았기 때문이다. 원래 브룬너(Brunner)와 바르트(Barth)는 스위스 개신교 신학자로 자유주의적인 신학교육을 받으면서 성장했으나 목회를 하면서 자유주의 신학의 한계성을 깨닫고 인간의 경험에 기초한 자유주의 신학을 무너뜨리고 하나님의 말씀에 기초한 종교개혁의 신학에로 돌아가려 했다. 이 둘은 공통적인 학문적 배경을 지니고 있는데 신학적으로는 자유주의에 대항하여 칼뱅(John Calvin)을 재해석함으로 17세기 신학으로 돌아가려 시도하는 노선이며, 철학적으로는 임마누엘 칸트(Immanuel Kant), 죄렌 키에르케고르(Søren Kierkegaard), 마틴 하이데거(Martin Heidegger)의 추종자로 실존주의적인 경향을 보였다. 이들의 신학은 신 정통주의 신학, 하나님의 말씀의 신학, 변증법적 신학, 위기의 신학, 또는 스위스 학파로 불렸다.[4]

이런 공통점에도 불구하고 1934년에 이르러 브룬너는 일반계시에 근거하여 자연신학의 가능성을 주장한 『자연과 은혜』(*Natur und Gnade*)라는 소책자를 발간하였고, 바르트도 이에 반발하여 『아니요 : 에밀 브룬너에 대한 답변』(*Nein : Antwort an Emil Brunner*)을 발간해 브룬너의 입장을 전적으로 거부하고 나섰다.[5] 그렇게 바르트와 브룬너는 자유주의신학에 대항에서 새로운 신학을 일으킨 동지였으나 끝내 화해할 수 없는 논적으로 변했는데 이 논쟁이 바로 자연신학 논쟁이다.[6] 바르트는 브룬너의 자연신학을 내재주의(Immanentism)로의 복귀라 비판하였고 브룬너는 바르트를 신학과 일반의식 사이에 모든 접촉을 부인한다고 비난했다.[7] 바르트는 이처럼 브룬너

방식의 일반계시와 자연신학을 부정했다.[8]

　자연신학은 자연, 역사, 인간의 양심을 통해 하나님이 계시되며 이성에 기초하여 하나님과 그 지식에 관한 참지식에 이르는 것이 가능하다는 주장이 자연신학의 핵심이다. 성경계시와 관계없이 인간의 직관, 도덕적 통찰 및 이성적 추론에 근거하여 신학을 하는 것이다. 이와는 달리 계시신학은 하나님의 자기계시에 대한 반성으로부터 시작된다. 따라서 자연신학은 인간이 하나님을 찾아가는 것에 초점을 두는 반면, 계시신학은 하나님이 인간을 찾아오는 것에 초점을 둔다.[9] 인간은 자연적인 제한과 죄와 타락의 결과에도 불구하고 하나님의 창조물을 인식하고 해석하는 것이 가능하고 인간정신의 질서는 기본적으로 우주의 질서와 동일하다는 것이 자연신학의 전제다.[10] 이런 이유 때문에 바르트는 아퀴나스의 존재의 유비개념을 "적그리스도의 발명"이라면서 자연신학의 근간이 되는 존재의 유비의 불충분성을 지적하였다.[11] 그러면서 진정한 자연신학은 그리스도가 인간의 눈을 열었을 때에만 가능하다고 말한다. 자연신학은 중생자의 신학, 곧 순례자의 신학으로만 가능하다. 당연히 불신자가 발견한 진리의 조각이 신학과 통합되려면 재해석되어야만 한다. 신학의 대전제는 계시다. 계시가 없다면, 기독교 신학은 불가능하다. 하나님이 자신을 나타내 주시는 데 주도권을 가지고 있다는 것이 개혁신학의 중요한 전제 가운데 하나다. 신학은 계시를 체계적인 방법으로 이해하는 것이다.[12]

　그럼 바르트의 입장으로도 수용이 불가능한 자연신학을 개혁신학은 용인할 수 있는가? 칼뱅은 인간은 자연의 놀라운 솜씨에서 그들의 마음속으로 심겨진 하나님 지식의 씨(*semen notitiae Dei*)를 즉시 부패하게 하여, 훌륭하고 완전한 열매를 맺지 못하도록 하고 있는 사실은 마땅히 그들 자신의 잘못으로 돌려야 한다면서[13] 자연의 질서가 하나님의 존재를 계시해 보이지만 그것이 하나님의 본질을 계시하는 것이 아니고 다만 하나님을 이해하는 인간의 제한된 지성 능력에 적응된 지식을 나타낼 뿐이라고 보았다.[14] 오히려 그 지식을 "억압하고 흐리게 하며"[15] 그 씨가 자라기 전에 질식시킨다고[16] 했다. 자연신학이 가능하지만 우리의 부패성으로 인해 왜곡될 수밖에 없다고 본 것이다. 이것을 심리학적인 신학에 적용해 보면, 일반계시로서 심리학을 인정한다고 하더라도 문제점은 심리학을 신학과 통합을 다루면서 왜곡을 고려하지 않는다는 점이다.

신학과 심리학의 통합은 일반 학문간 통합이 아니라는 점이다. 예컨대, 심리학과 사회학의 통합인 사회심리학처럼 심리학적인 신학이 같은 방식으로 가능할까? 심리학이 하나님의 진리라도 심리학을 구원론 맥락의 인간이해로 적용할 수는 없다. 인간의 효과적인 사회적응 기술을 개발하고 적용하는 것과 죄인이 하나님께 용납되도록 하는 방법을 성경 계시를 따라 진술하는 것이 같을 수 없기 때문이다. 마치 문학적 이슈에 수학적 해답을 내는 것과 같아서 이는 통합의 문제가 아니라 장르의 차이를 보여 주는 것이다. 의학 윤리의 신학적 진술이라면 가능할 수 있지만 의학적 기술을 신학적으로 풀 수는 없는 것이다. 앞서 살폈듯이, 16-17세기 개혁신학뿐만 아니라 좀 더 넓은 의미의 개혁신학, 곧 신정통주의 노선의 바르트에서도 이런 방식의 자연신학의 성립이 불가하다.

구체적으로 심리학적인 신학은 어떻게 해야 할까? 더 구체적으로 질문해 보자. 구원의 방편으로 심리학을 활용할 수 있을까? 이와 관련한 대부분의 논의들은 신학적 전제들에 대한 검토 없이 통합의 방법만 다루고 있다. 심리학적인 신학이 이루어지려면 양쪽에서 정규적인 훈련을 받고 영적인 면에서 잘 훈련된 사람이어야 한다.[17] 그런 사람의 경우라도 방법론에 문제가 있으면 오류를 초래할 수밖에 없다. 부적절한 예를 통해서 심리학적인 신학은 어떤 방식이어야 하는지를 살펴보는 것이 도움이 될 듯하다. 예컨대, 부마-프레디거(Bouma-Prediger)의 모델 중 가능한 방법론은 학문 내 통합(intra-disciplinary integration)뿐이다. 즉, 신학 안으로 심리학의 발견을 가지고 들어와서 재해석하고 신학적 체계 안으로 녹여내는 것이 유일한 방법론이다. 부마-프레디거의 나머지 모델은 자연신학이다.[18]

이런 자연신학 모델은 카터(Carter)와 모린(Mohline)의 3가지 가정에 기초한 통합에서도 찾아볼 수 있는데, 모든 진리는 하나님의 진리이므로 심리학은 특별계시와 모순되지도 반대되지도 않고 전체적으로 조화를 이룬다고 보았다.[19] 이는 심리학자의 순진한 이해일 수는 있어도 이런 방식은 개혁신학이 받을 수 없다. 개방성 정도로 구분한 모델[20]도 심리학적인 신학이 아니라 그저 심리학을 얼마나 사용할지 그 개방성으로 나누었다는 점에서 역시 자연신학 모델이다. 이런 일들은 "기독교적인 전통과 언어가 목회상담에서 사라진 것이, 바로 목회상담이 심리학으로 흡수"[21]되었기 때문이다.

정작 지금 다뤄져야 하는 것은 심리학을 얼마나 받을까 하는 것이 아니라 그것이 받을 수 있는 체계인가 하는 것이다. 일반계시로서 받는다면 성경과 신학과 충돌하지 않는지 다뤄져야 하고 이런 재구성이 심리학적인 신학의 내용이어야 한다. 심리학적인 신학은 심리학을 흡수하는 통합이 가장 합리적이다.[22] 임상 경험에서 배운 지식들을 부정하지 않으면서 고전적 전통을 되살리는 방향으로 가야 한다.[23] 심리학의 내용들은 그에 상응하는 신학영역들 안으로 통합될 수 있다.[24] 동시에 심리적인 시대를 살고 있는 우리는 성경의 메시지를 이 시대의 언어로 해석할 수 있어야 한다. 조직신학자인 R. C. 스프라울(Sproul)은 "인간의 반응에 대해 바울이 분석한 것을 현대 심리학의 현대적 범주로 해석하는 것은 어려운 작업이 아니다……인간이 하나님에게 반응하는 기본적인 상태는 외상, 억압, 대체라는 범주로 나누는 방식으로 공식화될 수 있다"고 했다.[25] 이 책은 인간이해를 위해 핵심감정이라는 심리학적 주제를 개혁신학의 체계를 통해서 재해석하고 목회현장에서 사용할 수 있는 목회상담의 모델을 제시하려고 했다.[26]

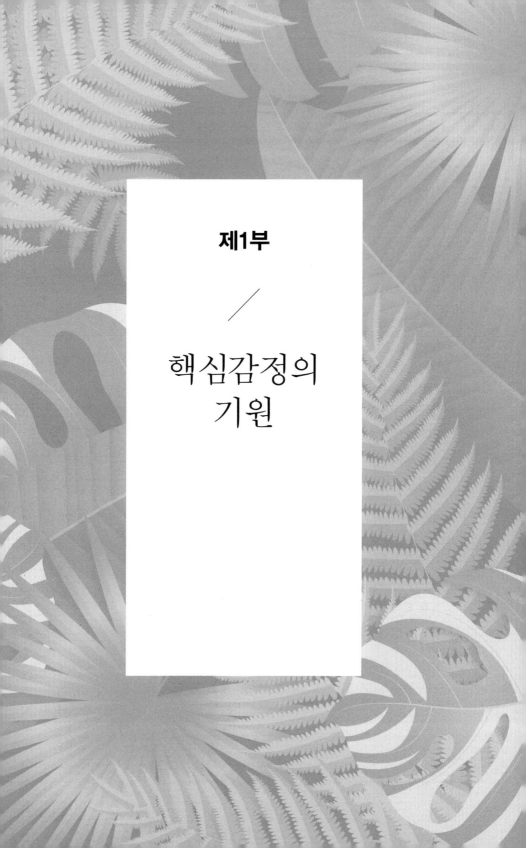

제1부

핵심감정의
기원

핵심감정의 기원

핵심감정의 기원과 개념들

핵심감정(nuclear feeling)이란 용어를 최초로 사용한 사람은 정신과 의사인 소암 이동식 선생이다.[27] 그는 핵심감정을 "한 사람의 일거수일투족에 다 배어있다", "쌀가마니의 어느 곳을 찔러도 쌀, 즉 핵심감정이 나온다"라고 하면서 핵심감정을 해소하는 과정으로 정신치료를 이해했다. 이동식이 말하는 무의식적 동기로서의 핵심감정과 정신분석에서의 무의식적 동기는 차이가 있다. 핵심감정에 대응하는 정신분석의 대표적 용어는 "핵심적인 감정군락(nuclear emotional constellation)"[28]이며 주로 관찰자적 입장에서의 설명이다.[29] 그러나 이동식이 말하는 핵심감정은 내담자가 느끼는 주관적 감정 자체를 가리키며 치료자가 내담자와 주객일치(主客一致)의 상태에서 같이 느껴야 한다는 뜻을 내포한다.[30] 핵심감정에 대한 이런 설명은 그의 불교적 세계관에서 나왔다. 그는 불교 신자로 오랜 기간 불교 신문에 칼럼을 기고해 왔고 이것을 묶어 책으로 출간하기도 했다. 후에 이동식은 자신의 정신치료를 도(道) 정신치료라고 명명하는데 이도 이런 맥락에서 비롯되었다. 불교가 말하는 우주적 자아인 브라만(Brahman)과 개체적 자아인 아트만(Ātman)이 같다는 범아일여(梵我一如)의 가르침에서 비롯된 것으로 보인다. 서구는 기독교 세계관으로 인해 주체와 대상, 초월과 내재를 분리해 왔는데 이런 개별화에 더해 동양 사상을 심리치료에 가미하려고 한 것으로 보인다. 한국에 심리 상담이 도입된 초창기에 서울대 지도연구소에서 김기석 교수의 요청으로 1962년부터 1972년까지 10년간 사례지도를 하면서 한국 상담심리학회 전반으로 퍼져 나갔다. 이 시기를 지나면서 홍성화, 윤호균, 장성숙, 원호택, 정방자 등이 이동식에게 지도를 받으면서 한국 심리학회 전반으로 핵심감정이란 용어가 퍼져 나간 계기가 되었다.[31]

핵심감정의 정의

핵심감정은 "한 사람의 행동과 사고와 정서를 지배하는 중심 감정이며 이 감정은 주로 주요 대상으로부터 사랑받고 싶고 인정받고 싶은 욕구가 좌절되었을 때 일어나는 감정"[32]이며, 형성 시기는 태아기로부터 아동기에 이르는 0~6세 동안 형성된다.[33] 뿐만 아니라 타자와의 관계에서 끊임없이 반복된다는 점에서 대상관계와 밀접하게 관련이 있다.[34] 종합적으로 정의해보면, 아래와 같다.

> "…핵심감정이란 현재에 살아 있는 과거의 감정이며 끊임없이 반복한다. 초기 아동기 경험에 의해서 주로 형성되고 외부 자극에 대해서 일정한 패턴으로 움직이는 마음 상태다. 핵심감정은 사랑받고 인정받고 싶은 욕구가 좌절되었을 때 주로 일어나며, 자신을 둘러싸고 있는 주변 사람들과의 관계에서 항상 작용한다……
> 핵심감정은 내가 자주 자연스럽지 못하고 걸리는 감정으로 심리적 아킬레스건이며 주로 아동기 때 정서적으로 영향을 많이 준 사람, 특히 부모 관계 속에서 형성되기 쉬우며 핵심감정과 관련된 즉, 핵심감정의 뿌리를 중심으로 파생된 감정들

이 있고 매순간 작용하며 현재에는 사실이 아님에도 반복되는 가짜이며 내가 과거에 만든 감정이며 지금, 여기에서 사는 것을 방해한다. 그러나 핵심감정에도 건강한 면이 있고 그것이 여태껏 나를 지탱해 온 힘이다. 핵심감정은 생존하기 위한 몸부림이다.……모든 사람은 핵심감정에서 벗어나려고 끊임없이 애를 쓰고 있다."[35]

핵심감정은 무의식적인 동기다. 무의식을 내가 알지 못하는 의식 저 너머의 그 무엇인가로 생각하기 쉽지만 무의식은 우리 일상에서 나도 모르게 반복하는 행동과 태도, 동기들 그리고 상황을 인식하는 방식을 일컫는다. 마치 안경 쓴 사람이 세수할 때, 안경을 썼다는 사실을 잊고 세수를 하는 것처럼 내게 너무 익숙하고 잘 지각하지 못하는 것과 같다. 대게 모든 사람은 핵심감정이 어떤 느낌인지 어렴풋하게 알고 있다. 핵심감정은 부패한 본성의 가장 밑바닥에 있는 개인화되고 인격화된 형태의 감정이다. 핵심감정은 바울 서신에서 말하는 "육" 혹은 "육체의 소욕"이며, 이 육체의 소욕을 개인에게 적용해서 그 육적 특성과 인격적 특질을 특정하여 기술할 수 있도록 한 것이다. 대부분의 사람들은 성장 과정에서 끊임없이 반복되는 양육자의 태도에 적응하면서 형성된 핵심감정으로 현실을 해석한다. 현실에 대한 왜곡이 심하면 심할수록 그 사람은 세상 살기가 힘들다.

어린 시절 양육자의 상이 내사되면서 세상과의 관계성을 만들거나 그보다 어린 시절 자기표상에서 대상표상을 발달시키는 과정에서 발생한 중간대상의 영구적 형태인 하나님 표상을 통해 하나님과의 관계성을 만든다. 핵심감정의 형성은 왜곡의 결과다. 누가복음의 탕자는 모든 인간의 전형과 같다. 그는 아들을 사랑하는 아버지의 심정을 이해하지 못하고 자신을 품꾼으로 인지한다. 이런 인식의 이면에는 나를 나무라는 하나님, 만족하지 않는 하나님, 비난하는 하나님표상이 있다. 이런 하나님표상을 가진 사람은 신앙생활 전반이 왜곡된다. 예컨대, 성경에서 자비의 하나님에 관한 이야기를 읽어도 이는 흘려버리게 되고 진노하시는 하나님은 더 분명하게 다가오게 된다. 이처럼 인식 자체가 선택적이며 왜곡이 가득해서 신앙생활이 원만할 수 없다. 대체로 이런 감정 세력이 강하면 강할수록 성경의 선포적인 약속보다 자기감정에 대한 신뢰가 더 크다. 이 부분에서 그가 중생자인지 구도자인지를 구분할 수 있다. 핵심감정은 한번 형성되면 그가 중생하지 않는 한 평생을 그 심정으로 살며 중생한 이후에도 이 감정과의 전투는 계속된다. 이동식은 자비심, 인(仁)으로만 치료가 가능하며 이런 능력을 배양하기 위해서는 치료자의 수도가 필수적이라고 주장한다.[36] 이와 같은 핵심감정 치료법은 정신분석처럼 인간의 내적 갈등이나 정서를 분석하기보다 수도자의 긍정적인 힘을 결집하여 해결되지 못한 정서적 문제를 긍정적인 힘으로 녹여 없애는 작업이다.[37] 그러나 자연 상태에서 핵심감정으로부터 벗어나는 것은 불가능하다. 설혹 정신치료로 가능하더라도 그 역시 또 다른 육적인 감정의 발달일 뿐 신자로서 갖는 거룩한 정서 안에서 발견되는 믿음의 본질과는 현격한 차이가 있다.

핵심감정은 "세 살 버릇 여든까지 간다"는 우리 속담에도 잘 나타나 있다. 모태에서 죄 중에 잉태되고 주요 양육자와 수많은 상호작용 속에서 자기표상과 세상을 인식하는 방식을 형성하게 되는데 특정 조건에 엄격한 자동성을 지닌 채 반응하는 감정을 갖게 된다. 이런 내적 체계를 세 살 버릇인 핵심감정이라고 보면 무리가 없다. 우리가 핵심감정에서 벗어나면 자기만족을 바라는 부패한 본성의 바탕으로 살지 않고 하나님께 초점을 맞추고 하나님을 기쁘시게 하면서 산다. 그런 삶은 인생의 모든 역경에도 불구하고 행복과 평안을 얻을 수 있다.

핵심감정의 기독교적 이해

기독교적인 관점에서 보면, 핵심감정은 타고난 죄의 부패성이다. 죄는 하나님의 기준에 미치지 못하는 실패한 행동이며[38] 하나님의 도덕적인 법을 행동과 태도 및 본성으로 지키는 데 실패한 것을 의미한다.[39] 어린 시절에 배인 엄격하게 자동화된 개인적인 습관이 바뀌어서 현실에 더 나은 적응은 가능할지 몰라도 상담이 그 영혼으로 하여금 죄에서 돌아서고 하나님께로 향하도록 할 수는 없다. 물론 목회 돌봄의 차원에서 목회자는 성도를 사랑으로 대해야 하는 것이 기본이지만 본성의 근본적인 부분은 은혜의 선물인 믿음으로써 은혜의 방편을 사용하는 것이 아니고는 변화되지 않는다. 그러나 구도자라 하더라도 주인의 상에서 떨어지는 부스러기를 구한 가나안 여인처럼 현실에 더 나은 적응을 할 필요가 있고 기존의 핵심감정 치료법은 효과가 있을 수 있다. 이런 부분적 치료효과를 가지고 인간의 부패한 본성에 대해 지나치게 낙관하는 것과 치료자의 능력에 대해 지나치게 과신하는 것은 성경의 원리에 상충한다. 우리가 분명히 알아야 하는 것은 결코 심리치료가 우리를 구원에 이르게 하거나 우리를 성화에 이르게 하는 은혜의 방편일 수는 없다는 것이다. 죄는 단지 심리적 차원의 질병(diseases)[40]이 아니다. 심리치료로 인간의 죄를 대속할 수는 없다. 죄의 세력과 사슬을 끊고 승리하는 것이 심리치료로 가능할 수가 없는 것이다. 이런 점을 고려하면 목회 돌봄과 상담은 중생자가 성화 중에 믿음과 은혜의 수단들을 더 잘 사용할 수 있도록 하는 조력이다. 동시에 구도자가 자신의 비참함을 깨닫도록 해서 복음의 초대를 원활하게 하는 구원 상담을 가능하게 한다. 따라서 그 실천의 원리는 성경신학과 조직신학에서 나와야 한다.

정신치료는 근대 계몽주의 시대의 산물답게 기계론적 세계관을 반영한다. 프로이트(Freud)는 물질주의적이며 자연과학의 객관주의적 이론과 기법을 근간으로 내담자를 이해하거나 치료하고자 했다. 예컨대, 프로이트가 리비도를 생리학적인 힘으로만 규정하려는 시도는 이런 시대적 분위기와 무관하지 않다. 아무튼 정신치료는 병소(부정적 원인)의 제거에 초점을 맞춘 모델이다. 그러나 핵심감정은 단지 병소에만 초점을 맞추지 않고 건강한 면과 부정적인 면을 모두 검토한다. 핵심감정은 그 당시로서는 그렇게 할 수밖에 없었던 적응을 위한 선택이라는 긍정적인 요소에도 초점을 맞춘다. 이런 시도는 정신치료에 일부 동양 사상을 통합하려는 노력이다. 나는 임상에서 핵심감정의 치료를 적용하면서, 기독교적 재해석의 필요성을 느꼈다. 핵심감정에는 개인적 자아와 우주적 자아의 통합에 대한 종교, 철학적 이해가 밑에 깔려 있다. 이런 이해로는 기독교적이라 할 수 없고 기독교 세계관과 충돌할 수밖에 없다. 동양 세계관의 인간이해 방식과 우주 이해 방식이 병렬적이듯이 기독교적인 인간이해 방식과 삼위일체 하나님과 하나님이 만드신 세계 이해 방식이 병렬적일 수밖에 없다. 동양적 세계관에서는 무애(無礙), 곧 걸림이 없음을 치료로 보지만 기독교 세계관에서는 걸림이 없는 것은 치료라거나 인간의 이상적인 상태라 보기 어렵다. 그렇다고 해서 정신치료 이론이 기독교 세계관을 담는다고 할 수 없다. 대상관계 이론은 프로이트와 달리 0~3세 동안 빚어지는 엄마와의 관계에서 비롯되는 모성적 자기상을 종교의 기초로 보았다. 이는 종교의 화해적 기초를 찾으려는 시도로 볼 수 있다. 리주토(Ana-Maria Rizzuto)가 중간대상으로 하나님표상을 말하는 것도 이런 화해적인 종교 이해의 일환이다. 그러나 하나님과의 화해적 관계는 우리 경험에서 비롯되는 것이 아니라 그리스도의 십자가의 대속에서 비롯되는 것이다. 이런 방식은 동양 종교의 자력 구원관과 다르지 않다. 기독교 구원의 출발점은 자신이 아니라 계시하시는 하나님이다.

기독교 세계관은 삼위일체 하나님으로부터 시작한다. 삼위 하나님께서 한 본질이시면서 성부께서 성자를 낳으시고 성부와 성자께로부터 성령께서 나오시는 것처럼 인간의 영혼도 영혼 내부에 삼중구조를 지닌다. 프로이트는 몸의 생리학적 힘으로써 욕동은 정신으로 표상된다고 했으나 신학적으로는 몸과 영혼의 추동이 마음에 표상되는 것으로 이해해야 한다. 그리고 몸과 영혼이 대상을 향해 추동하는 힘은 내부적으로는 자기표상으로부터 대상표상으로 이행하는 과정에서 중간대상으로서 하나님표상을 형성한다. 동시에 오이디푸스기를 거치면서 양육자의 양육태도와 가치가 피양육자 안에 내사되면서 대상표상을 형성한다. 영혼에는 적어도 세 가지 표상, 곧 자기표상, 하나님표상, 대상표상이 형성된다. 자기표상은 몸과 더 직접적인 연관을 가진다. 자기표상의 확장인 하나님표상과 내사된 대상표상은 종교의 씨앗 개념의 구체적 형태이며 관계성의 기초가 된다. 16-17세기 맥락에서 종교의 씨는 일종의 자연신학이다.[41] 그리고 이런 관계성이 몸-영혼이 지닌 삼위일체적인 구조다. 이 표상들은 인격주체를 통해서 드러날 수밖에 없다. 인격주체는 표상들을 통해서 이웃과 하나님과 관계를 맺고 그 관계 속에서 주체로 발견된다. 그런 점에서 인격은 상호의 존적이다. 인격은 지·정·의, 곧 몸-영혼의 기능들이 의식주체에 의해 외부로 개별화된 형태로 표현된 것이다. 지·정·의에는 좁은 의미의 하나님의 형상인 원의가 담겨 있다. 밀러(Miller)와 델라니(Delaney)의 히브리적 자기개념과 연관 짓자면, 하나님표상은 참지식을 대면하여 갖게 되는 반성적 의식으로서 자기개념이며, 자기표상은 의를 대면하여 갖게 되는 실행적 기능으로서 자기개념이며, 대상표상은 거룩을 대면하여 관계적 존재로서 자기개념이다.

뿐만 아니라 인격주체는 3가지 덕목을 통해서도 드러난다. 히포(Hippo)

의 교부였던 어거스틴(Augustine)은 『신앙편람』(*Enchiridion*)에서 기독교신앙의 요점을 믿음, 소망, 사랑으로 정리한다. 믿음 부분(3장 9절-29장 113절)에서는 사도신경의 구조를 따라 해설하고 소망 부분(30장 114-116절)에서는 주기도문을 해설하고 사랑 부분(31장 117절-32장 121절)에서는 율법과 죄 문제 등을 다루고 있다.[42] 어거스틴이 『신앙편람』에서 사도신경의 구조를 따라 믿음의 내용으로 하나님을 아는 지식을 다루었는데 믿음은 이처럼 하나님 표상과 그 지식과 관계가 있다. 소망이 자기표상과 관련이 있는 이유는 로마서 5:4의 "인내는 연단을, 연단은 소망을 이룬다"는 표현에서 근거를 찾을 수 있다. NASB는 연단을 "proven character"로 옮기고 있다. 『신앙편람』에서도 소망을 주기도와 연관 짓고 사랑은 인간의 4중 상태의 설명을 통해 율법과 연관 짓는다. 이 구조에서도 추동의 성격을 찾을 수 있다. 예컨대, 믿음은 확신에 따른 거룩한 성향으로 드러나고 이것이 은혜의 방편인 기도를 통해 체화된 결과로서 사랑의 실천으로 드러난다고 이해했다. 3가지 덕목의 추동이 드러내는 인격주체는 다시 3가지 방면에서 성령의 열매로 드러난다. 존 스토트(John Stott)는 성령의 열매를 첫 세 항목은 하나님과의 관계로, 두 번째 세 항목은 이웃과의 관계로, 세 번째 세 항목은 자신과의 관계로 해설했다.[43] 이상의 것들을 도표로 그려보면 도표 1과 같다.

도표 1. 인간이해를 위한 주요개념들의 상관관계

인간	관계(하나님 형상)		표상	자기	덕목	인격	성령의 열매	대상
	넓은의미	좁은의미						
영혼	지성	지식	하나님표상	반성적 의식	믿음	인격주체	사랑 희락 화평	하나님
	의지	의	자기표상	실행적 기능	소망		충성 온유 절제	자신
몸	감정	거룩	대상표상	관계적 존재	사랑		인내 자비 양선	이웃

이런 표상들이 몸과 영혼의 여러 기능들을 통해서 의식적 주체로 세상과 하나님 앞에 드러나게 된다. 그러나 좁은 의미의 형상인 원의는 상실하고 인간의 본성은 부패했으며 넓은 의미의 형상은 미숙하다. 그런 중에 형성되는 자기표상은 의를 반영하지 못하고 하나님표상은 하나님을 닮아 있지 않으며, 대상표상은 부모의 부패와 미숙함으로 왜곡된다. 그 결과 왜곡된 표상들이 종교적 왜곡과 인간관계의 왜곡을 부른다. 그 왜곡된 본성의 중심에 핵심감정이 있다.

왜 굳이 핵심감정이란 용어로 설명해야 할까? 그럴 필요가 있을까? 핵심감정은 동양적 개념을 포함하는 주관적 개념이다. 창조주와 피조물, 초월과 내재, 주체와 객관을 구분하는 기독교적 세계관이라면 굳이 이런 동양적 함의를 담은 핵심감정이라는 용어를 사용해야 할 이유가 있을까? 이유는 우리 부패한 본성을 개별화하고 한 개인의 죄의 경향성을 특정할 필요가 있기 때문이다. 같은 죄를 수없이 반복하는 까닭은 우리 죄의 깊은 본질을 제대로 깨닫지 못하는 데서 비롯된다. 이런 자기 부패성의 개별적 특질을 특정할 필요가 있기 때문에 이 주관적 용어를 굳이 사용하려는 것이다. 신학에서 인격은 인간 존재의 본질적 구성 요소가 아니라 인간 존재의 개별화된 특질이라고 봐야 한다. 그리스도께서 인격 없는 인성을 취하시고도 참사람이신 이유가 이 때문이다. 내가 지닌 인성의 특성을 개별화하고 핵심감정으로 대변되는 부패성을 개인적이고 구체적으로 기술할 수 있게 해서 성화의 촉진적 도구로 삼기 위해서이다. 그래서 핵심감정이라는 더 주관적이며 개별화된 용어가 필요했다.

정신치료는 대상화하고 독립을 강조하는 반면, 핵심감정의 치료는 주관화하고 주체를 강조한다. 삼위일체 하나님께서 페리코레시스(Perichoresis)적인 상호침투적 관계를 맺고 계신 것처럼 인간이 이웃과 맺는 관계나 하나님과 맺는 관계의 기초가 우리 마음에 몸과 영혼이 추동한 결과로서 표상을 단말로 관계가 맺어져 있다. 그러나 관계의 단말인 대상표상과 하나님 표상은 왜곡되어 있다. 마이클 리브스(Michael Reeves)도 『선하신 하나님』에서 미셸 푸코의 아버지의 사례를 통해서 하나님표상의 왜곡에 대해서 시사하고 있다.[44] 그러나 그럼에도 이 내사된 내적 체계는 우리가 하나님과 관계를 맺을 수 있는 기초가 된다. 이 관계가 경쟁과 불화적 관계라는 점은 오히려 성경의 죄에 대해 진노하시는 하나님과 우리의 불화적 관계와 더 가깝다. 오히려 대상관계가 0-3에 초점을 둠으로 화해적 대상표상으로 종교성을 확보하려는 시도는 자연 종교의 일환일 뿐이다. 오히려 프로이트는 "정신분석학은 종교적이지도 비종교적이지도 않으며, 목회자와 평신도가 고통받고 있는 사람을 도울 때 사용할 수 있는 공정한 도구"[45]로 보려 했다. 그러나 그의 이런 시도에도 불구하고 신학적 이해는 프로이트의 기계론적 세계관과 충돌할 수밖에 없다.

인간의 의존적 사랑의 욕구는 자기만족을 추구한다. 대상 역시 자기만족의 대상일 뿐이다. 이런 성향을 죄의 경향성이라고 한다. 이 경향성은 내사된 대상 때문에 반복적으로 좌절 되고, 하나의 엄격한 자동화 체계가 된다. 마틴 루터(Martin Luther)는 이것을 노예의지라고 했다. 즉, 내사된 대상의 힘과 의존해서 사랑받으려는 힘이 인격의 의지와 결정에 의해서가 아니라 두 감정 세력이 증상을 동원함으로 특정한 조건화를 이루는 데 이때 드는 주관적 감정이 핵심감정이다. 그러므로 핵심감정은 단지 주관적 느낌만이 아니라 외부대상으로부터 온 추동을 억제하는 내사된 힘과 우리 몸으로부터 시작되어 정신에 표상하는 추동의 힘의 세력 균형의 지형도인 셈이다. 이 지형도는 인간의 인격적이며 성격적인 특성을 모두 반영한다.

건강하고 영적인 사람이라면 이 힘의 균형의 중심점에 의식주체가 있고 상황에 따라 유연하며 독립적인 결정을 할 수 있어야 한다. 성경은 이것을 "바람이 임의로 불매 네가 그 소리는 들어도 어디서 와서 어디로 가는지 알지 못하나니 성령으로 난 사람도 다 그러하니라(요 3:8)"고 표현했다. 전통적인 삼위일체론과 기독론에서 인격은 의식주체 개념이다. 주체로서 우리 인격은 몸과 영혼으로부터 추동된 자기의식, 거기서 파생한 중간대상으로써 하나님표상, 그리고 부모로부터 내사된 대상의 상호의존적 관계 속에서 주체적인 의식이다. 그리고 이런 인격 구조는 삼위일체의 인격적 구조와 닮아 있다. 상호침투적인 인격 구조의 유사성 때문에 삼위 하나님과의 교제가 가능하다. 성경은 "그의 성령을 우리에게 주시므로 우리가 그 안에 거하고 그가 우리 안에 거하"(요일 4:13)게 된다고 말한다.

예수 그리스도는 우리의 주인이시지만 우리를 섬기는 자로 우리 곁에 오셔서 우리를 부르시고 우리와 관계를 맺으므로 머리가 되셨다. 하나님과 우리의 관계는 일방적 관계다. 하나님은 주인이시고 우리는 그분의 자녀이자 종이다. 우리 주님도 말씀하셨지만 누군가에게 자신을 의탁하시는 분이 아니다. 그런 일방성에도 불구하고 하나님은 우리를 돌보시고 돌봄을 받는 관계, 곧 동맹(alliance)을 맺으신다. 동맹은 청탁관계가 아니다. 마치 치료자와 환자의 관계가 환자가 일방적으로 도움을 받는 관계처럼 보이지만 치료자는 환자에게 배운다. 우리가 하나님께 무슨 도움을 드릴 수 있겠는가? 그러나 그럼에도 우리에게 영광을 받으신다. 이 동맹, 곧 언약관계는 믿음이라는 조건으로 맺어졌다. 믿음은 조건이자 도구로서 하나님을 향하는 주입된 경향성이다. 진정한 상담은 핵심감정을 지우고 내면적 지형도의 변화를 믿음을 통해 도모하는 것이다. 하나님께 순종하며 그 순종함을 따라 만물을 다스리는 존재로 개인과 공동체를 세워 가는 것이 핵심감정을 통한 기독교 상담이다.

핵심감정에서 놓여나는 훈련(찾기-보기-지우기-세우기)은 내담자의 주관적인 감정인 이 핵심감정을 다룬다. 원래 핵심감정의 자리에 상호의존적 주체로서 인격이 있어야 하며 이 의식주체(인격)는 삼위일체 하나님과 교제하는 인간의 주요한 특성이다. 삼위 하나님의 페리코레시스는 상호 내주하시는 성부와 성자의 성령 안에서의 사랑의 교제를 보여 준다. 이와 유사한 방식으로 인간은 타인과 구별되는 주체로 존재하며 동시에 대상과 교제하는 존재로 내사된 대상이 우리 내면에 존재한다. 우리 안에 타자와 관계의 끈이 존재하는 것이다. 내사된 대상표상과 자기표상은 하나님표상의 재료가 된다. 대상표상과 하나님표상은 서로 중첩되며 뒤섞인다. 하나님표상과 자기표상도 서로 중첩되며 뒤섞인다. 이 대상들은 외적 요인이 제거된 후에도 계속 좌절을 불러일으키는 요인이 된다. 핵심감정은 원하고 바라는 것이 좌절되었을 때 느끼는 감정으로 이 좌절은 이 대상과 표상의 힘에서 비롯된다. 처음에는 외적 대상으로부터 좌절을 경험했겠지만 이에 적응하는 과정에서 대상이 내사되고 의식 내부에 자기 검열의 체계가 된다. 원하고 바라는 것에 대한 욕망과 이 검열이 맞닥뜨리면서 생기는 좌절에서 비롯된 감정이 핵심감정이다.

이 핵심감정에는 자기표상, 대상표상, 하나님표상과 추동 에너지가 함께 응축되어 있다. 그러므로 핵심감정 안에는 원하고 바라는 것의 좌절로서 주관적 감정만이 아니라 대상에 대한 상이 함께 존재한다. 대상 및 현실과 무관하게 핵심감정은 추동의 힘, 그 정신적 표상인 자기, 외부 대상인 부모로부터 내사된 체계, 이 세 가지 세력의 균형이다. 이 체계는 엄격한 자동성을 지니면 지닐수록 병리적이다. 병리적이지는 않더라도 양육자와의 관계가 재연될만한 연상이 일어나는 관계에서 유연하게 다른 선택을 하지 못하고 이전의 관계를 반복하는 것을 핵심감정이라고 한다. 행동주의 치료에서는 이것을 '학습된 무기력'으로 표현하기도 한다. 이런 특질이 옅어지고 삼위 하나님과 교제 할 수 있는 인격적 특질로 의식주체를 형성하는 것이 핵심감정에서 놓여나는 과정의 목표다.

핵심감정을 불쌍한 영혼에 비유한다. 왜냐하면, 핵심감정이 형성될 그 시기는 내가 어떻게 할 수 없는 유아적 상태이기 때문이며 어떻게 해서든지 부모나 다른 사람들에게 붙어서 살아야만 했기 때문이다. 그런데 불쌍하다는 말에 사람들은 발끈하고 인정하기가 힘이 든다. "우리는 죄인입니다"라는 설교는 들어도 자신을 죄인 취급하면 발끈한다. 기독교의 핵심 메시지인 우리의 죄인 됨과 불쌍함의 구체적인 확인의 과정이 핵심감정의 치유다. 불쌍한 영혼은 하나님의 돌봄을 받지 못하는 상태다. 에덴에서 쫓겨난 후, 인간의 영혼은 진정한 돌봄을 받지 못했다. 구약에서 긍휼(רחם)과 자궁(רחם)이 같은 어원을 가진 것은 우연이 아니다. 죄는 우리를 하나님의 돌봄을 받지 못하게 한다. 하나님께 거절당한 가인처럼 죄로 인해 완전한 인정과 수용을 받지 못한다. 영적인 자궁인 긍휼에서 떨어진 유산(abortion)된 영혼들이다. 엄마의 자궁 외에 하나님의 자궁인 교회로부터 두 번째 출생을 경험해야 한다. 죄를 회개하고 하나님께로 돌이켜 회개하는 자를 용서하시는 긍휼과 자비, 인정과 수용을 받는 존재가 되어야 한다.

그러기 위해서는 두 가지 돌이킴이 필요하다. 죄에서 돌이킴과 하나님께로 돌이킴이 필요하다. 전자를 회개라 하고 후자를 믿음이라 한다. 긍휼의 돌봄의 과정에 필요한 것이 믿음이다. 죄인인 우리를 부르셔서 의인으로 삼으시고 말씀하시는 그분의 음성을 핵심감정의 목소리보다 더 귀 기울여 들어야 한다. 돌봄이 결여된 곳에서 살아남기 위해서 만들어 내야만 했던 거짓된 나와 내적 체계가 바로 핵심감정이다. 핵심감정은 결핍의 자리에서 생긴 감정이기 때문에 자신의 불쌍함과 비참함을 인정하기가 힘들다. 이 거짓 나의 목소리에 솔직히 내 불쌍함을 인정하는 것이다. 주관적인 감정의 목소리인 핵심감정의 자리를 믿음을 통해서 듣는 의롭다하시는 성경의 목소리가 대신해야 한다. 영혼의 불쌍함과 비참함을 만나는 것으로는 부족하다. 그 자리에 창조의 원형(참지식, 의, 거룩)을 지닌 주체인 내가 새로 건축되어야 한다. 중생했다는 것은 그 안에 제2의 본성인 믿음이 심겨졌다는 의미다. 믿음의 경향성은 우리로 하나님과 그분의 말씀으로 기울게 한다. 그 결과 은혜의 수단(말씀, 기도, 성례)과 어머니인 교회를 통해서 돌봄을 받으며 자란다. 자라면서 사리와 진리를 분별하게 되며 이 과정에서 말씀과 성령을 통해서 자기 돌봄과 자기 공감이 일어난다. 우리는 자신을 용서한 만큼 하나님의 용서를 받아들이며, 자신을 사랑한 만큼 하나님의 우리에 대한 사랑을 받아들이는 습관이 있기 때문이다. 그러나 사랑을 먼저 하신 이는 하나님이시며 궁극적으로는 하나님을 사랑하고 이웃을 사랑하는 것으로 드러나야 한다. 그러기 위해서는 하나님이 하신 일들을 자신에게 적용해야 한다. 그러지 않으면 우리는 실제적인 불신자일 수 있다.

왜냐하면, 핵심감정은 내 삶 전체를 지배하고 현재의 나로 있게 하는 장본인이며 나를 지탱하게도 나를 힘들게도 했다. 이 지배적인 힘으로부터 벗어나 하나님의 은혜로 기울어지지 않는다면 자신에게 믿음이 있는지 돌아봐야 하기 때문이다. 그러나 핵심감정은 우리의 출발점이기도 하다. 하나님은 우리의 결핍을 사용하시며 그것을 소명으로 부르신다. 결핍이 특정 부분의 맷집을 키우기도 한다. 핵심감정으로부터 자유로운 삶은, 핵심감정의 건강한 면은 장점으로 살리고 나를 힘들게 한 면을 줄여서 필요에 따라 사용할 수 있게 하는 것이다. 내가 가장 잘할 수 있는 부분도 핵심감정과 관련된 부분이며 이 부분을 잘 보고 제대로 해결하면 내가 가장 잘할 수 있는 달란트와 은사도 찾아낼 수 있다. 이를 활성화시켜 나의 건강한 부분을 확장시켜 나가야 한다.

핵심감정은 기독교 신앙과 매우 밀접한 관련이 있다. 심리치료를 중시하는 풍조에서는 "진리에 대한 기독교적인 개념과 윤리적 삶"에 대해서 생각할 여지가 없다.[46] 예수님은 우리에게 주님을 따르기 위해서는 자기를 부인하고 자기 십자가를 지고 나를 쫓아야 한다고 하셨다(마 16:24 참고). 그러므로 기독교 신앙의 핵심은 자기부인과 십자가 신앙에 있다고 해도 과언이 아니다. 동양 종교의 무아지경 같은 것인가? 그런 종류의 자기 인격 전체를 부인하는 것이 아니라면, 도대체 인간 내부의 어떤 부분에 대해서 부인해야 한다는 것인가? 그것을 성경은 육(롬 8:6) 또는 옛 사람(골 3:9; 엡 4:22) 등으로 설명한다. 그러나 이것 역시 상당히 추상적 개념이고 그 실체에 접근하기가 어렵다. 그래서 많은 그리스도인이 자기를 부인한다고 하면서도 여전히 자기중심성에서 벗어나지 못하는 현실을 종종 목격하게 된다. 핵심감정은 자기중심성의 진앙지(震央地)를 분명하게 목격하게 해 준다. 그런 점에서 핵심감정에서 놓여나는 수련은 성화의 과정을 촉진하는 매우 훌륭한 도구가 된다.

성화의 과정은 크게 두 가지로 첫째는 죄 죽이기(mortification)이며, 둘째는 소생(quickening)이라고 할 수 있다. 이 둘은 동시적으로 일어난다. 핵심감정은 이 과정의 실제적 분기점이다. 죄 죽이기는 우리 안에 죄성을 구체화하는 작업으로 핵심감정 자체가 우리 부패성의 구체적인 힘과 역동을 보여 준다는 점에서 효용성이 있다. 물론 이것을 죽이는 과정은 은혜의 수단과 믿음으로만 가능하다. 그러나 부패성의 개인적 특성을 분명하게 드러내준다는 점에서 이 수련은 분명 성화의 과정에 도움을 준다. 또한 소생은 믿음 안에서 하나님과의 관계를 새롭게 회복하고 자기 정체성을 새롭게 하는 과정으로 이 과정이 효력이 있으려면 먼저 충분히 자기 공감이 이뤄져야만 가능하다. 예컨대, 사람들이 나를 싫어할 것이라는 감정이 핵심감정인 이에게 너를 싫어하지 않고 좋아한다는 메시지는 사실 효력을 발휘하기 어렵다. 그런 피드백을 받더라도 계속적으로 사람들의 행동에서 싫어하는 것 같은 장면을 찾아내는데, 예를 들면 상대가 무표정하거나 내 인사를 받지 않고 나보다 다른 사람과 먼저 인사하는 것 같은 특정한 행동을 자기를 싫어하는 것으로 해석하기 때문이다. 이런 경우, 사람들이 나를 싫어할 것 같은 감정을 먼저 충분히 드러내는 것이 우선한다. 충분히 의식의 수면 위로 표현되고 그런 조건에서도 나를 좋아해 주는 경험이 있어야만 극복이 가능하다. 같은 이유로 소생이란 새로운 신앙적 정체성이며 하나님과의 관계인데 여기에 이런 무의식적 기제가 성경의 약속을 믿는 일을 방해하기 때문에 소생의 과정에서도 우리의 비참함을 충분히 드러내고 그것이 용납된다는 사실을 경험적으로 깨닫게 하는 과정으로 소생의 과정을 도울 수 있다.

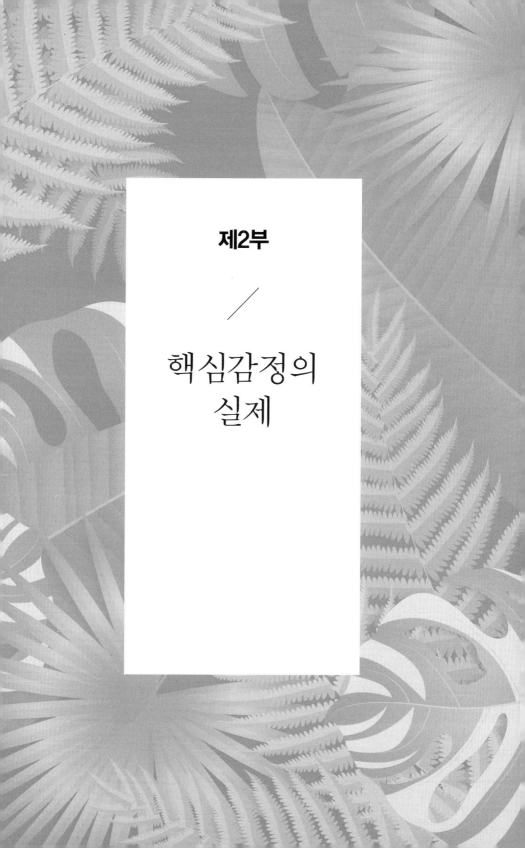

제2부

핵심감정의
실제

핵심감정의 실제

핵심감정의 종류

핵심감정의 종류를 변별해야 하는 중요한 이유는 정신역동치료에 있어서 첫 면접의 중요성 때문이다. 첫 단추를 잘 끼워야 한다. 치료는 진단이 반이기 때문이다. 신앙 성장에서도 마찬가지다. 레온 사울(Leon J. Saul)은 초기 면담에서 내담자의 진단과 주요 역동, 특히 내담자의 고통과 증상을 야기한 정신 병리적인 역동, 중심 역동에 초점을 맞추어 역동적 진단이 내려져야 한다고 강조한다.[47] 그러려면 개별화된 핵심감정의 특징을 알려 주는 프로파일이 있어야 한다. 상담의 성패는 첫 면접(1-2회)이 결정한다. 이는 치료의 시작, 초기, 중기, 종결에 이르기까지 핵심감정이 그 중심에 있고 이를 다루는 방식의 차이가 개입모델의 핵심이기 때문이다.[48] 이 책에 제시된 핵심감정의 종류들은 그간 내가 임상에서 상담을 하면서 경험한 핵심감정에 관한 기록들을 모은 노트들을 근간으로 했다.[49] 각 핵심감정별로 나오는 사례의 이름은 내담자 보호를 위해 가명을 사용했으며, 내담자의 이력을 알 만한 내용은 언급하지 않았고 신변을 감추기 위해 일화들을 수정하기도 했다. 핵심감정의 형성과 발달은 인간이 처한 현실만큼이나 다양하다. 핵심감정을 특정해서 그것을 유형화하는 것은 불가능에 가깝다.

그러나 범죄자에게도 일련의 습성이 있어서 범죄 관련 프로파일링이 가능한 것처럼 핵심감정도 일정한 군락 형태로 종류를 나누는 일은 가능하다. 따라서 유형화보다는 종류들을 밝히고 그 역동을 분석함으로 케이스 경험을 통해서 초심자들도 비교적 쉽게 핵심감정을 파악할 수 있게 돕고자 했다. 핵심감정의 종류를 프로파일로 만드는 것은 단지 심리치료를 위한 진단의 편의성만을 목적으로 하지 않았다.

장 칼뱅(Jean Calvin)이 『기독교 강요』(Institutio christianae religionis)를 저술할 때, 인식론적 전제로서 "하나님을 아는 지식"과 "인간을 아는 지식"을 기초로 놓은 것처럼 기독교 신앙의 핵심을 이해하고 그것이 인간의 삶에 구체화되기 위해서는 개별화된 형태의 인격으로 정의되는 인간을 아는 지식의 구체적 이해가 필요하다. 심리치료로서 진단적인 역할 외에 더 직접적으로는 우리 믿음을 강화시키는 과정 자체가 하나님을 아는 지식과 나를 아는 지식의 실제적 증가와 무관하지 않기 때문이다. 믿음을 통해 은혜의 수단을 사용함으로 우리 삶에서 죄의 세력을 끊어내고 점점 은혜의 지배로 들어가야 한다.

그러나 성경의 역사가 교훈하듯이, 사사기는 범죄-압제-회개-구원의 순환이 반복되는 것을 통해 민족적으로 '순환적 부적응 패턴(Cyclical Maladaptive Pattern)'을 보여 주었다. 사사기의 이 패턴을 개인에게 적용해서 우리 자신의 순환 패턴을 이해할 필요가 있다. 이런 심리적인 부적응의 순환과 반복은 우리 자신을 알지 못하는 것이 주요한 이유 중 하나다. 핵심감정의 이해가 믿음을 증진시키거나 우리가 은혜의 지배에 들어가도록 하는 역할을 하지 않지만 1만 번을 반복해야 체득할 수 있는 믿음의 분량을 더 작은 반복에도 불구하고 우리의 부패성과 연약함을 정확히 깨닫도록 도울 수 있다. 뿐만 아니라 이 순환과 반복을 내 계대에서 멈추게 할 수도 있으며, 은혜의 수단과 믿음에 더 간절히 붙어 있도록 조력하는 역할을 할 수도 있다.

그렇기 때문에 핵심감정의 종류를 나누고 특정한 이론적 틀에 넣는 작업은 현실과 실제를 왜곡할 우려도 존재한다. 그래서 여기 사용된 핵심감정의 종류는 자기 이해를 돕는 얼개 역할 이상의 의미를 부여하는 것을 경계한다. 이 개념적 틀에 임상 실제들을 다 끼워 넣을 수가 없다. 그럼에도 핵심감정의 종류를 나누는 데는 그만한 변인이 필요하다. 그중 가장 중요한 핵심감정을 변별하는 요인은 주요 대상의 양육태도와 피양육자의 자극-반응기제다. 시카고정신분석학파는 핵심감정의 형성에 미숙한 유기체에게 여러 강력한 힘들이 부딪혀 오는데, 즉 가정의 물리적 조건, 가정의 경제적, 감정적 안정도, 형제자매가 있는가, 어린이가 맏이인가 막내인가 아니면 중간인가, 특히 중요한 점은 부모의 성격으로써, 부모의 성격이 사랑을 주고 이해하고, 지지하는가, 무관심하고 배척하고 심지어는 신체적으로 학대 하는가 등이 영향을 미친다고 했고[50] 이동식은 핵심감정의 형성 배경에 대해 "개인적 경험에 있어서 개인의 능력과 성장 배경, 집안 내력과 사회적, 학습 경험에 있어서는 우리나라의 역사, 주변 인물과의 교류, 서양과의 교류 경험으로부터 영향을 받아 형성된다"[51]고 했다. 다시 말해서 부모의 양육태도가 결정적 영향을 미친다고 본 것이다.

부모로 대표되는 주요 대상의 양육태도[52]는 1. 박탈(deprivation) 2. 지배(domination) 3. 경시(depreciation)[53] 등으로 나눌 수 있으며, 사울은 "부모의 배척, 과잉지배, 무관심이나 통제의 부족, 과잉보호, 일관성의 결여"[54], "과잉보호, 보호결여, 미사회화나 과잉사회화-지나치게 사회화되거나 일관성 없이 사회화되거나, 또는 사회화되지 못함-무관심, 방임"[55] 등을 들고 있다. 피양육자의 자극-반응 기제는 1. 투쟁(fight) 2. 도피(flight) 3. 억압

(frozen)[56] 등이 있다. 사울은 사랑의 욕구를 건강한 것은 수용적-수동적-독립적(passive-receptive-independent)[57]으로 설명하고 불건강한 것은 수동적-수용적-의존적(receptive-passive-dependent)[58]으로 구별해서 설명했다. 결국 병리의 핵심은 의존성이다. 이런 의존석 사랑의 욕구가 양육자의 태도에 의해서 반복적이고 지속적으로 좌절될 때, 피양육자가 여기에 적응하기 위해서 하는 비교적 자동화된 반응을 임상 상황에 따라 변별했다. 또한 하나님표상도 가능한 대로 다루었다.

부담감

부담감 연구는 주로 보호자 입장에서의 연구가 대부분이다. 그나마 발달상의 부담감을 다룬 연구로는 노바(Nova)와 게스트(Guest)가 제시한 CBI(Caregiver Burden Inventory)에서 내담자를 보호하는 가족의 스트레스를 다각적으로 파악하는 5가지 하위변수 중 하나로 다룬 연구가 유일하다.[59] 알코올중독자의 가족이 느끼는 부담감과 마찬가지로 자녀들은 발달상의 부담감을 가진다. 핵심감정-부담감은 지배적인 양육태도로부터 비롯되는 경향이 있다. 양육자의 애정이 과하고 간섭이 많고 자애로운 태도를 특징으로 한다. 과잉보호를 받은 어린이들은 대체로 사회적 기술이 부족하고 걱정이 많고 수줍어하며 불안해하고 복종적이며 자기 권리를 옹호하지 못하고 두려워하며 동료관계에서 철수하는 경향을 보인다.[60] 양육자의 과한 애정은 아동의 기대부응의 심리를 자극한다. 칭찬은 고래도 춤추게 한다지만 무작정 칭찬을 하게 되면 실망시킬 것에 대한 부담감이 증가해서 피양육자들은 도전적인 과업을 꺼리게 된다. 과도한 칭찬에 인정받으려는 태도가 지나치게 발달하고 투쟁-도피기제에서 도피기제를 발달하고 오히려 아이의 도전 의식을 해치는 역효과를 낸다.[61] 오이디푸스기를 지나면서 대상-리비도가 크게 발달하고 부담감을 느낀 나머지 자아-리비도는 약화된다. 이 과정에서 부모원상(parent-imago)이 내면화되면서 주요한 동력이 된다. 인정받는 일이 삶의 주된 과업이 되며 부담감 때문에 자기가 원하는 바가 뒷전이 되거나 잘 깨닫지 못하게 된다.

핵심감정-부담감은 상황에 적절히 부응하기 어렵다는 감정을 가진다. 잘하려는 욕구가 지나치게 큰데 실제 대상의 요구라기보다 내면화된 부모상에 의한 내적인 압박이다. 이런 특성들로 인해 이웃과의 관계에서 위축되거나 이웃의 요구에 자신의 삶을 희생하는 경우가 잦다. 과하다고 느껴지는 반복적인 배려들은 부모로부터 대물림된 것이며 이런 것을 받고자 하는 마음에 의존과 수줍음도 같이 증가한다. 이웃을 배려하지만 자신이 원하는 바를 말하지는 못한다. 실패하여 주요 대상을 실망시키면 어쩌나 하는 부담감에 항상 긴장한다. 그 탓에 핵심감정-부담감은 자기 필요에 대한 요구는 적절히 못하는 반면, 상대의 요구를 거절하지 못하는 경향을 보인다. 핵심감정-부담감은 압박감 때문에 도움을 요청하지 못해서 혼자 모든 일을 다 처리하는 경향을 보인다. 이런 이유들로 업무가 늘 쌓여 있다. 삶을 지뢰가 언제 터질지 모르는 전쟁터처럼 여기기 때문에 이런 긴장감을 유일하게 풀어놓을 수 있는 가정에서는 나눠줄 만한 에너지가 없다. 핵심감정-부담감이 건강하게 작용한다면, 매사에 성실하고 잘 준비된 반응과 태도를 보인다. 부담감 때문에 늘 준비하고 준비하기를 반복한다. 그러나 결정적 순간에 위축과 도피기제가 발동해서 노력에 비해 낮은 성공율을 보이며 이로 인해 자기가치에 대한 평가도 낮다.

핵심감정-부담감의 하나님표상은 늘 무엇인가를 요구하거나 부담을 주시는 하나님이고 그 요구는 매우 이상적이고 높으며 그 기대를 쉽사리 만족시킬 수 없을 것 같은 하나님이시다. 이런 이유로 신앙 태도는 모범적이다. 그러나 주위에서 보기에 모범적인 것과 달리 당사자는 하나님께서는 실제로 요구하지 않으셨음에도 종처럼 무엇인가를 계속 요구받는 관계를 맺고 있다. 그래서 늘 지쳐 있다. 자기 마음에 만족스런 순간이 혹시라도 오게 되면 마음 한구석에 다시 그것으로는 부족하다는 느낌을 지울 수 없게 된다. 그에게 하나님은 채권자 같고 자신은 채무자 같다. 무언가를 늘 요구받으며 그 요구를 만족시키기 위해서 노력하지만 만족한다는 느낌을 받지 못한다. 이런 반복강박이 그를 지치게 만든다.

민주 씨는 무더위가 기승을 부리는 어느 더운 여름에 아이들을 데리고 미술관에 갔다가 죽을지도 모른다는 불안감이 엄습하고 이 때문에 잠을 이루지 못하게 되면서 발병했다. 민주 씨는 어려서 완고한 아버지와 배려심이 많은 어머니 밑에서 둘째로 태어났으며, 아버지가 술을 드시고 들어오셨을 때의 긴장감을 첫 기억으로 언급했다. 초기 기억들과 대상관계에서 보고된 것은 다툼과 관련된 것이지만 실제로 민주 씨는 친구들 사이에서 매우 착한 친구이며 선생님과 권위에 순응적인 아이였다. 그럼에도 이런 기억을 보유하게 된 것은 갈등의 회피 전략으로서 순응기제를 택한 탓이다. 민주 씨는 집에서도 아이들을 엄격히 통제하고 아이들에게 필요한 것들을 미리 준비하고 계획하는 성격이다. 발병의 원인이 된 무더운 날씨는 대부분의 생활반경들이 모두 자신의 통제가 가능한 것인데 반해 통제할 수 없는 데서 비롯되었다. 지구 온난화에 대한 갖은 걱정과 삶의 방식이 여기에 맞춰졌다. 이는 아이들을 돌봐야 한다는 부담감과 아이들이 살 미래 사회에 대한 불안이 서로 맞물리면서 발병했는데 자기 불안을 체제에 순응하면서 스스로 질 수 있는 이상의 짐을 지려는 데서 발생한 것으로 보인다.

그리움

핵심감정-그리움은 병리적 정서가 아니기 때문에 사회과학 분야에선 잘 다뤄지지 않고 주로 문학에서 다뤄지는 주제다. 그러나 그리움만큼 인간의 근본적 정서도 드물다. 핵심감정-그리움은 핵심감정이 단지 병리적 요인을 의미하지 않는다는 것을 보여 주는 좋은 사례로 보통 사람들의 일상적인 경험을 담은 감정이다. 유행가 어휘를 분석한 어느 연구에서 고향에 대한 그리움은 모성에 대한 그리움을 은유한 것으로 해석했다.[62] 핵심감정-그리움은 양육자와 애착이 적절히 형성되었다는 의미다. 애착은 특정 대상관계에서만 드는 '다른 어떤 것과도 바꿀 수 없는' 독특하고 강한 결속 혹은 친밀한 느낌을 의미한다.[63] 몸-영혼의 의존적 사랑의 욕구는 애착하는 방식으로 계속 표현된다. 그러나 전오이디푸스기 동안에 양육자가 애착이 형성되도록 돌보지 않은 것은 아니지만 그렇다고 적절하게 필요할 때 제대로 공급한 것도 아닌 양육태도에서 비롯된다. 이 양육태도는 박탈 (deprivation)적인 태도라 볼 수 있다. 박탈은 주지 않음을 의미하지 않고 주었던 것을 빼앗음을 의미한다. 이런 태도는 오이디푸스기 동안 계속 반복된다. 아마도 양육자는 아이에게 깊은 애정을 쏟지만 아이가 말을 듣지 않을 때, 냉정으로 아이의 행동을 처벌하는 형태의 양육패턴을 지녔거나 예기치 못한 환경의 변화로 아이의 이런 애착관계의 일시적인 박탈을 경험했을 것이다. 아이는 그런 양육자에게 적응하려고 수용과 애정을 구하며 더 많은 애착행동을 하게 된다. 이것은 양육자의 행동에 대한 모사일 가능성이 높다. 자신에게 살갑게 굴고 친절하며 다정다감했던 부모상은 오이디푸스기를 걸치면서 자아이상으로 내사된다.[64] 이렇게 내사된 감정은 부모의 투사적 동일시[65]의 산물이기도 하며 양육태도이기도 하다. 양육자의 다정다감함은 한편으로는 사랑으로 해석되지만 아이가 포기하지 않고 양육자를 애착하게 하는 감정 세력이 된다. 이렇게 오이디푸스기 동안에 대상—리비도에 에너지가 집중된다.[66] 그러나 자아—리비도[67]의 발달은 지지부진하게 된다.[68] 그래서 아이는 자라는 동안 살갑게 굴고 친절하며 관계의 미련을 저버리지 못한다.

핵심감정—그리움은 타인을 돌보는 일을 즐겨하고 폭넓은 대인관계를 구축한다. 대화를 즐기며 감수성이 많이 발달해 있다. 이런 경우 그의 외형적 삶과는 달리 하나님표상은 가까이 하기엔 너무 먼 당신이다. 하나님은 친절하고 내게 좋은 분이지만 곁을 잘 주시지 않는다. 이해받기를 바라지만 늘 이해받지 못하는 것 같다. 기도가 장황해지고 타인에게도 장황한 설명을 통해 자신이 이해받기를 희망한다. 신앙생활에서 이들이 추구하는 것은 친밀감이다. 하나님과의 친밀감을 경험하려는 것이 신앙의 주요한 동기로 작용하기도 한다. 그러나 하나님은 그에게 쉽게 곁을 주시는 것 같지 않다. 신앙에서 신비적 경험을 추구하는 경향이 있으며 늘 목말라 있다. 친밀감은 타인의 정체성을 곧잘 자기 것으로 가져오는 것으로 드러나며 이런 특징이 신비 추구와 수도원적인 성향으로 나타난다.

순호 씨의 첫 기억은 밤에 깨어 보니 혼자인 것에 대한 두려움이었다. 산골에서 부모로부터 아이의 정서적 필요를 공급하는 것이 아니라 바쁘고 고된 노동환경에서 노동력을 요구받았다. 아이로서는 감당하기 힘들만큼의 노동이지만 부모의 돌봄을 기대했던 내담자에게 되돌아오는 것은 더 많은 노동이었다. 그런 순호 씨가 유일하게 칭찬받는 환경은 초등학교였고 공부로 칭찬받았던 것이 아동기의 가장 좋은 기억들 중 일부다. 이런 이유로 유아들에 대한 조기교육에 열을 올리게 했고, 책을 통해서 타인의 경험들을 자신의 것으로 흡수하며 더 나은 사람이 되고자 한다. 동시에 남편에게 부모로부터 받지 못했던 진정한 관계를 열망했으나 좌절에 따른 억울함을 호소했다. 순호 씨는 가족과 거리 없는 친밀함을 원했고 부모에 대한 원망으로 탈출하듯이 결혼을 선택했다. 여전히 관계에 대한 목마름과 그것이 충족되지 않음에 대한 원망을 결혼 상태에서도 반복하고 있다. 핵심감정은 이렇게 대물림된다.

경쟁심

핵심감정-경쟁심은 출생의 차서가 발생의 주요한 환경이다. 가인의 첫 살인도 이 경쟁심에서 비롯되었다. 부모의 사랑을 얻으려는 데서 경쟁심이 생긴다.[69] 제임스 돕슨(James Dobson)에 의하면, 아이들은 내가 얼마나 잘하는지보다 누가 더 잘하는지에 관심이 있다.[70] 대체로 부모의 관심은 맏이의 절반 정도가 둘째에게 주어진다. 태어나 보니 이미 맏이가 있고 그 관심의 절반 정도를 받는 성장 환경에서 비교하는 양육자의 태도가 내사되면 어려움을 느낀다.[71] 물론 핵심감정-경쟁심이 항상 둘째에게만 발생하지는 않는다. 양육태도에 따라 첫째에게도 얼마든지 생길 수 있다. 예컨대, 맏이에게 피해의식이 있는 부모는 둘째에게는 관대하나 맏이에게 엄격할 수 있고 이런 비교가 핵심감정-경쟁심을 생기게 하는 조건이 될 수 있다. 전 오이디푸스기는 리비도가 자기에게 집중되는 시기며, 오이디푸스기는 대상에게 집중되는 시기다. 유아는 이 시기에 생존의 위협을 경험했다. 형의 아우를 타는 현상이 유아에게는 위협으로 경험된다. 반대로 형은 동생의 출생이 자기가 사랑받는 일에 위협으로 경험된다. 병리는 아니지만 이런 환경의 지속적 노출은 리비도의 자아 집중을 강화시킨다. 반대로 성장하면서는 늘 비교가 따라붙는다. 리비도가 자아에 집중된 시기에 발달한 자기애적인 경향은 대상관계를 전투적으로 파악하게 만든다.

핵심감정-경쟁심은 성격이 조급한 편에 속하며 경쟁자가 있어야 의지가 더 불타오른다. 표현은 자극적이고 선동적이며 승부욕이 강하다. 경쟁심은 양육자의 지배(domination)적인 양육태도에 기인한다. 그러나 이 지배는 유아를 좌절시킬 정도는 아니며 이런 자극에 대한 유아의 반응은 투쟁적 기제라 할 수 있다. 몸-영혼 추동은 대상에게 인정받으려는 욕구로 나타난다. 이 생존 방식은 어느 정도 성공적이지만 대상관계를 경쟁적으로 파악하기 때문에 협력과 사랑의 교제가 어렵다. 자극적이며 선동적인 표현은 자신을 승자로 만들지만 타자를 패자로 만들기 때문에 적이 많아지고 그 과정이 지속되면 좌절로 되돌아온다. 이런 과정의 반복이 승리와 성공에 집착하게 하고 그렇지 못한 삶을 무의미하게 느끼도록 만든다.

핵심감정-경쟁심을 보여주는 성경의 가장 대표적인 인물은 야곱이다. 그는 늘 형과 경쟁했다. 아버지의 사랑을 얻기 위해서다. 그의 경쟁심은 아버지의 축복을 얻긴 했으나 형의 복수심을 불타게 했다. 그가 축복을 얻고 택해야 했던 길은 외삼촌 집으로 도망가는 것이었다. 그 길에서 만난 하나님께 야곱은 거래를 제안한다. 그래서 이들의 하나님표상은 거래하시는 하나님이다. 야곱은 에서와도 팥죽으로 거래를 했었다. 하나님과는 복을 놓고 거래를 했다. 나중에 집으로 돌아오는 길에 얍복 강 나루에서 하나님과의 씨름도 이런 하나님표상을 보여 준다. 하나님은 이들에게 거래의 대상이다. 나의 성공과 승리를 위해서 그가 나에게 무엇을 줄 수 있는가 하는 것이 주요한 관심사며 이를 집요하게 파고든다.

정희 씨는 처녀로 이혼남과 결혼했다. 이전까지 삶의 문제가 없었던 정희 씨는 전처소생의 아이를 양육하면서 갈등이 빚어졌다. 정희 씨의 첫 기억은 아버지의 손을 잡고 초등학교 입학식에 가는 것이다. 얼마 지나지 않아 남동생이 태어나면서 둘째였던 자신이 찬밥이 되었다는 사실을 인지했고, 위로 언니와 경쟁에 아래로 남동생과 경쟁하는 가족 구조를 이뤘다. 언어폭력이 일상다반사로 벌어지는 가정환경에서 초등학교 시절부터 빨래, 밥, 설거지, 집안 청소들을 도맡아 했고, 직장생활에서는 경쟁적으로 동료들을 따돌리고 남들보다 빠르게 승진하기도 했다. 정희 씨가 남편과 결혼을 선택한 이유는 자녀를 낳고 싶지 않아서였다. 그녀는 낮은 자존감을 지닌 자기를 닮은 아이를 만들고 싶지 않았던 것이다. 결혼 후, 전처소생의 자녀들과 남편을 두고 경쟁구도가 형성이 되었다. 그런데 이전 경쟁에선 자기가 섬기고 수고하고 노력하면 이기거나 원하는 것을 얻을 수 있었는데, 같은 방식으로 남편을 두고 자녀와 대립하면서 갈등이 빚어졌다. 그녀의 삶은 고통스러워졌다.

억울함

억울함은 일의 책임소재가 부당하게 나에게 귀인된 것에 대한 분노 감정을 말하며[72] 핵심감정-억울함은 이런 상황에서 제대로 된 표현을 못했을 때 주로 생긴다. 표현을 못하니 주요 정서는 답답하다는 호소가 주를 이룬다. 이 점을 고려하면 억울함의 투쟁-도피기제에서 주로 억압이라는 방어를 사용한다. 억울함을 표현하지 못하는 이유는 3가지인데, "상대가 받아들여주지 않을 것에 대한 예상, 불이익을 예견, 관계보호"[73]를 들 수 있다. 이유들은 모두 예상과 전망이라는 주제를 함의한다. 앞의 2가지 요소는 명시적으로 예상과 예견이란 용어를 사용하고 3번째 항목도 암시적으로 전망을 함의한다. 이런 태도들은 왜곡된 대상표상과 대상관계에서 비롯된다. 그의 요구는 받아들여지지 않았으며 그것을 표현하면 불이익이 되돌아왔을 것이다. 양육자가 보인 주요 방어는 투사며, 핵심감정-억울함은 양육과정에서 이 기전을 배울 수밖에 없다. 투사가 주요한 방어기전이라는 점은 억울함이라는 핵심감정이 전오이디푸스적인 문제로부터 발생했다는 것을 알려 준다. 아마도 일정하게 표현한 경험이 있었을 것이다. 또한 표현할 수 있었다는 것은 양육자가 유아의 욕구에 대해 일정한 정도의 응답을 했음을 보여 준다. 이 과정은 상당한 수준의 자아의 응집과 강도를 형성한다. 양육자의 계속되는 거부는 자기애적인 자아 응집을 부르고 거기에는 이해받으려는 욕구가 의존적 사랑의 욕구로 자리하고 있다. 이런 욕구의 생성은 제대로 이해받지 못하는 상황의 반복에서 비롯된다. 역시 그런 점에서 핵심감정-억울함은 지배(domination)적인 양육태도를 지닌 양육자의 비일관성을 통해 형성되었음을 추정할 수 있다. 핵심감정-억울함의 질적 사례연구에서 아동기 가족관계 경험의 공통사항 중에 "너희 때문에 아버지와 산다는 말에 자신을 싫어하거나 엄마의 마음이 아플 것 같아 자신의 욕구를 억압하고 표현을 하지 못했다"[74]는 내용이 나오는데 이는 엄마의 전형적인 이중 메시지다. 내 임상 경험으로는 이런 양육태도가 핵심감정-억울함의 성격을 형성한다고 본다. 사랑이 받아들여지는 경험도 일정하게 있으면서 거절과 박탈의 경험도 함께 공존하는 것이다. 이는 양육자가 원칙이 아니라 자기 마음 가는대로 피양육자에게 반응한 것에 대한 방증(circumstantial evidence)이기도 하다. 양육자의 거절 방식은 책임전가나 탓을 하는 방식이었을 것이고 이것이 오이디푸스기를 거치면서 내담자에게 내사된 형태로 존재했을 것이다. 남의 탓을 많이 하는 까닭에 자기 문제를 자아동조적인 것으로 받아들이고 이런 이유로 치료상의 예후는 그다지 좋지 않다.[75]

이런 양육환경에 대한 유아의 투쟁-도피기제와 독립 정도에 따라 성격은 다르게 형성될 수 있다. 예컨대, 지배적인 양육자의 일관성 없는 양육태도[76]가 커질수록 그에 대한 반감과 불공정함, 그리고 권위에 대한 반항의식도 함께 커진다. 성장은 부모와 통제로부터 독립하는 것을 의미하며 '반항'

과 같은 사회적 행동으로 나타난다.[77] 이는 상당한 정도의 적개, 곧 공격충동이 의식 수준까지 발달하고 표현되는 상태이며 양육자의 지배적이고 조정하려는 경향성의 결과다. 여기서 야기되는 불합리성 때문에 자신이 이해받지 못하며 지금의 상황이 불공정하다는 인식이 강해진다. 반대로 도피기제가 나타날 경우, 억압은 두려움을 동원할 수도 있다. 억울함이 표출되는 것을 막는 파생감정으로 두려움이 동원되는 것이다. 핵심감정-억울함은 그런 점에서 불안이란 감정을 주요한 요소로 지니고 있기도 하다.

그는 인정받지 못할 때나 불공정한 일을 당했다고 생각될 때 폭발하는 경향이 있다. 자기 문제를 남 탓으로 돌리는 투사적 경향 때문에 투쟁적 성향을 보이며 자기 반성은 낮은 편이다. 사회적으로 기능할 때는 의리 있고 정의감이 있지만 이 역시 자아의 방어 방식이다. 설득력이 높고 언어 표현과 구사력이 발달한다. 문제는 그가 억울한 상황을 확대재생산하게 된다는 점이다. 건강한 사람들은 그냥 넘길 수 있는 일들에 대해서도 핵심감정-억울함은 다소간에 과민한 반응을 보이고 대부분의 사람은 이런 반응을 수용해 주지 않는다. 이런 심리적 과정이 자신이 이해받지 못하고 있고 이 상황이 불공정하다는 자기 인식을 키우며 보통의 경우보다 더 많은 호소를 하는데 이것이 심해지면 사회적으로 용인되지 않는 범주가 되고 결국 그는 이해받지 못하고 자기의 억울한 감정을 다시 확인하게 된다. 이 과정에서 상대방 역시 억울하다는 느낌을 갖게 되는데 자신이 한 실수나 잘못이 이런 정도의 반응을 보일 만한 내용이 아니라고 느끼게 된다. 이는 핵심감정-억울함의 투사적 동일시로 상대에게 불어넣은 감정이다.

핵심감정-억울함의 하나님표상은 불공평한 하나님 혹은 귀머거리 하나님이다.[78] 그는 일상과 신앙생활에서 하나님이 자기의 말을 듣지 않으신다고 생각한다. 자신에게 부당한 일들을 가져다주며 엄격하고 자기에게 불행을 가져다주는 분으로 생각한다. 억울함의 핵심감정을 가진 이가 신앙에 입문하게 되면 교회의 권위와 질서에 반항적이고 율법주의 경향을 가질 경향성이 높다. 억울함이 많다는 것은 반대로 모면하려는 노력과 애쓰는 정도도 많다는 것을 의미한다. 그런 점에서 그는 자신도 모르는 사이에 율법이나 법령으로 자신의 억울함을 변호하는 성향을 갖게 된다. 성경에서 묘사되는 귀 기울여 우리의 신음을 들으시는 하나님에 대해서는 공감하지 못하고 시편의 상당한 부분에 등장하는 얼굴을 가리시는 하나님에 대해서 공감하게 된다. 이것이 그의 신앙생활의 불행이다. 핵심감정-억울함은 노력하고 애쓰고 있는 자신에 대해 이해받는 경험이 필요하며, 그런 자신을 돌보시는 하나님과의 만남이 신앙과 성격에 크게 영향을 미친다.

수영 씨는 직장 내 업무 분담에서 어렵고 힘든 업무들이 자기에게 밀려오는 것을 제대로 조절하지 못했다. 수영 씨는 직장 동료와의 관계에서 억울함을 폭발적으로 분출하고 휴직한 상태다. 수영 씨의 첫 기억은 4-5살 즈음 새벽에 소변을 보려고 일어났다가 양육자를 깨우지 못하고 이불에 실례하면 안 되겠다는 생각에 방구석에다 볼일을 본 것이다. 이 기억은 많은 것을 함의하고 있다. 수영 씨가 돌봄의 필요에 대해서 잠든 엄마에게 호소할 수 없었다는 점은 자기 요구가 상황에 따라 받아들여지지 않았던 여러 경험들을 암시한다. 동시에 이런 상황을 스스로 해결하려는 경향을 보인다. 수영 씨의 직장 장면도 유사하게 전개되었다. 충분히 몸과 마음이 힘든 상황임에도 동료와 상사에게 설명하고 양해를 받지 못한다. 동시에 어려운 일들을 거절하지도 못한다. 이런 과정에서 자기가 제대로 이해받지 못한다는 불만이 가득 차게 되고 힘든 형편에서도 많은 일을 하는 자신과 나은 형편인데도 더 여유 있는 업무 환경에 놓인 동료에 대한 억울함이 임계점을 넘으면서 폭발한 것이다.

불안

정신분석은 불안감을 수단으로 생겨났다.[79] 프로이트는 "왜 신경증 환자들이 다른 사람들과 달리 여러 불안을 강렬히 느끼는지 사람들이 심각하게 묻지 않는다"라면서 인간의 정신적 문제 규명의 핵심을 불안으로 보았다.[80] 의존적 사랑의 욕구가 강해지면 사람들은 불안을 느낀다.[81] 욕구의 좌절로 빚어진 마음은 아직 미숙한 자아가 통제할 수 없기 때문에 불안을 증상으로 동원해 좌절에서 비롯된 적개심을 억압하는 자동화된 역동 균형이 생긴다. 이 역동 균형의 근간에 있는 욕구, 자기, 대상(타자와 하나님을 포함)을 포함하는 핵심감정이 있고 이것은 그의 세계관이기도 하다. 적개심이 특정한 한도 이상으로 표출될 때, 불안이라는 증상을 동반한다.[82] 불안은 통제되지 않을 것 같은, 통제할 수 없을 것 같은 적개심이다. 오이디푸스적인 갈등의 전형이지만 전오이디푸스기에 기원을 둔다. 미약한 자아가 처음으로 자기를 통제하고 조절하는 배변훈련기에 정서적 기원이 있다. 의존적 사랑의 욕구가 좌절되면서 발생하는 적개는 사랑의 대상을 해할지도 모른다는 불안을 야기한다. 적개를 통제하는 방식으로서 불안은 강박적 성향과 완벽을 추구하고 계획적이며 자신의 환경을 통제하는 방식으로 드러난다.

핵심감정-불안은 잦은 확인과 계획, 약속 장소에 미리 가 보는 등 변수를 통제하는 경향을 보이지만 심리 상태는 망설이며 안절부절 못하고 노심초사한다. 눈치를 많이 보며 자아-리비도보다 대상-리비도에 더 많은 에너지가 투여된 것이 몸-영혼 추동의 특징이다. 핵심감정-억울함보다 자아의 강도가 낮다. 핵심감정-억울함은 더 자주 의식적이 되는 데 반해 핵심감정-불안은 주로 무의식적이다. 핵심감정-억울함과 마찬가지로 일관성 없는 양육태도에서 기인한다. 핵심감정-억울함은 비일관성에도 불구하고 자아 강도가 높고 아동의 욕구는 어느 정도 받아들여진 데 비해서 핵심감정-불안은 자아 강도가 낮다. 이는 더 이른 시기에 기원을 둔다는 점을 보여 주며 욕구의 좌절과 거기서 비롯된 적개에 대해서 수용적이지 않은 환경을 시사한다. 어떤 날은 되고 어떤 날은 되지 않는 비일관성은 눈치를 발달시킨다. 뿐만 아니라 대상에 대한 낮은 신뢰를 의미한다. 이 변수를 통제하기 위해서 강박적 성향을 보이며, 사람들을 잘 믿지 못한다. 욕구가 충족되지 않는 경험은 이전에 욕구가 충족된 경험 때문에 더 강한 요구를 불러일으키고 대상-리비도에 집중되어야 할 시기에 리비도 에너지는 후퇴해서 자기애의 응집을 강화시키며, 이 과정에서 적개가 증가하고 이는 균형에 위협이 되며 이것이 불안으로 표현되는 것이다. 미약한 자아는 적개를 통제하거나 조절할 수 없기 때문에 다시 대상표상을 억압적인 표상으로 선택적으로 발달시킨다. 모든 핵심감정이 그렇지만 자아 발달의 정도나 양육태도의 엄격성의 정도에 따라 그 양상은 천차만별이다.

그러나 대부분의 핵심감정-불안은 자기 안의 적개를 잘 인식하지 못한다. 이는 핵심감정-억울함보다 더 무의식적이기 때문이다. 그러나 상황이 통제되지 않으면 불안이 가중된다. 이런 상황이 지속되면 핵심감정-불안은 대개의 경우, 신경질과 짜증 섞인 적개를 비통제적으로 분출하고, 분출된 적개로 인해 죄책감을 불러온다. 이는 억압을 위한 구조이며 다시 불안의 증상을 가중시키는 악순환을 불러온다. 그런 점에서 불안은 자극-반응기제로 본다면 억압적임에도 불구하고 투쟁적 성격이 없지는 않지만 도피적 기제라 할 수 있다. 현실을 통제를 통해서 적응하려는 시도인 것이다. 이것은 양육태도의 표상이기도 하다. 이런 점 때문에 정도에 따라 다르겠지만 핵심감정-불안은 아이러니하게도 분위기를 주도하는 성격을 형성하기도 한다. 분위기가 가라앉을 때 찾아오는 불안을 견디지 못한다. 이는 핵심감정−두려움과 유사한 성향이며 연예계 종사자들에게 공황장애가 빈번한 이유이기도 하다. 역동의 측면에서 보면, 상황을 통제하려는 불안 계열의 행동 습성이기도 하다. 이런 경우 상황에 순발력 있게 대처하는 편이며 눈치는 사회 적응기제로 작동하기도 한다.

핵심감정−불안의 하나님표상은 종잡을 수 없고 만족하시지 않는 하나님이다. 불안이 자기 통제적이 되는 이유는 이 종잡을 수 없음에 대한 통제의 시도다. 성경에서 이런 하나님표상을 가진 대표적 인물은 아하스 왕이다. 아하스는 아람 왕 르신과 이스라엘 왕 르말리야의 아들 베가가 연합하여 유다를 치려 할 때, 하나님께 표적을 구하라는 이사야의 신탁에도 불구하고 하나님을 시험하지 않겠노라며 표적을 구하지 않는다. 그러면서 앗수르 왕에게는 선물을 주고 그를 의지할 뿐만 아니라 그를 만나러 다메섹에 갔다가 거기 우상을 보고 베껴 예루살렘에 신상을 만든다(왕하 16장, 사 7장 참조). 하나님을 의지하지 않고 자기 꾀를 의지하며 신탁을 따르기보다 자기가 고안한 신을 따른다. 자신이 완벽에 완벽을 기하면 하나님을 만족시킬 수 있을 것이라고 생각한다. 그래서 핵심감정−불안은 완벽주의 성향을 보인다. 그러나 아무리 완벽해도 여전히 종잡을 수 없는 하나님이다. 이것이 불안이 안고 있는 불행이다.

미려 씨의 집은 잘 정돈되어 있다. 수첩에는 일정이 빼꼭히 기록되어 있으며 옷은 항상 단정하다. 직장에 면접 때문에 전혀 생소한 장소를 찾아가야 했던 미려 씨는 불안한 마음에 전날 가야 할 장소를 답사했다. 얼마나 걸리는지 시간과 교통편을 따라 장소에 다녀오고 나서야 불안한 마음이 가라앉는다. 매사에 철저히 계획을 세우지만 늘 마음 한구석은 불안하고 자신의 행동이나 태도가 마음에 들지 않는다. 그녀의 첫 기억은 혼자 방 안에서 장난감을 가지고 노는 기억이다. 이 기억을 떠올리면 그녀는 불안하다. 그녀의 엄마는 장난감과 함께 그녀를 방으로 밀어넣었고 엄마와 함께 있고 싶었던 그녀는 그것을 제대로 표현할 수 없었다. 장난감을 가지고 놀고 있지만 그녀의 신경은 온통 밖에 계신 엄마에게 가 있다. 그런 미려 씨가 만나게 된 지석은 자신이 해내지 못한 그런 일들을 너무 잘해내는 것처럼 보였고 잘 정리된 그의 삶은 너무 매력적으로 보였다. 그렇게 두 사람은 연애를 하게 되었고 결혼에까지 이르렀다. 결혼하고 아이를 출산한 후, 자신의 삶을 그런 방식으로 통제할 수 없었고 삶이 통제되지 않는 가정환경을 지석 역시 견디기 힘들어했다. 짜증과 히스테리가 늘었지만 적극적으로 갈등을 해결하기보다 서로 감정적으로 멀어져만 갔다. 자신이 원하는 바를 제대로 말하지 못하던 부부는 결국 정서적 별거 상태에 이르고 말았다.

두려움

핵심감정-두려움은 적개심을 억압한다는 점에서 핵심감정-불안과 그 역동에서 구조가 유사하다. 차이점은 자아 강도 면에서 핵심감정-억울함이 가장 높고 그다음이 핵심감정-불안이고 그보다 더 낮은 형태의 자아 강도를 지닌 것이 핵심감정-두려움이다. 예컨대, 타인에 대한 공격은 상상만으로도 공격당할지도 모른다는 두려움을 갖게 한다.[83] 이 공격당하는 상상이 적개를 강력하게 억압하고 이 억압에 동원되는 증상이 두려움이다. 회피 정도는 적개가 더 크기 때문일 수도 있지만 자아 강도에 따라 개인별로 다르다. 오히려 적개가 크다는 말은 그것을 담는 그릇도 크다는 의미이기 때문에 큰 적개는 자아의 강도와 비례적 관계에 있다. 단지 적개의 크기만으로 억울함, 불안, 두려움 등의 감정을 줄 세울 수는 없다. 적개뿐만 아니라 의존적 사랑의 욕구의 강도 역시 표현을 결정짓는 중요한 요인 중 하나다. 의존심이 커질수록 불안이나 두려움도 같이 커진다. 의존심에 반비

례하고 적개에 비례해서 자아의 강도가 결정되는 경향이 있다. 핵심감정-두려움은 핵심감정-불안에 비해서 양육태도가 더 지배적이고 더 공격적일 때 생기는 핵심감정이며, 지각하는 위험이 더 즉각적일수록 더 날카롭고 생생하게 느껴지는 데서 생긴다.[84] 그래서 핵심감정-불안에 비해 자아발달이나 강도가 낮다. 이런 이유로 눈치를 많이 본다는 점에서는 불안과 비슷하지만 핵심감정-두려움은 더 위축되어 있다. 핵심감정-두려움과 유사계열로 공포감정에 대한 질적 분석 사례연구를 보면, 감정적 반응으로 죽을 것 같다. 자녀에 대한 심리적 반응으로 아이들의 삶이 불행하게 될까봐 무섭다. 아동기 가족관계에서의 경험에 대해서는 끝장날 것 같다. 행동적 특징으로는 이 고통으로부터 벗어나 살고 싶다. 일 또는 학업에 대한 반응으로는 실패하면 끝이다. 대인관계에서의 반응은 존재의 거부-자살 및 의사소통 양상과 갈등해결 양상 등을 들고 있다.[85]

내 상담 경험으로는 핵심감정-두려움의 특징은 자기주장을 하지 못하거나 해도 매우 약하며, 상대와 마주해서는 잘 생각이 나지 않다가 혼자 있을 때 주로 떠오른다. 물론 이것은 모든 억압적 성격 구조의 특징이지만 이런 특성은 핵심감정-두려움을 정의해 주는 주요한 사고와 행동의 특징 중 하나다. 상처받는 것을 두려워하는데 이는 약한 자아의 반증이기도 하며 부모에게 기가 눌린 것이다. 그러나 스스로는 누군가에게 상처 줄까 두렵다고 주로 호소하며 이 상처 줄 것 같은 대상 이미지는 자기표상의 투사이며 모상에 기원을 둔 하나님 표상이기도 하다. 그런 점에서 핵심감정-두려움은 통상 핵심감정-불안에 비해서 적개를 효과적으로 다루지 못하고 있다. 이 구조의 건강한 면을 찾는다면 적개를 억압하는 과정에서 용적이 넓어지고 인내의 정도가 다른 사람들보다 커진다는 것이다. 그런 점에서 자아 강도는 핵심감정-억울함과 핵심감정-불안보다 낮다고만 평가할 수 없다. 표현이라는 점에서 분명 자아 강도가 낮은 것은 분명하지만 견뎌내는 힘 역시 자아 강도의 일부다. 그런 점에서 자아 강도의 양과 심도는 더 깊다고 할 수 있다. 부모가 지배적이기 때문에 적개가 높고 리비도가 대상을 향해 추동하는 힘이 좌절되고 오히려 리비도의 방향이 자기를 향하면서 자기애가 두터워지고 두려운 대상을 내사해서 가지는데 이것으로 적개의 외부 분출을 막는 역동 균형이 핵심감정-두려움이다. 적개란 미움이나 단순한 지배나 조정도 포함하는 것인데, 무기력한 유아에게 지배와 일방적 소통은 환상에서 현실로의 이행을 방해한다. 예컨대, 내 어린 시절의 경험 중에 겨울밤 화장실을 가고 싶어 잠에서 깼을 때 방에 어떤 사람이 서 있어서 밤새 잠을 설치다가 동이 트고 보니 그것이 아버지의 바바리코트였던 경험이 있다. 일어나서 확인했으면 편히 화장실을 다녀와서 잠들 수 있었을 텐데 두려움이 현실 확인을 방해한 것이다. 이런 종류의 경험이 더 지적으로 미숙한 어린 시절에 반복되게 되면 아동기 사고의 특징인 1차 사고에서 성인의 2차 사고로의 이행을 방해하게 된다. 핵심감정-두려움은 이런 역동 균형의 전형적인 패턴이다. 그런 점에서 핵심감정-두려움은 핵심감정-불안에 비해서 현실 인식 능력이 더 떨어진다. 물론 모든 핵심감정은 가짜로 현실 인식을 방해하는 요인이지만 억압의 요인이 클수록 현실 요인이 역동 균형에서 줄어들 수밖에 없다. 이는 핵심감정-두려움은 전오이디푸스적인 과제를 더 많이 함의한다는 점을 보여 준다.

핵심감정-두려움의 하나님표상은 징벌하시는 하나님이시다. 두려움을 핵심감정으로 가진 사람이 신앙생활을 할 때, 그 길은 가시밭길인 경우가 많다. 징벌의 두려움은 징벌 받음으로 오히려 안심되는 상황을 유발한다. 간절히 벗어나고 싶었던 환경이지만 너무나 익숙한 나머지 도리어 거기서 벗어나는 것을 저항한다. 이런 이유로 징벌적인 환경에 계속 노출되게 된다. 예컨대, 아버지로부터 늘 야단맞는 것에 대한 두려움을 가진 사람이 장성해서 직장에 취직을 했다. 야단맞을지도 모른다는 생각 때문에 제대로 묻지도 못하고 상사가 물어오면 허위보고를 하게 되고 일을 묻고 배우면서 해 가는 것이 아니라 자기 방식대로 하게 된다. 상사는 몇 번 친절하게 가르쳐 주지만 이 친구의 행동은 개선되지 않고 마침내 상사의 마음이 답답해지면서 야단을 치고 싶은 마음이 든다. 이는 야단맞는 것을 두려워하는 핵심감정을 가진 이가 상사의 마음에 불러일으킨 감정이며, 이 감정은 야단맞는 일이 발생함으로 안도감에 젖게 만든다. 이런 현상은 하나님표상에서도 반복되기 때문에 그의 신앙생활 여정은 기묘하게 가시밭길 여정이며 행복이 없고 자처해서 계속 어려운 길을 추구하게 되는 경향을 보인다.

윤주 씨는 자수성가한 사업가로 낭비벽 때문에 아내와 이혼 후 죽을 것 같은 두려움이 생겼다. 윤주 씨의 첫 기억은 집 앞 도로공사에서 어떤 행인이 던진 돌에 아버지가 다치신 기억이다. 이 기억은 공격에 대한 환상을 함의하는 것으로 오이디푸스적인 요인에 대한 심리적 표상이다. 그의 엄마는 신경질적이고 짜증과 소리지르는 것을 반복했다. 아버지는 술을 자주 드셨고 부부싸움이 있는 날이면 이러다 이혼하는 거 아닌가 하는 공포감에 시달렸다. 그것이 윤주 씨에게 공포였던 이유는 부모의 이혼이 어린 윤주에게는 생존의 위협으로 느껴졌기 때문이다. 아마도 내담자의 첫 기억은 이런 공포 상황에 대한 은유가 아닌가 한다. 이런 가정환경에 대해 윤주 씨는 흡사 전쟁과 같은 스트레스라고 보고했다. 엄마의 짜증과 스트레스는 자기 뜻대로 되지 않음에서 비롯되었고 이는 양육태도에서 엄격함으로 드러났다. 그런 몸에 배인 윤주 씨의 태도는 아이에게 한번 쓰고 버릴 장난감을 사 주는 것을 낭비라 여겨 용납지 않았고 그런 윤주 씨에게 아내의 낭비는 견딜 수 없는 일이었다. 그러나 막상 이혼하니 어려서 어머니 아버지가 싸우면서 가졌던 전쟁과 같은 공포 감정이 재연된 것으로 보인다. 윤주 씨는 상담 후에 다시 아내와 재혼했다.

열등감

핵심감정-열등감은 의존적 사랑의 욕구의 퇴행적인 힘일 수 있다.[86] 핵심감정-열등감은 보통의 수준 혹은 다른 사람이나 개체와 비교했을 때 부족함을 나타내는 상태를 의미한다.[87] 의존적 사랑의 욕구가 큰 사람은 자기 열등감과 연약함을 자기애로 보상하려 한다.[88] 그래서 유아적이고 냉담한 사람일수록 자기 기준과 훈련에 따라 살기가 어려우며 핵심감정-열등감을 더 많이 느끼게 된다.[89] 핵심감정-열등감은 냉담한 태도를 특징으로 하는데 이는 경시적인 양육태도에서 비롯되었다. 그 과정에서 양육태도가 내사되어 지나치게 높은 기대치를 스스로에게 부여한 것이다. 다수의 성적 우수자들이 핵심감정-열등감의 빈도가 높다. 오이디푸스기 동안 비난과 책임전가적인 양육태도가 대상표상으로 내사되어서 자아이상으로 자기표상을 검열하며 지나치게 반성적이다. 핵심감정-슬픔이나 핵심감정-우울같이 자기반성의 경향이 높은 감정과의 차이점은 핵심감정-슬픔이나 핵심감정-우울은 좌절에 대한 반응이 도피기제인데 반해, 핵심감정-열등감은 비교하며 경시적인 태도에서 비롯되는 투쟁기제라는 점이다. 그래서 핵심감정-열등감은 인정받으려고 애쓰며 경쟁적이고 비교가 생활양식이다. 핵심감정-열등감은 문제의 원인을 자기에게서 찾으면서 외적 태도에서는 위축되기도 하지만 내적으로는 엄청난 노력을 한다. 그래서 공부에 집착하는 경향이 강하다. 그러나 모순적이게도 이런 경향은 계속적인 열등감을 부추기게 된다. 성인이 되어서도 지속적으로 남아 있는 의존 욕구가 막연한 열등감을 부추긴다.[90] 의존 욕구가 좌절된 후에도 적개심은 보통 죄책감을 낳고 다시 이것이 열등감을 불러일으킨다.[91] 원래 하나님께서는 인간을 지으실 때, 인간과 인격적 관계를 맺기를 원하셨다. 순종하는 관계이지만 대등한 관계이고 그래서 강제나 강압이 아닌 약속에 의해서 맺어진 관계였다. 그런데 한쪽으로 관계가 기울어진 것이다. 양육자와의 관계가 지나치게 결탁되고 양육자 원상이 자아이상으로 내사되어서 우리 안에 자리하는 과정에서 자기표상보다 대상표상이 지나치게 크고 거기에 의존하는 관계가 정립됨으로 여기서부터 비롯되는 막연한 감정이 바로 핵심감정-열등감이다. 핵심감정-열등감은 의존 욕구를 양육자의 인정에 기대어 보상하려 한다. 누구나 이런 경향은 있지만 이것이 지나치게 되어 자기와 대상의 균형이 무너진 상태다. 완벽주의 경향이 가장 두드러진 것이 핵심감정-열등감이다.

핵심감정-열등감의 주요한 하나님표상은 만족을 모르는 하나님이시다. 하나님은 언제나 내게 시원치 못한 녀석이라고 말하는 것 같고 신앙이든 일이든 공부든 미친 듯이 매진하지만 여전히 만족스럽지 않고 항상 더 나은 것과 비교를 통해서 비참함과 열등감을 경험하게 된다. 이것은 일이나 공부에서도 마찬가지다. 성경의 대표적인 인물은 사울이다. 수줍음이 많은 그는 높은 자기 기준으로 수줍어했으며 그 기준은 백성에게도 투사되어 사무엘의 기다리라는 말에 순종할 수 없었다. 아이러니지만 그의 열등감은 여러 곳에서 자극된다. 사울은 천천이며 다윗은 만만이라는 말을 견딜 수 없었다. 이스라엘은 그를 조롱하여 이르기를 사울도 선지자 중에 있느냐는 속담이 횡행한다. 그는 악신의 표적이 되었고 끝내 신접한 여인을 찾아가는 지경에 이르고 만다. 주변에서 보면 매우 신앙적인 인물이지만 당사자는 스스로에게 그렇다고 전혀 느끼지를 못하고 시들어 가는 경우는 거의 사울과 같은 형편일 경우가 대부분이다.

종현 씨는 환청과 피해망상 등으로 병원에서 조현병으로 진단받고 여러 병원을 전전해 왔다. 현재는 상담 1년여 만에 조현병 의심 증상들이 해소되고 대학에 복학해서 친구들과 학교생활을 잘하고 있다. 종현 씨의 첫 기억은 초등학교 2학년 즈음, 심하게 혼이 난 것이다. 과외 선생이 종현 씨를 심하게 꾸짖는 교육 방식이 부모도 모르게 2년여 동안 지속되었고 이런 일은 한참 후에야 부모에게 알려졌다. 종현 씨가 발병하게 된 계기는 공익근무요원으로 근무하면서 환청이 들리고 사람들이 자기를 혐오할 것이라는 생각에 계속 휩싸이면서였다. 종현 씨는 어려서부터 제대로 자기를 표현하기 힘들 만큼 수줍음이 많았다. 이런 성격 탓에 친구들로부터 돈을 떼이는 일도 다반사로 일어났다. 내가 처음 종현 씨를 만났을 때, 15분 정도의 짧은 상담도 버거워하며 말도 그저 묻는 것만 겨우 대답하는 수준이었다. 죄책감과 혐오감이 그를 사로잡고 있었다. 자신은 세상에 살 가치가 없다는 호소가 잦았다. 그러다가 병세가 좋아져서 복학을 할 즈음에는 6개월 전부터 전공에 대한 공부를 미리 하는 등 열등감을 핵심감정으로 둔 전형적인 패턴을 보이기도 했다. 점차 병세가 호전되어 지금은 친구들과 함께 여행도 하고 학교 수업과 교우 관계도 원만하게 수행하고 있으며 처음 발병 당시의 모든 증상은 해소되었다.

슬픔

핵심감정—슬픔은 박탈적인 양육태도가 지속되고 거기서 비롯된 상실의 좌절로 발생한 적개가 외부로 표현되거나 분출되는 것이 막혔을 때 발생하는 핵심감정 중 하나다. 적개의 방향이 자신을 향하는 것이 특징이다. 에릭 린데만(Erich Lindemann)은 슬픔을 여러 증상, 곧 신체적 장애, 죄책감, 적대감, 혼란된 행동 등으로 임상적 과정을 서술했는데[92] 이는 상담의 종결

과정에서도 확인되는 감정 중 하나이기도 하다. 의존적 사랑의 욕구의 좌절이 예상되면서 상담자에게 슬픔과 비애감을 느끼고 다른 한편으로는 적개와 분노를 느끼게 된다.[93] 프로이트는 슬픔(mourning)과 우울(melancholia)을 구분했는데[94] 슬픔은 주로 애착대상의 상실과 관련이 있고 우울은 주로 욕구의 좌절과 관련이 있다고 보았다. 핵심감정─슬픔은 양육자의 양육태도로 인해 소통이 잘 안될 때 형성된다. 내담자가 보이는 방어는 주로 억압이며 오이디푸스기의 전형적 방어다. 투쟁─도피 기제에서는 주로 감정을 얼린다(frozen). 이는 대상을 애착하는 과정에서의 좌절을 의미한다. 애착은 중요한 대상을 향한 독특한 행동을 수반하는 내적 정서 중의 하나다.[95]

핵심감정─슬픔은 주요대상의 기대에 부응하려고 애쓰지만 좌절하고 슬픔을 느끼며, 미안하다는 표현을 자주 쓴다. 모순적이지만 슬픔이 핵심감정인데 주요대상을 기쁘게 하려고 애를 쓴다. 이는 양육자에게 유아가 사랑받으려 얼마나 애를 썼는지를 엿볼 수 있는 대목이다. 그는 나를 봐주지 않는 양육자를 만족시키려 애쓰고 헌신적이며, 양육자의 마음을 잘 헤아려 일들을 처리한다. 이런 태도는 핵심감정─슬픔의 대상관계에서 계속 반복되며, 이는 지속적으로 애착과 박탈이 반복되었음을 방증한다. 핵심감정─슬픔은 타인의 심정에 쉽게 공감하며 내 슬픔에 대해서도 쉽게 인정한다. 자기표상과 대상표상 중에서 대상표상의 만족이 핵심감정─슬픔의 주요한 추동이다. 이 슬픔은 상실된 자기에서 오는 감정이며 아무 이유 없이 막연한 슬픔을 자주 느낀다. 핵심감정─슬픔이 진정으로 원하고 바라는 것은 한번만이라도 자신이 소중히 여겨지는 데 있다. 이 역시 의존적 사랑의 욕구이므로 성인이 된 후에도 계속된 좌절의 경험이 반복될 수밖에 없고 그때마다 막연한 슬픔은 반복된다. 양육자의 양육태도는 지속된 거절과 좌절이다. 왜냐하면, 양육자 역시 슬프기 때문이다. 대물림되는 것이다. 핵심감정-슬픔은 늘 불충분하다고 느끼며, 그 좌절로 슬픔이 들면 사라지고 싶고 만사를 귀찮아한다. 이런 상태의 양육자는 제대로 된 자녀를 관심을 갖고 돌보기 어렵기에 아이의 요구에도 아무런 반응이 없다. 혼자일 때, 더 두드러져서 이 감정이 고스란히 아이에게 전달되고 아이는 엄마의 슬픔에 동조된다. 생각해보면 욕구가 수용되지 않고 좌절이 지속되는 것이 핵심감정-슬픔의 주요한 원인이다. 그래서 그들은 공감을 잘하고 남의 마음을 알아주는 일이 주특기다. 핵심감정-슬픔의 좌절을 다루는 방식은 주로 슬픔을 계속해서 삼키거나 잊으려고 자기감정을 띄우는 것이다. 그래서 때론 들떠 보이지만 홀로 남겨졌을 때 슬픔이 밀려오며, 이 홀로 남겨진 시간은 아이를 돌보아야 하는 시간이기도 하다.

핵심감정-슬픔의 하나님표상은 나를 봐 주시지 않는 하나님이다. 시편 기자의 표현 속에 이런 일은 자주 등장하지만 시편 기자들은 간헐적 상황에서 그렇게 얼굴을 가리시는 하나님을 경험한다면, 핵심감정-슬픔의 하나님은 늘 그를 봐 주지 않으시는 하나님이다. 신앙생활에서 인정받기 위해서 끊임없이 애를 쓰며 노력하지만 늘 나에게 시선이 없는 그분께 슬픔을 느낀다. 애를 쓰고 노력하지만 생색을 내는 일에 전혀 소질이 없어서 공동체 중에서도 인정받는 일에는 늘 뒤로 밀려나 있다. 혹 어떤 일을 충성스럽게 하더라도 핵심감정-슬픔이 하는 일은 사람들에게 관심을 받는 일이 아니라 뒤에서 은밀히 섬기는 일이 대부분이라 이런 감정은 더 자주 들 수밖에 없다. 신앙생활은 대체로 교회의 열렬한 지지자가 된다. 누구보다 이해하려고 하며 누구보다 공감하려고 한다. 미묘하게도 이런 태도 때문에 사회적 관계에서도 이용당하고 외면당하는 일이 잦다. 이는 교회에서도 마찬가지로 나타나는 경우가 많다.

영은 씨는 부모가 8살 무렵에 이혼했다. 영은 씨의 첫 기억은 엄마가 화장대에서 립스틱을 바르면서 그녀에게 "귀찮아, 저리 가"라고 말한 것이다. 삼 남매 중 맏이였던 영은 씨는 자기를 싫어하고 버리고 떠난 엄마를 죽이고 싶을 만큼 미워했다. 빚더미에 앉은 아버지가 여력이 없어 할머니 손에 길러졌다. 할머니는 늘 "너네 때문에 내가 이리 산다"는 푸념을 했다. 아버지는 술이 일상이었다. 가정에는 따스함이 없었다. 도망가고 싶은 마음에 한 결혼이었다. 첫애를 낳고 아이가 싫어서 침대에 던졌다. 자신을 싫어했던 엄마의 감정이 아이에게 고스란히 전해졌다. 나는 환영받지 못한다는 슬픔이 영은 씨에게 내재되어 있었고 그녀의 결혼은 불행의 씨앗이자 발병의 원인이 되었다. 영은 씨의 상담 동기는 가정불화였다. 남편이 자기편이 되어 주지 않는 상황이 마치 자신이 엄마에게 버림받고 가족에게도 천덕꾸러기였던 것만 같은 그때의 느낌이 그대로 재연되었다.

무기력

무기력은 일종의 우울감이다. 이 용어는 그리스어 침울함(melas)과 짜증(kbolê)에서 유래된 용어다.[96] 자살할 것 같은 우울한 기분, 신경쇠약적인 상태, 그리고 두려움과 절망이 표출하는 광기를 정의하려고 철학, 문학, 정신분석 등에서 사용되었다. 핵심감정-슬픔이 애착대상의 상실 경험이라면, 핵심감정-무기력(우울)은 자기 상실에 대한 경험이다. 오이디푸스기의 갈등 동안 핵심감정-슬픔은 대상-리비도에 핵심감정-무기력(우울)은 자아-리비도에 추동이 집중된 결과다. 좌절이 어느 쪽이 더 크다고 말하기는 어렵다. 핵심감정-무기력은 관계에서 아무것도 느끼지 못한다. 오랜 학대로 무엇인가를 느끼면서 살아갈 수 없기 때문이다. 이는 핵심감정-슬픔이 박탈적인 양육태도에 더 방점이 찍힌 반면, 핵심감정-무기력은 경시적인 태도가 일정 부분 섞여 있다. 핵심감정-무기력은 양육대상에 대한 애착을 결여하고 있다. 학대 경험이 우울을 일으키고 자살 생각에 영향을 미치며[97] 우울은 자의식과 유의미한 상관관계가 있다.[98] 사랑과 신뢰관계의 경험이 거의 없고 인생이 무의미하고 귀찮다. 핵심감정-무기력의 가족은 사는 게 재미가 없다. 상대는 처음엔 답답해하다가 나중엔 핵심감정-허무처럼 의미가 없어진다. 무기력이 가족에게 투사적으로 동일시되었다.

그들은 보는 이로 하여금 답답함이 들게 한다. 무언가를 성공적으로 수행해 본 경험이 없는데 이는 사회화가 거의 진행되지 않고 양육자는 그런 역할을 하지 못했다는 의미이기도 하다. 대상-리비도가 발달하는 오이디푸스기 동안에 자아-리비도에 더 추동이 집중되었음을 의미한다. 그래서 우울한 사람들의 자의식 반응이 높다. 이는 자기애적인 요인과 우울은 긴밀한 연관이 있음을 방증한다. 무기력은 회복 기간 동안에 자살 충동을 느끼기도 하는데 해방된 적개심이 의식의 위로 드러나기 때문이다. 이렇게 무기력을 선택하게 되는 심리적 이유는 양육자의 경시(depreciation)와 학대로부터는 어떤 것도 느껴서는 살 수가 없기 때문이다. 그들의 삶은 권태로움으로 가득 차 있다. 사람이 좋다는 말을 자주 듣지만 무기력하다. 어떤 관계에도 집착하지 않으며 오히려 혼자를 더 편하게 느낀다. 이 지점도 핵심감정-슬픔과 매우 다른 점이다. 이렇게 역동 균형이 잡혀 있기 때문에 도리어 누군가를 의존하는 욕구가 일어나는 상황에 이르게 되면 균형이 무너지는 일이 발생해서 발병으로 이어지기도 한다.

핵심감정-무기력의 하나님표상은 권태로운 하나님이다. 인생의 의미도 신앙의 의미도 없다. 추구해야 할 목표도 내면적 동기도 없다. 그냥 일상을 살아갈 뿐이다. 하나님표상으로부터 신앙의 동력을 찾기 가장 어려운 유형 중의 하나다. 오히려 의존해야 하는 상황이 방아쇠가 되어서 병증을 유발하듯이 이런 유형의 하나님표상은 위기의 하나님으로서만 내담자에게 의미가 있다.

준호 씨는 아내가 아무런 재미가 없다고 이혼을 요구해 이혼했다. 준호 씨의 첫 기억은 아버지가 오락기에 동전을 넣어 주던 추억어린 장면이다. 그의 아버지는 매우 엄하고 사나웠으며 엄마는 무기력한 삶을 사셨다. 아버지의 권유로 초등학교 때, 테니스를 했지만 아무 감흥이 없었다. 준호 씨의 표현은 시종일관 권태로움이다. 준호 씨가 기억하는 유일한 의사표현은 초등학교 4학년 때, 벨트를 혼자 할 수 없어서 아버지에게 성질을 부렸던 것이다. 결혼 후 10년을 아무런 정서적 교류를 경험할 수 없었던 아내의 이혼 요구는 당연한 일이었다. 아내가 겪은 권태는 결국 준호 씨 자신의 감정을 비춘 거울이었다. 준호 씨의 무기력은 10년 전 어머니가 돌아가시면서였다. 세상에 유일한 끈이었을 것이다. 그런 엄마의 죽음은 엄마가 겪었던 무기력을 대물림하는 결과를 낳았다. 이때부터 웃음을 잃어버렸고 자기로부터 소외는 더욱 심해졌다.

허무

철학자 프리드리히 니체(Friedrich W. Nietzsche)는 "허무주의를 절대적인 무의미성에 대한 신앙으로 파악한다. 모든 것은 아무 의미도 없다. 바로 이것이 허무주의에 고유한 신념이다"[99]라고 말한다. 내 임상 경험에서 핵심감정−허무는 공교롭게도 양육자 상실을 인생 초기에 경험한 사람들이라는 공통점이 있다. 유아는 양육자의 돌봄과 투쟁−도피기제가 반복되면서, 하나의 '지도(map)'를 생성하는데 대상표상과 자기표상을 형성하면서 이것은 유아의 평생을 지배하게 될 하나의 내적 작동모델이 된다.[100] 그런데 이 내적 작동모델이 생성되는 도중에 주요대상을 상실해 버린 것이다. 이것이 어떤 개연성이 있는지는 더 연구해 봐야 할 문제다. 우주와 같았던 부모의 상실이 빚는 무의미성이 핵심감정으로서 허무의 본질이다. 핵심감정−

무기력이 경시적인 양육태도에서 비롯된 자기 상실을 기본으로 하는 무의 미함이라면 핵심감정-허무는 애착대상의 급작스런 상실에서 비롯된 무의미함이다. 둘 다 무의미하게 인생을 파악하고 관조하는 성향이 있으나 핵심감정-무기력은 어둡고 무기력한 느낌을 더 주며, 핵심감정-허무는 초연하고 덤덤한 느낌을 더 많이 준다. 핵심감정-무기력은 자기 상실이어서 혼자일 때도 무기력하지만 핵심감정-허무는 애착의 붕괴로 혼자인 것 자체를 힘들어하지 않는다. 오히려 그러려는 경향이 있으며 무언가 자기 세계 속에 갇혀 지내는 느낌은 주게 된다.

핵심감정-허무의 주요한 느낌과 호소 중 하나는 세상에 덩그러니 나 혼자 던져진 느낌이었다. 핵심감정-허무의 주요한 태도는 초월한 듯이 세상을 관조하는 경향을 보이며 주변 사람들과의 관계를 냉랭하게 만드는 경향을 보인다. 사는 게 무의미하고 욕심도 경계도 없는 듯 행동한다. 알려진 바에 의하면 생후 6~18개월 어간에 아이들의 주요대상과의 관계, 곧 내적 작동모델, 곧 애착대상을 결정한다.[101] 핵심감정-허무는 이 시기 혹은 이런 애착 형성 과정에서의 정신적 외상의 결과로 추정된다. 동일한 의미에서 좌절을 겪지만 양육자 상실에 더 큰 감정 세력이 형성되고 좌절시키는 대상이 부재함으로 적개가 덜 발달해 있다. 의존적 사랑의 욕구도 낮다. 이런 내적 역동이 허무로 드러난다. 만나 보면 적개나 지배, 조정 등은 삶에서 찾아보기 힘들고 어떤 것을 성취하려는 의도도 거의 없으며, 어떤 일에도 흥미를 보이지 않는다. 그래서 핵심감정-허무는 혼자 노는 경향이 크다. 유일하게 관심을 두는 것은 초월적 세계다. 이미 저 세상을 사는 것 같은 태도로 삶의 어떤 역경도 덧없어 한다. 세상을 등지는 수도자 같은 경향을 보이며 현실을 회피한다.

핵심감정-허무의 하나님표상은 초월자 하나님이다. 세상을 달관한 듯이 행동하는 것처럼 신앙에서도 모든 것을 달관한 것처럼 보인다. 현실에 관심을 두지 않으며 신앙은 항상 천국과 내세에 집중되어 있다. 그들은 이 세상의 진정한 나그네인 셈이다. 영성이나 수도원 생활에 관심이 많다. 이와 관련한 성경의 인물은 의외로 솔로몬이다. 솔로몬이 말년에 전도서를 지은 것은 이 허무에 기인하고 있다. 그래서 그는 종국에 추구해야 할 것은 하나님을 경외하는 일이라고 말한다. 솔로몬은 다윗과 밧세바의 간음 사건 이후 아들이 죽고 위로 중에 얻은 아들이다. 사무엘하 12:24-25은 솔로몬에게 특별한 언급을 한다. 그가 여호와께 사랑받는 아들이라는 이름 곧 '여디디야'라는 이름을 얻는다. 솔로몬의 죽은 형으로 인해 다윗이 금식하며 눈물로 기도했고 밧세바와 다윗은 나단 선지자의 책망을 받아 그 심령은 위로를 얻기 힘든 상황이었다. 그런 중에 생긴 아들이 솔로몬이었다. 왜 하나님은 그를 사랑한다고 특별히 언급하셨을까?

성경에서 이름은 특별한 계시적 의미를 지닌다. 아마도 어미였던 밧세바로부터 제대로 돌봄을 받지 못하는 상황이었을 것으로 추측해 볼 수 있다. 밧세바는 남편을 죽이고 부귀영화를 위해 다윗에게 시집간 못된 여인으로 주변에서 손가락질 받았을 것이다. 왕비라 대놓고 쑥덕대는 이는 없었지만 세간과 궁궐의 소문을 모르지 않았을 것이다. 그런 그를 위로하러 다윗이 찾아와 동침하여 생긴 아들이 솔로몬이었다. 다윗이 위로하고자 하는 것은 솔로몬의 형의 죽음이기도 했지만 아마도 밧세바의 이런 마음에 관한 것이었을 가능성이 높다. 무엇보다도 솔로몬은 일천 번제 후 하나님께 재물이나 권세를 구하지 않고 지혜를 구한다는 점에서 핵심감정-허무와 닮아 있다. 그가 우상숭배의 죄에 빠지게 된 것도 많은 후처를 둔 탓도 있겠지만 초월적인 것에 관심이 많은 핵심감정-허무의 특성을 반영한다. 그가 수많은 잠언을 짓고 책을 지었던 것도 혼자서 놀며 지내는 핵심감정-허무의 성격과 잘 맞는다. 무엇보다도 그가 지은 전도서는 이런 핵심 감정-허무의 성격을 잘 보여 준다.

성복 씨는 귀가 도중 차 안에서 혼이 빠져나갈 것 같은 경험을 했다. 이 일로 불안에 시달렸다. 성복 씨의 첫 기억은 초등학교 2학년 때 엄마가 집에 없음을 알고 동생들과 많이 울었던 것이다. 그 후 친구가 부친상을 당했을 때 울면서 부모는 왜 죽어야 하냐고 엄마에게 울면서 말했다. 그때부터 죽으면 내 영혼은 어떻게 되는가 하는 생각과 불안이 성복 씨를 따라다녔다. 아버지의 병사, 이모의 사고사 등 죽음의 경험들에 집착했다. 부모의 죽음에 대한 공포와 부모가 떠난 허무감이 성복 씨의 주된 감정이었다. 초기 상실의 불안은 상실로 현실화되면서 허무를 종교적 동기들로 극복하려고 했다. 아버지가 오랜 시간 외항선을 탄 것이 초기 아동기 경험에서 아버지의 부재로 인식되게 한 것으로 보인다.

소외

소외(alienation)란 "사회와 문화로부터 고립되어 타인에 의해 가치와 무의미, 좌절, 무력감 등을 경험하는 말로 헤겔(Hegel)의 『정신의 형이상학론』에 '자기 소외 정신'이란 용어"에서 비롯되었다.[102] 핵심감정-소외 역시 오이디푸스기의 좌절로 생긴 감정이다. 많은 형제를 두어서 양육자가 신경을 쓰기가 힘들고 형제들 간에 힘에서 밀려난 경우 등에서 발생한다. 핵심감정-소외는 대상-리비도의 추동이 자기로 철수하고 자아-리비도의 추동은 충분히 발달하지 않을 때 생기는 감정이다. 핵심감정-소외는 관계에서 주로 일정한 거리를 두고 다가서지 않는다. 무관심한 듯 굴지만 그는 소외감을 견디기 어려워하기 때문에 아예 그럴 상황을 만들지 않는다. 늘 밀려났다는 느낌이 있으며 소외를 회피하려는 시도가 거리를 두는 방식이다. 회피이자 퇴행으로서 자아-리비도의 집중은 프로이트가 말한 2차적 자기애다.[103] 이런 자기중심성은 "객관적 현실로부터 주관적 도식을 구분하는 능력의 부재, 혹은 자기 자신만의 관점만 가정하고 다른 관점을 제대로 이해하지 못하는 데"에서 비롯되는데[104] 주요대상의 부재에서 비롯된 외상이라고 짐작된다. 여기서 부재란 훈육이 필요한 시기에 이를 기능하는 역할의 대상관계의 부재를 의미한다. 핵심감정-허무가 주요대상의 상실의 특징이라면, 핵심감정-소외는 주요대상이 부재나 역할을 제대로 못해서 자기표상과 대상표상 사이의 관계 맺는 일이 서투르고 자신이 없어 후퇴해 있는 데서 발생한다. 그런 까닭에 사회적 관계가 발달하는 학창시절에는 거의 존재감을 나타내지 않으며 주변 친구들도 그를 거의 기억하지 못한다. 관계는 무미건조한 편이긴 하지만 비교적 사회적 기술이 덜 필요한 단짝 친구를 맺는다. 잘하고 싶은 마음은 크지만 시도하기가 어렵다. 핵심감정-소외의 이런 성향은 SNS에 몰두하는 경향을 만든다.[105] 혼자지만 항상 관계에 관심이 많다는 점에서 핵심감정-허무와는 다르다.

핵심감정-소외의 하나님표상은 낯선 하나님이다. 이들의 신앙생활은 늘 교회 주변을 맴돈다. 중심으로 들어서지 않고 늘 주변에서 어슬렁거리며 어울릴 몇몇 사람들을 찾는다. 무엇 하나에 제대로 깊이 있게 경험하거나 중심멤버로 활동하기보다 늘 일정한 거리를 두며 하나님과 교회 주위를 맴돈다. 성경에서 핵심감정-소외를 보여 주는 대표적인 인물은 의아하겠지만 다윗이다. 다윗의 집안 내력을 보면 특이한 점이 있다. 다윗의 누나였던 스루야 자매는 다윗 7형제와 남매로 나오지만(대상 2:16 참고) 아버지가 이새가 아니라 나하스였다(삼하 17:25 참고). 사무엘이 이새를 찾아왔을 때, 이새는 다윗을 아들로 염두에 두고 있지 않았다(삼상 16장 참고). 다윗이 심부름으로 맏형을 찾아갔으나 형은 반가워하지 않을뿐더러 화를 낸다(삼상

17장 참고). 뿐만 아니라 다윗은 "내 부모는 나를 버렸으나"(시 27:10)라고 현재 완료시제로 고백한다. 여기서 유추할 수 있는데 이새는 보아스처럼 나하스가 죽자 기업 무름으로 다윗을 낳았을 것이다. 즉, 다윗은 형들과는 아버지가 같고 누나들과는 어머니가 같은 어디에도 끼지 못하는 아들이었다. 이새의 태도는 아마도 오난이 다말에게 가졌던 태도와 비슷했을 것이며 그래야 엘리압의 태도도 설명이 된다. 다윗이 왕이 되기까지 그리고 왕이 된 후에도 주변인으로 떠돌이 생활을 하게 된 것은 핵심감정-소외의 특징과 잘 맞아떨어지며 그의 성장 환경에서 주요대상의 결핍을 잘 보여 준다. 그가 요나단과 단짝 친구를 맺은 것도 핵심감정-소외를 잘 반영해 준다. 아내 미갈이 그를 업신여긴 것을 들어 그녀를 평생 가까이하지 않음이나 압살롬이 암논을 죽인 일로 그를 가까이하지 않고 왕궁에 부른 후에도 3년이나 가까이하지 않음은 다윗의 투사적 동일시로 빚어진 감정들로 볼 수 있다.

정민 양은 성폭행 당하게 해 달라는 기도를 멈출 수 없다. 이런 생각이 시작된 것은 인형놀이를 하다가 언청이가 되게 해 달라고 기도를 하고 그 생각이 멈추지 않으면서 동시에 진짜 들어주면 어떡하지 하는 불안에 휩싸이면서였다. 언청이는 말과 표현의 억압에 대한 은유다. 정민 양의 첫 기억은 TV프로의 취재 카메라 앞에서 우연히 막춤을 춘 것이다. 이는 사회적 행위로 한편 부끄럽고 한편 뿌듯함을 느꼈는데 이는 정민 양의 내적 갈등을 보여 준다. 부모의 원상이 내사되면서 생긴 감정으로 보인다. 친밀함과 인정의 욕구가 있지만 그것을 표현할 때 잘못될지도 모른다는 무의식적 소망이 자기를 소외시키고 친밀감을 억압하게 했다. 정민 양이 성폭행을 당하게 해 달라고 강박적으로 기도하던 시기와 남학생을 좋아하던 시기가 겹친다. 정민 양은 인정의 욕구가 커지는 것을 증상으로 억압하고 있다. 아버지는 엄격하고 엄마는 자기 감정을 잘 통제하지 못하고 버럭 화를 낸다. 정민 양의 사회적 기술이 발달해야 할 시기에 양육자가 부재한 것이다. 그래서 사회적 관계를 원하지만 그것을 원하는 추동이 양육태도에 의해서 억눌리게 되고 그 역동 균형이 소외인 것이다. 그래서 사회적 관계가 확대될 때마다 무의식은 증상을 동원해 그것을 막고 있는 것이다. 아마도 부모원상들이 내사되면서 혼나는 것으로부터 자기를 지키는 방식으로 소외를 선택한 것으로 보이고 사랑과 인정의 추동이 통제할 수 없는 방식으로 커지자 증상의 발현을 통해서 자신을 소외시키고 있다.

분노

분노는 우리 문화권에서 독특하게 발병하는 화병(火病)으로 명명되어서 DSM-VI에서는 한국과 관련된 증후군으로 분노의 억제로 인하여 발생한다고 기술되어 있다.[106] 인간의 생리학적 추동의 두 근간은 의존적 사랑의 욕구와 적개심이다. 분노는 적개심을 근간으로 하는 감정이다. 당연히 무기력한 유아는 자신의 욕구가 채워지지 않으면 적개심이 생긴다. 생후 2개월이면 분노 감정을 가지며 유아의 가장 주요한 분노 대상은 45.3%로 부모다. 다음이 26.2%로 형제며 분노의 원인으로는 49.1%로 심리적 요인을 꼽았다.[107] 아동의 정신은 자아가 미약한 동안에 대상표상을 분화하는 방식으로 표상들에 부착되고 성장하면서 이를 통합하는 과정을 통해서 사람의 정신적 발달이 이뤄진다. 이 기간 동안 중간대상인 하나님표상도 함께 발달한다. 오이디푸스기를 거치면서 자아이상과 양심을 초자아로 발달시킨다. 자아-리비도가 대상-리비도로 전환하는 과정에서 양육 갈등이 대상을 내사하는 방식으로 이 체계를 의식 안에 발달시킨다. 그리고 이 체계가 적개심이 대상을 향해 표출하는 것을 통제하는 것이다.

핵심감정-분노는 이 오이디푸스기의 갈등으로 내사되는 체계가 부재하거나 부실한 경우에서 발생한다. 이것이 부실하게 되면 충동 조절이 어려워지고 쉽게 적개심을 행동화하게 되는데 이런 전형적인 양육태도가 바로 방치다. 사울이 언급한 경시(depreciation)에 해당한다. 분노는 양육태도로서 경시와 어떻게 연관이 있을까? 의아하게 생각할 수 있다. 그러나 분노보다 좀 더 높은 강도의 적개를 핵심감정으로 둔 내담자의 사례를 분석했는데, 양육태도의 주요 키워드는 방치다.[108] 핵심감정-분노가 양육적인 돌봄을 전혀 받지 못한다는 의미는 아니다. 오히려 욕구가 충족되는 데 비해서 발달에서 필연적으로 겪어야 할 오이디푸스적인 갈등이 적거나 없어서 이 체계를 내면화하지 못하는 데서 발생한다. 내 임상 경험에서 주로 조부모 양육을 경험한 아이들이 이런 경향이 높다. 조부모들이 모두 그런 것은 아니지만 대체로 더 허용하고 더 유순하며 아이들의 필요에 대해서 더 관용적이다. 우리 속담에도 오냐오냐하면 할아버지의 수염을 뽑는다는 말이 이런 경우를 두고 하는 말이다. 좀 더 극단적 형태의 핵심감정-적개심이 형성되는 경우는 매우 잘 대해 주는 경험과 쥐 잡듯이 아이를 몰아붙이는 양육태도를 반복하는 경우다. 이런 악순환은 역시 적개심을 기본 구조로 가진 부모로부터 발생한다. 아이에게 적개심을 표출하고 그에 대한 미안함과 보상을 반복하는 것이다. 이런 경우 분노보다 더 강렬한 형태의 핵심감정-적개심이 자리 잡는다.

핵심감정-분노의 하나님표상은 변덕쟁이 하나님이다. 이들은 대인관계에서 타인에게 상처 주는 말을 쉽게 하며 자기 욕구에 대해 예민하고 날카로우며 성질과 짜증을 아무렇게나 내며 욕구대로 되지 않을 때 잘 삐친다. 어떤 일을 기분에 따라 저지르고 주변 사람들과의 관계에서 갈등과 분쟁을 자주 유발한다. 안하무인이며 충동적이다. 감정 표현은 늘 극단적이며 과장된 표현을 많이 한다. 성경상의 대표 인물로는 이세벨과 아달랴를 들 수 있다. 아합이 나봇의 포도원으로 고민할 때, 이를 알게 된 이세벨은

망설임 없이 나봇을 죽이고 그의 포도원을 뺏는다. 엘리야와 850인의 바알과 아세라 선지자와의 대결 후에도 전혀 동요됨이 없이 엘리야의 생명을 위협한다. 그의 딸이며 유다 왕 여호사밧의 며느리가 된 아달랴는 아들 아하시야가 예후의 손에 살해되자 자신의 손자이자 아하시야의 아들인 요아스를 포함해서 모든 다윗 왕의 씨를 진멸했다. 여호세바가 아하시야의 아들인 자신의 어린 조카를 숨김으로 간신히 왕통이 끊어지지 않았다. 아달랴의 이런 행동은 자신의 권세가 줄어들 만한 모든 것을 제거해 버린 것으로 혈육에 대한 인정보다 자신의 영달이 더 중요한 핵심감정-분노의 특성을 그대로 보인다. 물론 핵심감정-분노에는 이런 특징만 존재하는 것은 아니다. 다만 충동적이고 타인을 고려하지 않으며 자기 욕구에만 충실한 특징을 잘 보여 주는 성경적 예를 찾았을 뿐이다.

려은 씨는 공황장애 진단을 받고 치료를 받은 경험이 있다. 려은 씨의 첫 기억은 동네 구멍가게에서 동전을 훔치다가 걸려 혼이 난 것이다. 려은 씨는 폭력적이고 자기중심적인 아버지 밑에서 자랐다. 아버지는 려은 씨에 대한 사랑 표현과 분노 감정을 극단적으로 번갈아 가면서 표현했다. 앞서 역동 구조에서 밝힌 것처럼 분노 표현과 미안함의 악순환을 반복한 것이다. 려은 씨는 항상 아버지의 눈치를 봐야 했다. 그녀가 주변인들의 얼굴에서 항상 살피는 것은 화가 나지 않았는가 하는 것이었다. 부모원상의 내사가 빚은 대상표상이다. 끊임없이 맞추다가 아버지가 자기 기분에 따라 폭발하는 것처럼 려은 씨도 아버지로부터 받았던 심리적 보상이 뒤따르지 않을 때, 폭발하고 끝장을 보는 방식으로 자기감정을 원색적으로 대량 방출한다. 철두철미하게 맞추는 것과 감정 폭발을 주기적으로 오락가락하며 그렇게 감정이 폭발한 후에는 그것을 후회하고 자책하며 "내가 죽어야 하는데"라는 생각을 강박적으로 반복한다. 아버지의 폭발적인 감정 표출을 겪으면서 내담자가 겪었던 과거의 감정의 재연이라 할 수 있다.

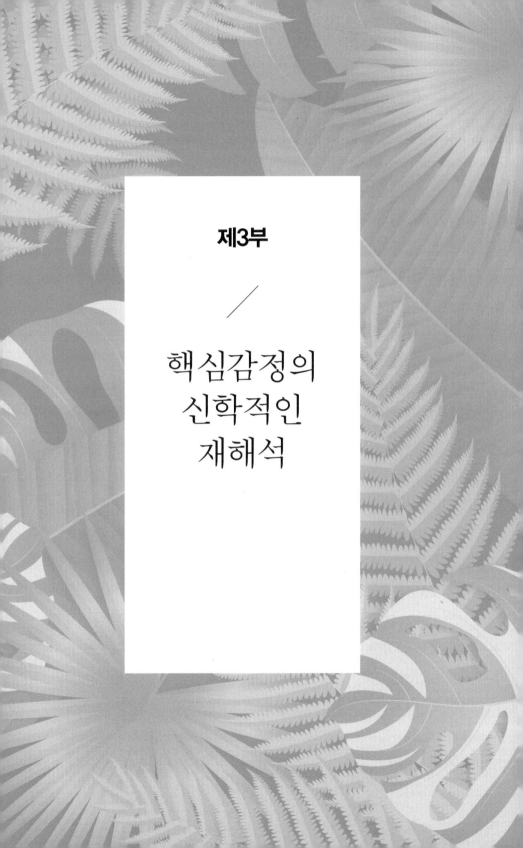

제3부

핵심감정의 신학적인 재해석

핵심감정의 신학적인 재해석

언약적인 인격주체로서 자기

신학적 관점에서의 자기

현대 심리학의 주요한 개념 중 하나는 자아(Ego) 또는 자기(Self)개념이다. 이는 인간이해를 하는 데 있어서 현대인에게 없어서는 안 될 개념이다. 그리스도인들이 이 단어를 접할 때마다 떠올리게 되는 것은 "자기부인"이다. 자아개념과 그리스도인의 생활태도인 자기부인은 얼핏 물과 기름처럼 섞일 수 없는 것처럼 느껴진다. 그러나 자아개념은 오히려 루터의 이신칭의(以信稱義) 교리와 그로 말미암아 발달한 개인주의를 바탕으로 하고 있다. 그럼에도 자아개념과 관련해서 기독교 신학체계는 늘 심리학과 충돌을 빚어왔다. 왜냐하면 성경은 늘 자기부인이라는 신학적 가치체계를 강조해 왔고 자아개념은 프로이트의 산물이라 여겼기 때문이다. 그간 기독교는 심리학적인 이 자기개념을 이질적인 것으로만 보아 왔고 심지어 기독교 신학체계 내에는 이와 같은 자기개념이 설 자리가 없다고 보기도 했다. 아니면 정반대로 무분별하게 자아개념을 수용해서 기독교 신학의 체계에 혼란을 가중시키는 그룹도 있어 왔다. 그러나 전통적인 의미에서 기독교는 언약적인 의식주체 개념을 가지고 있었다. 예컨대, 어거스틴은 사람을 그 지향점에 따라 하나님을 사랑하는 사람(*amor Dei*)과 자기를 사랑하는 사람(*amor Sui*)로 나누었고[109] 이 구분의 근간은 한 인간이 무엇을 지향하는가 하는 것이었다. 이 문제를 정돈하기 위해서는 먼저 참사람이신 예수 그리스도의 인격과 그 존재에 대한 이해를 분명히 할 필요가 있다. 그리스도야말로 참사람이시기 때문이다. 그의 인격과 존재에 대한 기독교 2000년 역사 동안에 누적된 신학적 체계 속에 그 답이 있다.

우선 이 문제를 정리하려면 자기개념에 대해 분명한 이해가 필요하다. 밀러와 델라니가 유대−기독교 전통에서 자기개념을 다루고 있는데 이들이 내린 자기개념에 대한 정의를 우선 살펴볼 필요가 있다. 크게 3가지 정도로 정의될 수 있다.[110] 반성적 의식으로서 자기, 관계적 대상으로서 자기, 실행적인 기능으로서 자기인데 첫 번째는 자기와의 관계에서 주체를 의미하고 두 번째는 대상과의 관계에서 주체를 세 번째는 의지를 실행하는 경험적 주체를 의미한다. 이런 자기개념을 잘 설명할 수 있는 신학적 모델을 어디에서 찾을 수 있을까? 그것은 참하나님이시며 참사람이신 그리스도의 인성과 신성, 그리고 인격개념에 고스란히 담겨 있다. 삼위일체의 위격개념과 그리스도의 인격개념은 근대적 개념의 자기에 대한 고전적 형태를 보여 준다고 말할 수 있다. 칼뱅은 하나님의 참 형상인 그리스도가 아담 속에 새겨진 하나님 형상의 근원[111]이며 "그 자신은 그의 아버지의 살아 있는 형상이다. 그 속에는 그의 영광의 충만한 광채가 우리에게 비추어진다"[112]고 보았다. 이처럼 그리스도는 참사람의 구체적이고 가시적인 모델이며 인간을 더 구체적이고 잘 이해하려면 참사람이신 그리스도가 그의 신성과 어떻게 연결되어 존재하는지를 이해하는 것이 필수다.

이를 설명한 전통적인 신학의 개념이 위격적 연합(*unio hypostatica*)[113]이다. 칼뱅은 위격적 연합을 "그리스도는 창세전에 아버지로부터 나신 말씀으로서 위격적 연합 가운데 인성을 취하셨으므로 하나님의 아들이라고 여겨진다. 그리하여 옛사람들에 의해서 위격적 연합의 두 본성으로부터 한 인격을 형성하는 것이라고 일컬어졌다"[114]라고 정의했다. 참사람이신 그리스도의 인격과 존재를 이해하는 것은 현대적 인간이해에서 자기 문제를 이해하는 중요한 아이디어가 된다. 한 인격, 두 품성 교리는 공교회적 고백인 칼케돈 신조(Chalcedon Creed)의 공식적인 입장이기도 하다. 이 교리는 *anhypostasis*[115]라는 개념을 통해서 통상 설명한다. 이는 비위격(impersonality)라는 의미로 삼위일체의 제2위격이신 성자가 취하신 인성이 비위격적(anhypostatic)이거나 무위격적(impersonal) 인성이라는 의미다. 성경과 조직신학적 설명에서 인간은 보통 영혼과 몸을 본성으로 지닌 인격이 있는 존재로 이해된다. 성자가 사람이 되실 때, 인격이 없는 영혼과 몸을 취하심으로 사람이 되셨다는 것을 설명하는 전문개념이 *anhypostasis*이다. 하인리히 헤페(Heinrich Heppe)는 이것을 "로고스의 위격 안으로 취하여진 인성은 위격적인 사람이 아니라 위격적인 실체가 없는 인간 본성"[116]이라고 표현했다. 이처럼 인격은 강한 심리학적 의미들을 함축하고 있다. 뿐만 아니라 인격성은 한 인격을 다른 인격들로부터 구분시켜 주는 복합적 특성들을 시사하고 있다.[117] 제2위격은 언제나 신성에서 성부, 성령과 동등하신 참되신 하나님이시다. 그리스도는 마리아로부터 몸을 취하고 사람의 영혼을 주입받아서 참사람이 되었는데, 그 참사람은 사람으로서 인격이 없고 그리스도의 위격이 인성을 취하심으로 참사람이 된 형태를 취하고 있다. 잘 알려진 대로 네스토리우스(Nestorius)는 두 인격, 두 품성 교리를 주장하다가 이단으로 정죄되었다.

의문은 이것이다. 그리스도는 사람의 인격을 취하지 않으셨음에도 온전한 사람인가 하는 것이다. 그리스도가 참 하나님이자 참사람이시라면 당연히 하나님으로서 본성과 인격, 사람으로서 본성과 인격이 전제되어야 하지 않는가? 게다가 고대 교회 알렉산드리아 학파의 저술가들은 인간의 본성을 취한 로고스 사상을 크게 강조해 왔다.[118] 인격이 없는 인성을 취했다면 그 교리가 어떻게 정통 교리라 할 수 있는가 하는 점이다. 신학에서 인격개념은 특히 기독론을 통해 더욱 구체화되었다. 인격은 개물(個物)을 그 자체가 되게 하는 기체(suppositum)"[119]로 정의된다. 사람의 인성은 이성과 의지를 지니기 때문에 그 자체로 개별자가 되게 하는 지적인 기체(suppositum intelligens)는 인격이지 인성 자체일 수가 없는 것이다. 그리고 인격성은 '이성적인 실체'와 '특징적 위격존재'를 구성 요소로 한다. 그런데 그리스도의 인성에는 이성적 실체는 있으나 특징적 위격존재는 따로 존재하지 않고 그리스도의 위격이 이 특징적 위격존재이시므로 그가 취하신 인성에는 인격이 없을 수밖에 없는 것이다.[120] 정통 칼케돈 교리에 의하면 그리스도는 사람의 인격을 취하지 않으셨다. 그럼에도 그가 사람의 모든 것을 온전히 취한 것인가? 여기에 인격개념의 비밀이 있다. 결론부터 말하자면, 이 위격 개념은 현대적 언어로 옮기면 완전히 일치한다고 하긴 어렵지만 의식적 주체 내지 현상학적 주체개념이다. 즉, 현대 심리학에서의 자아·자기개념과 가깝다. 그리스도는 하나님의 형상의 실체이시다.

이처럼 위격(hypostasis) 혹은 인격(personality)개념은 존재·본질·실유로서 인간의 몸이나 영혼이라는 실체나 그에 부속된 여러 본성들을 설명하는 개념이 아니다. 이성적 존재인 하나님·천사·인간 존재는 본성과 인격을 가졌다. 그러나 존재로서 인간의 몸과 영혼에 대해 말할 때는 존재론적 실체와 그 본성만을 언급한다. 그래서 신론에서도 하나님의 존재를 다룰 때, 존재와 본성을 다루고 위격은 삼위일체로 따로 다룬 것이다. 물론 삼위일체가 그 자체로 독특성을 가지기 때문에 따로 나눈 것이기도 하지만 근본적으로 이런 차이를 함의하고 있다. 흔히 본성(Nature)은 어떤 존재가 그렇게 존재하게 되는 모든 본질적 특성들(essential qualities)의 총합을 의미하고, 존재는 실제로 있는 것 곧 공통적인 실체(substance)와 거기에 딸린 모든 본질적 특성들을 묶어서 이를 존재라고 부른다. 그러므로 존재는 실체와 거기에 딸린 본성으로 정의될 수 있다.

그에 비해 인격은 이성을 부여받은 완전한 실체를 의미하는데, 이성적 기능이 아니라 이성적 주체를 가리킨다. 이것이 보에티우스(Boethius)가 "위격은 본성의 이성적인 개별적 실체다"[121]라고 말한 의미이며 터툴리아누스(Tertullianus)가 "위격은 말하고 행동하는 자"[122]라고 말한 뜻이며 도널드 맥레오드(Donald MacLeod)가 말한 "그 한 인격이 하나님의 아들의 모든 행위와 말씀과 경험의 주체"[123]라는 의미다. 이성적 기능은 영이라는 실체의 본성으로서 존재에 속한 것이다. 예컨대, 그리스도는 영이신 하나님의 영적 본성, 곧 이성적 기능을 따라 전지하시며 사람의 영혼의 본성, 곧 이성적 기능을 따라서는 그 아시는 바에 제한이 있으시다. 그리스도의 두 품성을 다룰 때, 지성뿐만 아니라 신적 의지와 인적 의지를 구분한다. 예컨대, 그리스도는 피곤하셔서 배의 고물을 베고 주무셨지만 다음 순간에 "잠잠하라. 고요하라"하시며 바다를 잠잠하게 하는 능력을 보이신다. 이렇게 영의 본성에 속한 두 기능인 지성과 의지가 그리스도의 두 품성에 의해서 나뉘며 위격을 통해 연합을 이룬다. 여기서 지성과 의지는 두 품성으로 나누어서 설명하는 반면 감정은 이와 같은 설명을 하지 않는데, 웨스트민스터 신앙고백서는 영이신 하나님은 그 비공유적 속성에 있어서 불변성을 가지시기 때문이다. 그에 비해 인간의 감정은 매우 가변적이어서 이것을 영의 본성에 포함시키지 않는 것이다.[124] 에드워즈(Edwards) 역시 이런 이유 때문에 감정을 지성과 의지가 극도로 활성화된 상태로 묘사했고 이를 감정(affection)으로 정의했다. 이 감정(affection)의 반대개념으로 격정(passions) 개념을 사용하는 이유도 이 때문이다.[125]

그러므로 위격개념은 이런 영의 본질적 속성인 이성적 기능에 따른 각기 다른 속성의 발현이 아닐뿐더러 이성이라는 기능이 아니라 자기의식과 같은 의미로 이성적 주체를 의미하고 이는 자신의 행동에 대한 책임적 주체를 말하는 것이다. 그래서 위격·인격은 존재에 관련한 개념이 아니며 인격은 존재자로서 실체가 가진 본성에 관련한 개념이 아니다. 사람을 예로 들자면, 사람이라는 존재와 본성이 가지는 몸과 영혼이 있다. 직립보행을 한다. 팔이 두 개요 다리가 두 개다. 사람이라는 존재들이 가지는 이와 같은 속성들과는 달리 인격은 개개인마다 매우 독특(unique)하며 유일하다. 심지어 외관상 거의 구분할 수 없는 쌍둥이의 경우라도 인격은 각기 독특하다. 이 말이 가진 함의는 인간 인격이 인간본성의 본질적(essential)이거나 필수적(integral) 부분이 아니라는 의미다. 이는 본성은 존재의 본질적 특성의 총합인데 반해, 인격은 그러한 본질적 특성 가운데 하나가 아니며 인격이 없다고 해서 본성의 구성에 문제가 생기지도 않기 때문이다. 즉, 어떤 특정인의 특정한 인격 특성이 없더라도 인간이란 존재와 그 본성을 규정하는 데 아무런 문제가 생기지 않는다. 도리어 위격·인격개념은 삼위일체론에서는 관계성으로 이해되기도 한다. 예컨대, 헤페는 바질(Basil)의 존재방식개념을 다음과 같이 정의한다.

그러므로 인격들은 본질에 의해서가 아니라 존재 방식에 의해서 다르다. 구별은 한 인격이 다른 인격과 고정된 개념에 의해 확실한 개념(*certa notione*)으로 다른 인격들과 구별된다. 이런 구별은 세 인격이 서로에 대해 서 있는 관계에 의존한다.

신적 인격들의 관계는 존재 방식이다. 곧 각각 인격에 고유하고 비공유적인 존재 방식이 인격을 구성하는 것이 아니라 따로 세워지지만 다른 인격으로부터 그것 [존재 방식]을 구별한다. 성부의 관계성(*relatio*), 곧 인격개념(*notio personalis*)은 아버지이심(*paternitas*)이며 성자의 그것은 아들 되심(*filiatio*), 곧 나심(*nativitas*)이고 성령의 그것은 나오심(*processio*)이다.[126]

여기서 존재 방식은 다른 위격들로부터 한 위격의 구분을 의미하는 개념이다. 그래서 세 위격의 고유성을 언급할 때는 "본질이 아니라 사역에"[127] 관련이 있는 것이다. 이는 밀러와 델라니의 관계적 대상으로서 자기 개념과 맞닿아 있다. 그런 세 위격 중 제2위격이 인성(몸과 영혼)을 취하셨다. 우리 주 예수 그리스도는 그와 같은 방식으로 세상에 계시되고 알려졌다. 인간존재는 결국 인격으로 특정화되고 세상에 알려지며 타자에게 각인되고 존재로서 세상과 소통한다. 그렇다면 인간의 본성과 구별되는 이성적 주체로 인간 인격은 어디에서 생기는 것일까? 그것이 본질에 속한 것도 아니라면 어디서 발생했는가? 인성을 취하신 그리스도가 아버지로부터 나오신 것처럼 인격은 인간의 본질, 곧 몸과 영혼의 여러 본성으로부터 발생하는 개념으로 이해해야 한다. 심리적 자기가 본성으로부터 출현한 것이다. 그리고 개별화는 이 인간본성의 구체적인 목표로 이해되어야 한다.

이는 인격이 인간존재와 그 본성이 지향하는 최종 목표(*terminus*)라는 점을 시사해 준다. 그러므로 인격은 인간존재가 스스로 자기를 규정하고 타자와 자기를 구분하며, 타자와 세계로부터 무엇인가를 배우고 도덕적 결정을 하는 독립적 실존(independent subsistence)으로 정의 내릴 수 있다. 인간이란 존재는 본성만으로는 주체 역할을 할 수 없을뿐더러 그 본성의 영광스런 구현이 바로 인격주체다. 타자와 구별되는 존재로서 실존적 인격이 타자와 의미 있는 구별이 가능하게 하고 그 구별이 결국 인간본성의 최종적 구현으로 드러나기 때문에 최종 목표인 것이다. 이는 니체에게서 한 인간이 "영혼과 몸의 통일로서의 자아(Ich)를 드러내는 형식"[128]으로서 '자아(Ich)'라는 느낌 배후의 '자기(das Selbst)'[129]개념과 유사하다. 그러나 인격주체 개념은 인간존재의 보편적 본성과 구별되는 개체성(individuality)이라는 점에서 차별점이 있다. 인격주체가 타자와 세계와 관계를 맺는다. 그런 점에서 인격은 근대 철학적 개념의 자기와 현대 심리학적 개념의 자아와 일정 부분 닮아 있다. 대상관계이론에서 자아는 대상표상과의 관계에서 자기로 정립된다. 하나님과의 관계성 역시 대상표상의 중간대상 형태인 하나님표상과의 관계에 의해서 인격주체로 드러난다. 인식자로서 타자인식이 없이는 자기가 제대로 형성되지 않는다. 예컨대, 영아에게 양육자와의 상호관계 없이 지나치게 TV와 같은 일방자극만을 주면 유사자폐가 생긴다는 보고도 있다.[130] 인간본성 안에 세상과의 관계성으로부터 자기가 형성되고 정립된다고 볼 수 있다.

정리하자면, 인격은 이성적 주체로서 반성적 의식과 하나님의 형상의 반영으로서 타자와 맺는 관계성과 실행능력을 갖춘 도덕적 주체로서 실존적 개체성을 지닌다. 그런 점에서 인격은 현대적 의미의 자기개념의 고전적 형태며, 이는 이미 2000년 기독교 신학체계 내에 녹아 있던 개념이다. 본 연구는 이 신학적 개념들로 현대 심리학을 재구성하고 신학적 눈으로 현대 심리학의 성과물들을 재해석할 것이다. 그러나 근대적 개념의 자기와 차이점도 존재한다. 오히려 더 나은 점이라 할 수 있다. 근대성(modernity)은 진리 인식문제에서 초월자이신 하나님을 도려내었다. 진리는 대상과 인식의 일치라는 형이상학적 전제를 관철하려 했으나 실패했다. 이것이 후기근대성(post-modernity)의 직접적 이유다. 후기근대는 객관을 상호주관으로 대치하면서 대상으로부터 후퇴했다. 그리고 이 상호주관성을 확보하기 위해서, 특히 영미 계통에서 언어에 천착한다. 이것이 언어철학자, 루트비히 비트겐슈타인(Ludwig Josef Johann Wittgenstein)의 언어적 전회(linguistic turn)이며 그 결과로 언어 철학(philosophy of language)과 일상언어 철학[131]에 대한 관심이 늘어났다.[132] 비트겐슈타인은 사적언어가 불가능하다고 보았다. 예를 들어, A가 같은 종류의 감각에 대한 진정한 이름이 될 수 있기 위해서는 A를 그 대상에 적용하기 위한 규칙이 또한 있어야 한다. 정말 규칙이 있기 위해서는 규칙을 준수하는 것과 규칙을 어기는 것이 구분 가능해야 한다. 그런데 문제는 자신이나 다른 사람이 그 생각이 옳은지 그른지를 검사할 수 있는 방법이 없다.[133] 이렇게 인식자로서 인간은 주관성에 갇혀 버렸다. 결국 인간은 언어의 사용법을 통해서 객관적 의미를 취득하게 된다.[134] 이것은 사실상의 대상세계에 대한 지식을 언어로 회귀한 것이라고 해서 언어적 회귀로 불린다. 근대성이 초월자 하나님을 인식할 수 없다는 이유로 불가지론을 펼친 이후 대상세계에 대해서도 같은 결론에 이르게 된 것이다.

그런데 공교롭게도 비트겐슈타인의 이 언어적 전회의 구조는 사실 칼뱅의 『기독교 강요』의 인식론적 구조와 거의 같다. 비트겐슈타인도 눈으로 세계를 목격하고 있지만 지식의 성립문제에서 인식자의 사적 언어가 불가능하다는 사실을 규명하고 언어의 의미를 공적 영역의 사용법으로 규정하고 언어세계를 구성했다. 결국 대상세계이해는 언어세계의 이해로 귀결된 것이다. 주체-대상 사이에 언어와 같은 매개가 없으면 지식은 성립하지 않는다. 자연계시를 통해 하나님을 알게 되고 핑계할 수 없게 하셨지만 인간이 초월자이신 삼위 하나님을 아는 지식을 가지려면 매개로서 언어계시가 있어야만 가능하다는 점을 칼뱅도 분명히 했다. 근대성의 구조, 곧 인식에서 주체-대상의 구조는 다시 원점으로 되돌아왔다. 초월자를 존재로부터 도려내고 야심차게 지식세계의 구축과 인식자로서 자기 규명에 나섰으나 언어적 매개 없이 어떤 지식도 지식의 주체도 성립하지 않게 된 것이다. 그러므로 언어의 사용법으로서 상호주관성은 서로 간의 약속을 함의하는 표현이다. 따라서 상호주관성은 언약 개념으로 대체할 수 있다. 인격주체는 계시를 매개로 타자인 하나님과 이웃과 관계가 성립하기 때문에 언약적인 인격주체라 할 수 있다.

자기표상과 대상표상의 관계도 마찬가지다. 독일의 현상학자 에그문트 후설(Edmund Husserl)은 의식주체와 대상을 분리시킨 이런 근대적인 사고를 오류라고 보았다. 인간 의식은 항상 어떤 대상을 향해 관계를 맺고 있기 때문에, 대상 역시 의식을 매개로 하지 않고서는 대상일 수 없다. 이를, "의식의 지향성(Intentionalität)" 곧 의식주체와 의식대상 사이의 지향성으로 설명한다. 후설은 근대적 사고가 객관성, 사태와 진술 사이의 일치를 너무 강조한 나머지 가치에 대한 판단과 같은 인식의 주체성을 부정하는 오류에 빠졌다고 보았다. 후설은 근대성의 이런 성격을 "실증주의가 철학의 목을 잘랐다"고 표현했다.[135] 대상에 대한 가치 판단은 의식주체의 판단이다.

인간은 계시를 매개로 해서 주체적 판단을 하는 인격주체로 언약 관계 안에 서 있는 존재다. 대상과 자기에 대한 지식도, 하나님표상에 대한 지식도 모두 계시를 매개로 수정되어야 한다. 그런 점에서 주체로서 인격개념은 계시적 인격개념이라 할 수 있다. 인격은 인간본성의 최종 목표다. 이 표현은 몸과 영혼에서 비롯된 내적 힘들의 표상체계들의 최종적인 형태가 인격주체라는 뜻이다. 그리고 이 표상체계를 통해, 타자인 하나님과 이웃과 관계를 맺는다. 그런 점에서 언약적인 관계며 언약에는 책임이 따른다는 점에서 주체적인 관계다. 그래서 언약적인 인격주체이며 이 관계 맺음은 계시를 도려내면 왜곡될 수밖에 없다. 인격주체가 맺는 언약적인 관계성은 근대의 인식론의 주체—대상의 구조가 아니라 인식주체 내면에서 계시를 매개로 지식이 내주하는 관계다.[136] 이 지식은 사물화된 대상에 대한 탐구가 아니라 거주하는 것(dwelling)이다.[137] 우리는 그런 방식으로 초월자이신 하나님을 알고 대상표상인 부모·형제와 이웃을 알며, 자연을 알게 된다. 그러므로 삼위 하나님께서 내재적인 사역에서 삼위 간의 관계 맺음을 드러내시는 것처럼, 언약적인 인격주체는 내적 표상체계를 통해서 하나님과 이웃과 자신과 관계 맺는다. 그런 점에서 내적 표상체계를 지닌 인격주체는 삼위 하나님의 모사(模寫)이다. 그리고 이 표상체계는 관계성의 핵심에 놓인 하나님의 형상의 구체적인 산물이다. 이 부분은 관계성에 대한 신학적 관점에서 더 구체적으로 다룰 것이다.

심리학적 관점에서의 자기

프로이트가 신화적 표현을 빌려 설명한 에로스(*Eros*)와 타나토스(*Thanatos*)의 욕동의[138] 저장소인 이드(Id)는 두 유형의 욕동, 곧 성충동과 공격충동[139]을 의미한다. 사울은 이것을 의존적 사랑의 욕구(drive)[140]와 적개심[141]이라는 감정적 구조물로 해석했다. 프로이트는 처음에 이드를 욕동의 저장소로, 자아(Ich; ego)를 자기(Selbst; self), 사람(Person; person) 등과 명확한 구분 없이 의식의 저장소개념 정도로 사용했고 das Ich라는 용어를 다양한 의미로 사용했다.[142] 그러다가 1923년에 가서 자아는 이 타나토스와 에로스의 욕동에 대립하는 이중적 구조로 제시된다. 프로이트의 자아개념의 결정적 변화는 이때부터 시작되었다. 의식의 저장소개념이었던 자아는 무의식을 충만하게 설명하는 용어로 사용된다. 이유는 정신분석의 경험이 억압된 것들로 구성된 자아에 뿌리를 둔 저항[143]을 의식화하는 것이 얼마나 어렵고 불가능한가를 잘 증명해 주기 때문이었다. 이런 이유로 프로이트는 자아의 "가장 저급한 것에서부터 가장 고상한 것까지도 무의식"[144]이라고 말한다. 프로이트의 말처럼 대부분의 자아는 무의식적 기능이며 프로이트는 자아의 무의식적 방어로 억압을 들었는데 프로이트에게 있어서 방어기전은 외적 현실에서 수용 불가능한 리비도의 추동이 생길 때, 이것과 자아—이상(초자아)의 요구 사이의 갈등을 해결하려고 애쓰는 불안한 자아가 균형을 되찾으려는 무의식적 "방어의 심리적 기전"[145]을 의미했다.

먼저 프로이트의 자아이론은 후기 가설인 구조 가설 혹은 관계 모형에서 등장한다. 먼저 주지할 사실은 "정신기능을 구분하는 것은 인위적 정의에 바탕을 둔 이론적이며 추상적 개념이라는 것을 명백히 이해"[146]해야 한다. 프로이트 초기 지형학적 가설에서는 욕동(혹은 추동)은 지각조직—기억조직—무의식(1차 과정 사고, 압축과 전치)—2차 과정—의식—운동으로 전개되는 것으로 이해했다.[147] 이때, 자아의 사고를 2차 과정이라고 칭한다. 이는 "학습, 경험, 시행착오, 환경에 의한 교육을 통해 획득되는 후기 사고방식"[148]이다. 2차 과정은 "논리, 이치, 인과관계, 모순, 부정의 개념"[149]이 인정된다. 자아의 사고인 2차 과정은 1차 과정과 달리 "부착이 안정되어 있고 정신 에너지의 투여가 안정된 틀 속에서 유지"[150]된다. 자아는 이드가 쾌락원칙을 따라 동기화되는 것과 달리 현실원칙을 따라 동기화된다. 자아—리비도가 대상—리비도로 옮아가고 성장함에 따라 "쾌락원칙은 현실원칙으로 이행"하게 된다.[151] 현실원칙의 목적은 정신적 에너지로 표상되고 부착된 욕동을 만족시켜 줄 실제 대상이 발견하거나 만들어질 때까지 정신 에너지의 방출을 미루는 것이다. 이것은 쾌락원칙의 포기를 의미하는 것이 아니라 잠시 보류하고 어느 정도의 불쾌를 감수하는 것을 뜻한다.[152] 자아는 내외 환경에서 인간 개체 안으로 들어오는 다양한 힘의 자극을 자각하고 이를 통합해서 내외의 적응 상태를 유지하는 데 필요한 기능이자 지각, 기억, 사고, 지능, 동작, 판단, 현실평가 등이 포함된 정신과정이다.[153] 자아의 과업은 이드의 힘과 초자아의 힘 사이를 조정하는 것이며, 인간 유기체의 내부 환경과 적응해야 할 외부 현실을 중개하는 것이다.[154]

이런 점에서 자아는 이드와 무관할 수가 없다. 자아는 이드의 자아이자 육체적 자아다.[155] 자아는 현실의 적응기제로서 비인격적인 이드 표면 위에 형성된 피상적 의식이다.[156] 이 지각과 의식은 외부 세계로부터 자극을 수용하는 정신기관의 표면이면서 동시에 외부 감각과 내부 지각은 처음부터 의식적이다.[157] 이 지각-의식 체계라고 지칭되는 정신적 장치의 가장 표층부에 자아가 자리 잡고 있다. 지각-의식 체계는 외부 세계로 향해 있다. 그 세계로부터 자극을 받아 지각하고 그 과정과 기능을 수행하는 중에 의식이 발생한다. 이 지각-의식체계는 외부 자극뿐만 아니라 욕동의 파생물로 정신 내부에서 발생하는 정신적 표상도 자극으로 수용한다. 이 과정에서 자아는 외부 세계로부터 자극을 받아들이고 그 자극으로부터 이드를 보호하려는 목적으로 이드의 변형된 한 부분이며[158] 그런 이유 때문에 자아는 이드를 벗어날 수 없다. 자아는 이드로부터 독립적일 수 없으며 자아의 정신 에너지 역시 이드로부터 제공되므로 자아는 이드의 자아인 셈이다.[159] 이드의 두 욕동은 자아의 기능, 곧 현실원칙과 2차 과정을 따라 특정 대상을 향해 안정되게 부착된다. 이때, 자아는 대상과 자신을 동일시함으로 대상 그 자체보다 그 욕동의 대상으로 이드를 자기에게로 유도한다. 이와 같은 지각-의식 체계로서 자아를 프로이트는 이렇게 묘사한다.

자아란 정말 독특한 주체다. 그것이 어떻게 대상이 될 수 있는가? 그러나 그럴 수 있는 사실은 의심할 여지가 없다. 자아는 스스로 대상이 될 수 있고 여타 대상처럼 자기를 다룰 수 있으며, 자기를 관찰하고 비판하며 그 외에 자기를 대상으로 무엇이든지 할 수 있다. 그때 일부 자아는 남겨진 자아를 상대한다. 이렇게 자아는 나뉠 수 있고 여러 기능에 따라 적어도 일시적으로 분열한다. 이렇게 쪼개진 자아는 나중에 다시 통합될 수 있고 이는 전혀 새로운 사실이 아니다.[160]

위의 인용문을 보면 프로이트의 자아개념은 다양하게 해석될 여지가 있다. 이런 프로이트의 자아개념으로부터 자아 혹은 자기에 대한 다양한 견해들이 파생되게 된다. 크게는 3가지 범주로 범주화할 수 있는데 첫째, 프로이트는 자아를 이드의 자아로 이해했지만 자아를 우선으로 놓고 방어나 적응문제로 자아를 이해하는 안나 프로이트(Anna Freud)로 대표되는 자아심리학(Ego Psychology)학파가 있다. 이 학설은 자아를 더 독립적으로 이해했다. 둘째, 자아를 이드(Id) 안에 넣고 그것을 한 기표(시니피앙)에 의해 결정된 주체로서 나와 자아를 분리시키는 자크 라캉(Jacques Lacan)의 이론이다. 라캉이 프로이트로 돌아가자고 구호처럼 외친 것은 자아심리학자들이 자아를 이드로부터 구분했기 때문이다. 셋째, 자아를 자기 현상학 혹은 대상관계 현상 내에 포함시키는 하인즈 코헛(Heinz Kohut)으로 대표되는 자기심리학(Self Psychology)학파와 멜라니 클라인(Melanie Klein)으로 대표되는 대상관계학파다.[161]

프로이트는 그의 체계가 그렇듯이 자아를 일련의 자기 내적체계며 이드를 근간으로 하는 무의식적 체계로 보았다. 그는 내부에서 발생하는 갈등의 중재자로서 자아를 이해했다. 프로이트는 인간이라는 유기체의 내부적 욕동과 갈등에 초점을 두었지 사회적 측면이나 관계적 측면은 중요하게 고려하지 않았다. 안나 프로이트나 자아심리학파도 이런 프로이트적 이해를 그대로 계승한 면이 있다. 차이점은 자아를 이드로부터 더 독립적으로 이해하느냐 마느냐는 것이었다. 예컨대, 프로이트는 자아의 대부분을 무의식으로 보았고 그 방어 역시 억압 정도로만 이해했다. 이에 비해 안나 프로이트는 방어기전(defense mechanism)을 더 확장해서 이해했다. 그녀에 의하면 자아심리학의 치료 목표는 리비도적 욕동, 곧 성충동과 공격충동을 전체 인격의 한 부분으로 통합하는 것이 병리를 줄이는 핵심이라고 보았다.[162] 폴 디월트(Paul Dewald)는 "자아 기능의 일부는 의식 수준에 있다"[163]고 말하는데 이는 프로이트적 이해를 넘어서 자아심리학적 이해로의 진전을 보여 주는 부분이기도 하다. 이 방어가 자아심리학파의 주된 관심이었다. 안나 프로이트는 자아의 방어 기제에 대한 이론을 체계적으로 10개의 방어기제로 확장시켰다.[164] 시카고정신분석학파의 디월트는 방어를 여러 위계로 구분했다. 미숙한 방어로부터 성숙한 방어까지, 병리적 방어로부터 건강한 방어까지 방어기전을 세분화하고 내담자가 보이는 방어 양식에 따라서 발병의 원인 지점을 평가하는 기준으로 사용했다. 예컨대, 부정, 투사, 함입은 원초적 방어기전으로 취소, 반동형성(혹은 과잉보상) 등은 2-3세경의 전오이디푸스기의 방어로 보았다. 이보다 진전된 방어로 이지화, 퇴행을, 오이디푸스기의 방어로 억압, 억제, 전치, 합리화, 동일시 회피 등을 들고 있다. 이보다 후기에 발달하는 기전으로 승화 등을 제시한다.[165]

하인즈 하트만(Heinz Hartmann)[166]은 안나 프로이트보다 더 나아간 개념을 제시한다. 프로이트가 말하는 이드의 자아로부터 이드로부터 자율성이 있는 더 의식적인 자아로 자아개념을 확장한 것이 안나 프로이트의 이론이라면 하트만은 아예 자아와 이드는 애초부터 각각 발달하는 갈등과 무관한 자아(autonomous ego)가 있다고 보았다.[167] 그는 자아의 기능을 설명하면서, "현실과의 관계에 관여하는 기능을 들 수 있다. 자아는 조직하고 운동성과 지각, 곧 외부대상의 지각과 함께 아마도 내부에 관한 지각도 조절하며 외부와 내부로부터의 과도한 자극을 막는 역할을 담당한다······욕동의 방출과 반대되는 행동과 사고도 자아의 기능인데 두 가지 경우 모두 방출의 지연을 나타낸다······또 하나 더 언급해야 될 자아의 기능 중 하나는 협력하는 경향을 나타내는 조절 기능이다"[168]라고 설명한다. 하트만의 설명은 통상 프로이트의 설명, 곧 욕동의 방출의 지연 외에 협력하는 경향을 나타내는 조절 기능을 언급하는데 이는 자아가 욕동방출의 지연에 관여하면서 생각하는 과정이 발달하고 사고력이 지각과 기억 조직이 활성화되서 자아를 도우므로 의미 있는 행위를 하도록 만드는데 이 과정을 통해서 이드와 무관한 자아 기능이 발생하는 것으로 보았다. 프로이트 체계에서 보면 자아는 이드와 초자아 및 외부 대상 사이에서 끊임없이 중재한다. 이런 중재는 항상 불완전하기 때문에 자아는 항상 갈등 속에 있을 수밖에 없고, 갈등에서 자유하게 되는 순간의 자아는 없다.

그러나 하트만은 "정신적 발달은 단순히 본능적 욕동들, 사랑의 대상, 초자아 등과의 충돌의 결과물인 것만은 아니다. 출생 초기부터 역할을 수행하기 시작하는 기능들에 의해 이런 발달이 이뤄질 수 있다는 짐작을 충분히 할 수 있다"[169]라는 추정을 통해 리비도의 욕동과 외부대상 간의 갈등을 중재를 위한 자아가 아니라 원래부터 자율적이고 독자적인 갈등에서 자유로운 자아의 영역(conflict-free sphere)이 본래 있으며, 보통 일상적으로 기대할 수 있는 환경(average expectable environment)이 주어지면 광범위한 자아발달이 여기서 생긴다고 보았다. 그는 이런 기능을 자아의 1차 자율기능이라 했는데 타고난 적응능력으로 갈등과 관계없이 자율적으로 발달하는데 이런 기능으로 언어, 사고, 지각, 학습, 운동 등이 있고[170] 이를 통해 인간 유기체가 만족을 얻는 것으로 보았다. 이에 비해 리비도의 욕동을 채우도록 기능하던 자아가 만족을 얻은 후 처음에 특정 이유와 최초의 동기가 더 작용하지 않지만 여전히 자아가 욕동만족과 무관하게 기능할 때, 자아는 기능적 자율성을 얻게 되었다고 보는데 이를 자아의 2차 자율기능이라고 설명한다.

여기서도 알 수 있지만 하트만의 자아는 의식뿐만 아니라 인격적 자율성을 담고 있으며 외부대상을 향한 지각-의식 체계의 성격을 갖기 시작한다. 하트만은 이런 확장된 자아개념을 정의하기를, "첫째. 인격(personality)이나 개인(individual)과 동의어가 아니며, 둘째. 대상(object) 경험에 반대되는 주체(subject)와 일치하지도 않고, 셋째. 결코 그 자신의 느낌(feeling)이나 자각(awareness)을 말하는 것이 아니다. ……이는 인격의 하위구조"[171]라고 정의했다. 더 나아가서 프로이트의 미분화된 das Ich에서 자아와 자기 개념을 구분했다. 즉, 자아란 인격의 하위구조들 중 하나인 심리구조물을 뜻하며 자기는 대상과 구별되는 한 개인 자신의 전체 인격을 나타내는 것으로서 자아의 경험적이고 적응적인 측면을 강조하는 개념으로 구별 짓는다.[172] 하트만의 자아는 프로이트적 심리구조 개념의 구조물의 일부로서 자아개념이 아니라 많은 부분 자기표상(self-representation)이나 자기 이미지로서의 자기개념[173]으로 확장된다. 그러나 하트만의 가설은 여전히 프로이트 후기이론이 심리구조물 가설에 한정되어 있기에 이 지점이 자아심리학이 이다음에 설명할 코헛[74]의 자기심리학과 다른 점이다.[175]

여기에서 더 진보된 형태의 독특한 자기 이해가 등장한다. 그것이 코헛의 자기심리학이다. 코헛은 넓게는 대상관계 모델에 속하지만 여타의 대상관계이론은 대상관계에 초점을 맞추는 반면, 자기 문제를 중심적으로 다루기에 자기심리학이라고 불린다. 프로이트와의 차이를 간명하게 묘사하자면, "프로이트가 묘사하는 인간이 죄책감을 느끼는 존재라면, 코헛이 묘사하는 인간은 비극적인 존재"[176]라고 할 수 있다. 코헛이 정신분석의 임상에 임하던 중 타인에게 무시당하는 주관적 느낌—실제로 상대가 무시한 것이 아닌—이나 주관적인 실패감에 매우 민감하게 반응하는 손상된 자존감을 보이는 내담자들을 만나게 된다. 정통정신분석에서 사용하는 저항을 분석해서 와해시키고 욕동을 해방시켜서 내적 균형을 회복하는 식의 치료 적응증을 선택했을 때, 낫기는커녕 도리어 증세가 더 나빠지는 내담자들을 만나게 된다. 코헛이 내린 결론에 의하면 이는 욕동에 의한 갈등이 문제가 아니라 일종의 자기 장애였다. 코헛이 정의한 자기애개념은 모든 인간이 가진 본질적인 조건으로써 평생토록 계속되는 여러 형태로 발전할 수 있는 건강한 발달단계다.[177]

원래 자기애는 헨리 엘리스(Henry H. Ellis)가 "자체성애: 심리학적 연구(Autoerotism: A Psychological Study)"에서 성적인 감정이 자기예찬(self-admiration)으로 쏠리는 심리적 경향을 나르시스 같은 것이라고 나르시스의 신화를 인용하여 설명한 것이 최초다.[178] 프로이트는 이런 초기 자기애개념으로부터 자기애에 대한 논문 "자기애에 관하여(On Narcissism)"에서 확장 발전시켰다. 프로이트는 성인에게 자기애 상태는 비정상적이지만, 사실상 자기애는 인간의 리비도 발달 단계에서 반드시 거쳐야 할 미숙하지만 정상적 과정으로 보았다.[179] 유기체로서 인간이 발달 초기 단계로 리비도가 자아에게 집중된(자아—리비도, ego-libido) 최초 상태로 이를 "1차적 자기애"[180]라 했고 본격적인 자아 발달은, 아동의 자아—리비도가 대상(object-libido)을 향하게 되면서 대상 사랑(object love)으로 옮겨갈 때, 비로소 시작된다고 보았다. 이 과정은 "리비도가 자아이상(ego-ideal)으로 옮겨지는 과정을 통해" 일어난다.[181] 자아는 대상과 자신을 동일시함으로 대상 그 자체보다 리비도 욕동을 자기에게로 유도하는 역할을 하는데 자아이상은 부모의 가치와 기대로 이뤄진 내부적 욕동의 대상이다. 이때, 리비도의 욕동이 자아를 통해서 외부 대상으로 옮겨지면 현실적이고 객관적으로 외부 대상을 보는 성숙한 사랑을 하는 성인이 된다. 그런데 어떤 알 수 없는 원인에 의해 좌절이 되어서 리비도의 욕동이 자아로 향하게 되는 경우, 현실에서 만족을 얻지 못하고 자기 내부로 함몰되는데 이것이 프로이트가 말하는 2차적 자기애다. 이는 성숙한 대상 사랑(object love)에 실패하여 다시 1차적 자기애와 유사한 상태로의 퇴행하는 병리, 곧 자기애 장애가 유발된다고 보았다. 프로이트는 자아—리비도와 대상—리비도를 서로 배타적으로 보았다. 그럴수밖에 없는 것이 프로이트 체계에서 리비도라는 정신에너지는 부착을 통해서 옮아가는 특징을 지니기 때문이다. 따라서 자기에게 리비도가 부착되면 대상에 부착되는 리비도는 줄어들 수밖에 없고 프로이트 체계에서 대상 사랑으로 성숙하려면 자기애는 포기될 수밖에 없다.[182]

그러나 코헛은 프로이트의 이런 견해를 부정하고 2개의 독립적인 자기애의 발달을 주장했다.[183] 코헛은 이 2가지 자기애에 대한 이해로부터 자기에 대한 이해를 발전시킨다. 프로이트도 정상 발달로 본 리비도가 자아(ego-libido)에게 집중되어 있는 최초의 자기애를, 코헛은 "독립적인 발달 노선 곧 원초적으로 고상하고 적응적이며, 사회적으로 가치 있는 발달"[184]로 보고 1차적이며 과대—과시적(grandiose-exhibitionistic)인 축이라 했다. 이와 다른 자기애로 프로이트가 배타적 관계로 설명한 자아—리비도가 대상을 향하는 대상 사랑(object-libido), 곧 리비도가 "자아이상으로 옮겨지는 과정"[185]을 코헛은 2차적이며 이상화된 부모원상(idealized parent-imago)의 축이라 했다. 프로이트는 대상 사랑에 실패 때문에 리비도가 자아로 회귀하는 병리를 2차적 자기애라고 한 반면, 코헛은 정상적 발달인 1차적 자기애의 한 형태로 생애 초기에 과대—과시적 축을 부모원상에 투영함으로 발달하는 것으로 해석했다. 다시 말해서, 프로이트는 건강한 발달을 자아를 통해 대상에 리비도를 부착하는 것으로 이해한 반면, 코헛에게 이상적 부모원상은 대상이 아니라 의식 내부에 있는 대상표상으로써, 곧 자기대상(self object)에 대한 것으로 이해했고 그런 점에서 자기애라는 것이다. 그러니까 프로이트가 말한 건강한 발달과 코헛이 말하는 자기애는 같은 현상에 대한 일종의 다른 해석이라 할 수 있다.

좀 더 풀어 설명하자면, 유아가 느끼던 완벽감이나 전능한 느낌은 부모를 이상화함으로써 경험하는 자기애인 것이다. 이 과정은 프로이트 체계에서 보자면, 오이디푸스 콤플렉스 시기에 해당한다. 프로이트는 리비도가 부모에게 부착되면서 오이디푸스적인 긴장을 만든다고[186] 본 반면, 코헛은 정상적인 발달 과정으로 오이디푸스적인 긴장을 이해하고, 문제는 양육태도의 부적절함 때문에 생기는 것이라고 보았다. 만약 아동이 부모에게 적절한 사랑과 인정을 충분하고 적절히 받고 공감적 지지를 받는다면 이 시기는 건강한 발달단계라는 것이다.[187] 이때 부모가 공감하고 지지하면 부모원상은 건강한 자기애로 변형된다. 그러니까 과대−과시적 축은 이상화된 부모원상의 축으로 옮아가고 이 둘 사이의 긴장이 존재한다. 긴장 곡선(arc of tension) 영역으로 중간지대는 마치 리비도의 욕동이 심리적 추동으로 전환되거나 자아−리비도가 대상−리비도로 전환되는 욕동모델과 유사한 면이 있다. 프로이트의 경우 욕동은 만족이나 좌절에 의해 해소되거나 퇴행되는 방식인 반면, 코헛의 자기−자기대상의 두 축과 그 사이의 긴장 영역은 주고받는 관계를 통해서 자기가 응집된다는 점에서 차이가 있다. 또한 여기에 동원되는 재능이나 기술은 욕동과는 달리 의식적이고 경험적이며 관계적이다. 두 축 사이의 긴장은 욕동이 성장에 따라 옮겨가는 것처럼 이 축으로부터 저 축으로 자기가 흩어지지 않고 응집된 형태로 옮아가는 모양이다. 그래서 코헛은 이 긴장 곡선을 두 축 사이에서 그것들을 추동하는 데 필요한 기본적인 재능과 기술을 사용하고 발휘하도록 행동을 촉진하는 영역으로 묘사했다.[188] 두 축과 긴장 곡선 영역 사이에 반복 강화가 일어나게 되는데 이렇게 응집된 자기를 바로 핵자기(nuclear self)라고 한다.[189] 이는 주체적 경험을 통해 시간과 공간 속에서 지속적으로 응집력(cohesive) 있게 형성되는 자기이며, 자율적이고 독립적인 주체로서 변하지 않는 것으로 경험되는 바로 정신의 중심인 구조다.[190]

코헛은 응집된 자기(cohesive self)는 건강하며 파편화된 자기(fragmented self)는 병든 것이라 했다. 갓 태어난 유아의 자기를 초보적 자기(rudimentary self) 혹은 잠재적 자기(virtual self)[191]라 했고 이 자기는 생후 약 2년에 걸쳐 타자와의 공감적 관계 속에서 응집된 자기로 발전한다. 그리고 주된 양육자(Key figure)가 대상이 아니라 자기대상(self object)이라는 점에서 자기애다. 자기와 자기대상 간의 관계적이며 경험적으로 자기가 정의된다. 프로이트의 심리적 구조물로서 자아는 경험으로부터 먼(experience-distant) 추상개념이지만, 코헛이 말하는 자기는 경험되는(experience-near) 개념이며 심리적 구조물의 요소 중 하나가 아닌, "정신적 장치의 내용(a content of a mental apparatus)"을 의미하는 추상개념이다.[192] 이를 좁은 의미의 자기개념이라 한다. 코헛은 후에 넓은 의미의 자기개념을 정립하는데 "심리적 우주의 중심"[193]이라 명명한다. 코헛을 비롯한 대상관계이론에서 자아는 실질적으로 심리적 기능을 담당하는 자기 안의 하위요소이고 오로지 자기만이 전체 인격으로서 대상(타자)과 관계를 맺는다. 현대 대상관계이론에서 말하는 자기를 요약해 보면 자기란 개인이 가지는 고유하고 일관된 인격을 총체적으로 가리킨다고 할 수 있는데, 자기는 자아의 심리 기능적 측면을 포함해서 자아의 부분들이 관계를 맺고 있는 대상들(내적 대상들)과 그 관계에서 생기는 감정까지 포괄적으로 지칭하는 표현이다.[194] 정리하자면, 자기는 "사물이나 개체가 아닌 개념으로서 인간 발달과정으로부터 상징적으로 추상화되었다. 자기는 다른 모든 경험과 구별되는 독특한 자기 경험이며 동시에 전 인생을 통해 경험되는 근본적으로 다른 응집과 연속의 느낌을 제공"[195]하는 것이다. 이는 프로이트나 자아심리학적 인간이해가 설명할 수 없는 정신세계를 이해하는 데 더 설득력 있는 이론이다.[196]

대상관계이론가인 페어베언은 프로이트 체계를 완전히 벗어난 자아이론을 펼친다. 사실 페어베언은 단지 프로이트의 자아개념을 수정했을 뿐이라고 생각했다. 그러나 건트립(Guntrip)에 의하면 페어베언의 자아는 원래부터 온전한 정신적 자기이며 출생 이후 대상관계 경험을 통해 구조적 유형으로 분화해 가는 하나의 전체다.[197] 뿐만 아니라 원래적인 통일체로서 자아라는 말은 아직 존재하지는 않지만 가능성이 있는 "자아 잠재력"의 상태를 가리킨다.[198] 원래 프로이트 체계에서 자아는 스스로 대상이 될 수 있고 일부 자아는 남겨진 자아를 상대하면서 나뉠 수도 있고 여러 기능에 따라 적어도 일시적으로 분열하며 나중에 다시 통합되면서 구성된다.[199] 그러나 페어베언은 성격의 역동적 중심이나 심장부라는 뜻으로 자아를 사용한다.[200] 이는 사실 기능적 의미에서 코헛의 자기개념과 더 가깝다.

지금까지 정신분석학 계통의 자아 또는 자기개념을 일별해 보았다. 그러나 모순적이게도 프로이트는 인간 유기체의 내면세계를 일컬을 때, "영혼"이라고 불렀으나 안타깝게도 영혼이라는 단어는 영문으로 번역하는 과정에서 사라져 버렸다. 프로이트가 "영혼의 세 영역"이라는 의미로 사용했던 더 인간 본질에 부합하는 용어인 "그것(it)," "나(I)," "초월적 나(above-I)"가 원본능,[201] 자아, 초자아로 번역되었고 영혼의 기구는 심리적 기구로, 영혼의 구조는 정신 구조로 번역되면서 몸과 영혼으로 이뤄진 인간 유기체가 지닌 영혼의 신비가 아닌 정신역동에 관심이 있다는 인상을 심었다.[202]

그러나 실제로 프로이트와 그 후예들의 심리학 체계는 생리적인 힘에서부터 점점 정신과 심리적인 것으로 옮아왔다. 이 책이 이미 일별했던 자기문제에 관한 프로이트학파들의 이해는 이런 지점을 보여 준다. 프로이트 체계 내에서 자아는 이드, 곧 욕동의 저장소로부터 출현한다. 프로이트는 이것이 이드의 자아라고 말했지만 외부 감각과 내부 지각은 처음부터 의식적이고 이 정신적 기관의 표면에서 자아가 출현한다. 그리고 프로이트에 의하면 이는 바로 의식의 주체다. 신학에서도 의식적 주체로서 자기 문제가 신학적 이슈로 존재한다. 그동안 관심사가 아니었을 뿐이다.[203]

이미 다루었지만 그리스도의 참사람되심은 비위격적(anhypostatic)[204] 인성을 제2위격이신 성자께서 마리아로부터 취하신(assumption) 결과다. 그리스도의 현현(顯現)은 인격이 인간본성 구성의 필요불가결한 요소가 아니라는 점을 보여 준다. 인격으로서 자기개념은 유대-기독교 관점에서 첫째 반성적 의식, 둘째 관계적 존재, 셋째 자기 실행 기능으로 요약된다.[205] 이것을 인간의 출생 과정에 적용해서 이해해 보면, 육체와 영혼을 가진 인간에게 반성적이고 관계적이며 실행력을 담는 의식적 주체로서 인격은 인간 유기체의 출생에 따른 발달 과정에서 영혼과 몸으로부터 출현한다는 사실을 추론할 수 있다. 뿐만 아니라 삼위일체의 내재적 사역에서 보듯이 이미 동일본질(homeousios)이신 하나님은 성부께로부터 성자께서 영원히 나시고 (Eternal Generation), 성부와 성자로부터 성령께서 나오신다. 영의 본질로부터 인격의 출현은 이상한 일이 아니다.

자기에 대한 이해의 발전은 프로이트의 욕동이론으로부터 자아심리학, 자기심리학, 대상관계이론으로 이루어졌다. 즉, 생리적 욕동의 중재자가 욕동으로부터 자율적인 기능을 가진 것으로 발전했고, 더 나아가 욕동으로부터 완전히 자유로운 의식주체 개념으로 발전했다. 게다가 코헛의 두

축 개념에 등장하는 유아의 완전감과 전능감은 우연한 것일까? 자기가 응집되는 과정에는 자기대상(self object)로서 부모의 원상은 완전하지만 현실의 부모는 완전하지 않거나 전능하지 않다. 이런 점으로 비춰볼 때, 유아가 가진 전능감과 환상들은 처음부터 인간의 모상이 부모가 아니라 하나님이라는 점을 보여 준다. 인간은 하나님을 모사한 존재다. 이는 관계성에 관한 논의에서 더 다루기로 하자.

나와 타자의 관계성 개념

신학적 관점에서 관계성

관계성을 설명하기 위해서 중심으로 다뤄야 할 것은 하나님의 형상이다. 제이 아담스(Jay E. Adams)도 하나님의 형상으로 창조된 인간을 인간 이해의 기본으로 두었다.[206] 심리학이 영혼의 문제에 관심을 갖지 않는 반면, 신학은 이런 문제에 집중해 왔다. 영이신 하나님과 관계 맺기가 인간의 영적 본질에 기원이기 때문이다. 심리학은 신앙과 종교를 금기로 여겼지만 모순적이게도 미국 대중의 95%는 하나님을 신앙하지만 미국 심리학회(APA) 학자들은 45%만이 신앙을 시인하는 환경이며[207] 하나님, 신앙, 영성과 같은 개념이 치료과정에서 중요하다고 인정하는 미국 내 정신의학자들과 심리학자들은 29%밖에 없다.[208] 이런 환경에 더하여 1991–1994년 미국 심리학회에서 발간된 양적 연구들 중에서 종교나 영적 변인을 포함하는 연구는 3%미만이었다.[209] 미국의 경우, 인구 6명당 1명꼴로 종교를 포함하는 문제가 제기되고 있지만 대다수의 임상 전문가들은 영적인 문제들을 무시하고 있다.[210] 이런 양적 불균형은 연구가 부적절하다는 것을 보여 준다. 이런 점에서 영적 인간이해는 정당성이 있다. 이는 정신 장애에 관한 증상 및 통계 편람(DSM) III-R판까지만 해도 종교와 관련된 모든 것을 병리나 신경증으로 묘사했지만 DSM-IV에 이르러서는 종교 혹은 영적인 문제를 다룬 V조항이 신설된 데서도 확인된다.[211] 성경은 인간이 하나님의 형상으로 창조되었고 이를 통해 하나님, 이웃, 세상과 관계 맺는다고 말한다. 그런 점에서 관계성을 이해하려면 하나님 형상의 이해가 필수적이다. 하나님 형상에 대해서 종교개혁 전통의 신학을 담은 신앙고백서들과 요리문답들은 일관된 진술을 하고 있다. 간략히 소개하면 아래와 같다.

웨스트민스터 신앙고백서 4. 2.[212]

2. 하나님께서 다른 모든 피조물들을 지으신 후 인간을 창조하셨는데, 남자와 여자로 지으시고,[1] 이들에게 이성이 있는 불멸의 영혼을 주셨다.[2] 그리고 그들에게는 하나님 자신의 형상을 따라[3] 지식과 의와 참된 거룩함이 주어졌으며 하나님의 율법을 그 마음에[4] 새겨 주시고 이 법을 성취할 능력도 주셨다.[5] 그러나, 그들의 의지는 자유로워서 변할 수 있는 것이기에 범죄할 가능성 아래 있었다.[6] 그들은 마음에 새겨진 이 율법 외에 선악을 알게 하는 나무의 열매를 따먹지 말라[7]는 계명을 받았다. 그들이 이 계명을 지키는 동안에는 하나님과 교통하며 복을 누릴 수 있었으며, 또한 피조물들을 다스릴 수 있었다.[8]

1) 창1:27 2) 창2:7; 전12:7; 마10:28; 눅23:43 3) 창1:26; 엡4:24; 골3:10 4) 롬2:14-15. 5) 전7:29 6) 창3:6; 전7:29 7) 창2:17; 3:8-11,23 8) 창1:26,28.

웨스트민스터 소요리문답 제10문[213]

제10문 : 하나님께서는 사람을 어떻게 창조하셨습니까?

답 : 하나님께서는 사람을 남자와 여자로 창조하시되, 하나님의 형상대로 지식과 의와 거룩함으로 지으시고, 모든 피조물을 다스리게 하셨습니다.[1]

1) 창1:26-28; 골3:10; 엡4:24

웨스트민스터 소요리문답 제18문[214]

제18문 : 사람이 타락한 상태에서 죄는 무엇으로 구성되어 있습니까?

답 : 사람이 타락한 상태에서 죄는 아담의 첫 범죄의 죄책과 원의가 없는 것과 모든 본성이 부패한 것인데 이것은 보통 원죄(原罪)라고 하며, 아울러 원죄로 인해 나오는 모든 자범죄(自犯罪)로 구성되어 있습니다.[1]

1) 롬5:12,19; 5:10-20; 엡2:1-3; 약1:14-15; 마15:19

하이델베르크 요리문답 제6문[215]

제6문: 그러면 하나님께서는 사람을 본래 그렇게 악하고 패역한 상태로 창조하셨습니까?

답: 아닙니다. 하나님께서는 사람을 선하게,[1] 또한 하나님의 형상,[2] 곧 참된 의와 거룩함으로 창조하셨습니다.[3] 이것은 사람이 자신의 창조주 하나님을 바르게 알고, 온 마음으로 사랑하며, 영원한 복락 가운데서 하나님과 함께 살고, 그리하여 하나님께 찬양과 영광을 돌리기 위함입니다.[4]

1) 창1:31 2) 창1:26-27 3) 엡4:24; 골3:10

종교개혁 전통의 신앙고백서들과 요리문답들은 일관되게 하나님의 형상으로 지식, 의, 거룩을 제시한다. 학자들의 여러 견해가 있으나 칼뱅은 하나님의 형상을 영적인 것이라고 보았다.[216] 영적이라는 표현은 하나님과 관계 맺는 특질이라는 의미다. 왜냐하면, 하나님은 영이시므로 그와 관계 맺는 인간은 관계를 가능하게 하는 내적 기제가 필요하고 그것이 하나님의 형상이라는 의미로 이해될 수 있기 때문이다. 하나님의 형상은 참지식, 의, 거룩으로 정의되었다.[217] 칼뱅의 이 견해에 대부분의 학자들도 동조하며,[218] 이 셋을 원의(original righteousness)라고도 한다.[219] 아퀴나스에 의하면, 인간이 타고난 윤리적 상태를 의미하는 말로 "자연적 능력들의 조화"[220]

와 "정욕(concupiscence)이 없는 상태"이지만[221] 하나님께서 인간을 창조하셨을 때, 원의를 인간에게 수여하시고 부가적 은사를 덧붙여 주심으로 원의를 유지하도록 하셨다.[222] 그에 의하면, 원의는 순전히 지성적이며 초자연적인 영역이다. 그는 "인간이 이성을 하나님 아래 두는 그런 일차적인 유순함은 단지 선천적인 것이 아니라 초자연적인 은혜의 선물"[223]이라고 이해했다. 그러나 원의는 개혁신학에서는 "좁은 의미의 하나님의 형상"이라 불렸고 자연적인 것이었다.[224]

원의는 아퀴나스를 비롯한 대부분의 스콜라 신학자들에 의해서 부가적 은사(donum supreradditum)[225]에 의해 유지되는 것으로 창조 시 인간의 본성에 더해진 은혜의 선물로 불렸다.[226] 아퀴나스가 원의를 도입한 데는 그의 인간이해가 깔려 있다. 그는 인간이 창조 시 얻은 조건으로써 이성과 하등한 능력 사이의 갈등을 전제로 하고 있다.[227] 그리고 하등한 능력을 조정하고 하나님께 순종하는 능력으로써 부가적 은사를 언급하고 있다. 스콜라 신학자들에게 원의는 타락 전과 타락 후에 인간본성에는 차이를 만들지 않는 개념이며 타락이란 단지 원의의 상실로만 이해되었다.[228] 이런 설명의 문제점은 자연과 초자연이 대립을 이루며 인간이 하나님의 뜻에 순종하는 일은 이 초자연적인 은사 때문에 가능하고 이 은사의 상실이 타락이고 죄라고 설명하는 데 있다. 아퀴나스에게 죄란 단지 원의의 부재상태를 의미했다.

그러나 어거스틴은 "처음 사람은 올바른, 선한 의지를 품도록 창조되었다……하나님의 도움을 믿고 의지하는 것도 하나님의 도움이 없이는 불가능했다……그와 같이 사람은 낙원에서 하나님의 도움 없이 살 능력은 없었지만, 악한 생활은 그의 힘으로 할 수 있었다"[229]라고 하면서 첫 창조 시 아담에게 선한 의지가 있음을 강조했다. 이 지점에서 개혁신학의 인간이해가 어거스틴에 기원을 둔 것임을 알 수 있다. 선한 의지가 초자연적으로 덧붙여진 것이 아니라 태초에 아담이 지닌 자연적 조건이었지만 선한 의지가 있음에도 믿고 순종하는 일에는 하나님의 도움이 필요하다고 보았고 그런 방편으로 은사가 더해졌는데 이런 은사를 초자연적으로 보았다. 이것이 개혁신학의 일반적 견해다. 칼뱅도 창조 시 아담이 순종하는데 필요한 하나님의 초자연적 은사들을 말한다.[230] 어거스틴처럼 종교개혁 전통의 신학도 순종을 위한 여러 은사가 더하여진 것으로 보지만, 이 원의를 단지 이성에 국한하는 개념뿐만 아니라 타락 후의 상태가 단순히 원의의 부재라는 아퀴나스의 개념을 거부하고 어떤 선을 행할 수도 없는 부패한 상태[231]로서 아담은 자신의 자유에 따라 그와 같은 결정을 한 것으로 본다. 스콜라 신학과는 달리 이는 단지 이성만의 문제가 아니라 의지와 감정, 믿음, 하나님에 대한 사랑, 이웃에 대한 자비, 거룩함과 의에 대한 열심 등을 모두 초자연적으로 부가된 은사들로 보며 타락 후 이 모든 것을 상실했다고 본다.[232] 왜냐하면, 개혁신학에서는 초자연이란 자연의 반대개념이 아니라 죄의 반대개념이기 때문이다. 이는 동시에 이 원의에 부가된 초자연적 은사가 단지 하나님과의 관계만이 아니라 이웃과의 관계성으로도 확장된 개념이라는 것을 보여 준다.

관계성에서 하나님 형상의 의미는 심리학자, 정신분석학자, 사회학자, 의사 등등이 가지는 인간이해의 한계를 드러내며 동시에 신학적 인간이해가 인간의 전인격의 비밀을 드러내는 유효한 모델이라는 점을 동시에 보여 준다.[233] 이를 위해 고전적으로 제기된 이 하나님의 형상인 지식 · 의 · 거룩이 종교개혁 전통에서 실제로 어떻게 설명되고 있는지를 살펴봐야 한다. 웨스트민스터 신앙고백서가 작성된 시기의 청교도 목사였던 토마스 빈센트(Thomas Vincent)가 출간한 『성경 소요리문답 해설』은 당대의 청교도들과 웨스트민스터 신앙고백서를 작성했던 신학자를 포함해서 38명이 서명을 한 문서다. 그중 대표 인물로는 존 오웬(John Owen)과 토마스 왓슨(Thomas Watson)을 들 수 있다. 이는 장로교회의 전통에서 공신력 있는 신앙고백 문서의 해설서라는 의미다. 하나님의 형상 관련 문답의 해설을 인용해 보면 아래와 같다.

③ **인간이 최초 지음 받을 때 덧입은 하나님의 형상은 무엇으로 이루어졌는가?**

⑴ 부정적으로 말해 하나님의 형상은 하나님에게 육체적 형체가 있다고 이해해서는 안 된다. 그 형상은 인간의 몸이 하나님과 가시적으로 그리고 외적으로 유사하게 닮았음을 의미하지 않는다.

⑵ 긍정적으로 말해 하나님의 형상은 내적으로 인간의 영혼이 지식과 의와 거룩에 있어서 하나님을 닮았음을 의미한다.

"자기를 창조하신 이의 형상을 따라 지식에까지 새롭게 하심을 입은 자니라"(골 3:10), "하나님을 따라 의와 진리의 거룩함으로 지으심을 받은 새 사람을 입으라"(엡 4:24).

④ **인간이 최초 지음 받았을 때 가졌던 하나님의 형상, 지식, 의, 그리고 거룩 속에는 무엇이 포함되어 있었는가?**

인간이 최초 가졌던 하나님의 형상은 보편적이고 완전한 전인(全人)의 의를 갖고 있었다. 그의 깨달음에는 지식이, 그의 의지에는 정의가, 그의 사랑에는 거룩함이 있었다.

⑤ **인간은 지음 받을 때 그의 깨달음 속에 어떠한 지식을 갖고 있었는가?**

인간은 최초로 지음 받을 때 하나님에 관한 지식, 그의 율법에 관한 지식, 그의 피조물에 관한 지식, 그리고 자신을 행복하게 하는 만물(all things)에 관한 지식을 갖고 있었다.

최초 인간의 의지 속에 어떠한 의가 있었는가?

최초 인간은 그의 의지 속에 모든 옳은 것을 집행할 수 있는 능력을 동반한 의지를 갖고 있었으며, 하나님과 사람에게(만약 그때 그 자신 이외 다른 사람이 있었다면) 행해야 할 의무를 능히 수행할 수 있는 의지를 갖고 있었다.

7 **최초의 인간의 감정 속에 어떠한 거룩을 갖고 있었는가?**

최초 인간의 감정은 거룩하고 순수했으며 모든 죄와 오염에서 벗어난 그리고 모든 무질서와 혼란에서 벗어난 상태였다. 그 감정은 가장 고상하고 원대하고 거룩한 목적을 갖고 있었다. 최초의 인간은 하나님을 진정으로 사랑했다. 그의 사모하는 것은 하나님이었으며 그의 기뻐하는 것은 그 안에서였다. 세상 어떠한 피조물도 이같이 위대한 특권을 부여받지 못했다. 슬픔과 수치 그리고 그 같은 감정들은 인간 안에 격렬한 자극을 주는 요소가 되지만, 인간이 최초의 죄를 범하고서 슬퍼하고 부끄러워하기까지 아직 행동의 단계에까지 와 있지는 않았다.[234]

빈센트는 하나님 형상에 대한 관점을 어거스틴의 전통을 따라 원의가 하나님의 형상의 핵심임을 밝히고 하나님과 이웃과 맺은 관계의 기초로 설명한다. 그러나 중세와는 근본적인 차이점이 있다. 트리엔트 공의회(Council of Trient)의 옹호자인 벨라민(Bellarmine)에 의하면 "물리적인 조건에서 오는 인간본성의 아픔 또는 연약함을 치료하기 위해, 인간에게 어떤 주목할 만한 선물, 즉 원의를 더하셨다. 이로써……낮은 자들은 높은 자들에게, 높은 자들은 쉽사리 하나님께 복종하게 하셨다"[235]라고 말한다. 원의는 인간본성의 연약함을 치유하기 위해 더하셨고 이를 통해서 하나님께 복종하게 하신다는 것이다. 이에 대해 헤르만 바빙크(H. Bavinck)는 로마 가톨릭 교리의 초자연(은혜)과 자연을 대립시키는 문제를 지적하면서 성경은 결코 이렇게 자연적인 것과 초자연적인 것을 대립시키지 않는다고 보았다.

초자연적 은사라는 말을 쓸 때도 은혜는 본성을 창조된 특성 너머로 고양하고 개선하는 것이 아니라 본성을 죄의 결과들로부터 회복하는 것으로 받아들였다.[236] 즉, 은혜를 자연이 아니라 죄와 대립시켰다. 이런 점에서 개혁신학은 초자연이라는 표현을 가톨릭이 더 높은 차원으로의 고양이라는 의미로 사용한 것과 달리 죄로부터 회복하는 능력이라는 의미로 사용했다.

빈센트는 해설 ③의 질문에서 하나님 형상이 최초 인간이 지음 받을 당시 덧입은 것이라고 말한다. ④-⑦에서는 원의가 넓은 의미의 하나님의 형상인 지·정·의에 담겨 있다고 진술하면서 지·정·의라고 하지 않고 '~속에'라는 표현을 쓰고 있다. 이는 좁은 의미의 하나님 형상이 지·정·의와는 구분하고 이것을 바탕으로 하나님, 이웃, 자연과의 관계에서 원의의 핵심적 역할을 기술한 것으로 볼 수 있다. 칼뱅은 성경을 주석(고전 3:18; 엡 4:24; 골 3:10)하면서[237] 하나님의 형상을 자연적으로 부여된 것과 초자연적으로 부여된 것으로 구분한다. 여기서 초자연은 앞서 설명한 대로 자연에 대비가 아니라 죄와의 대비로 사용했다. 이것은 어거스틴의 진술에서 더 확연히 드러나는데, "자연적 은사들은 죄로 말미암아 사람 안에서 부패하였으나, 초자연적 은사들은 사람에게서 빼앗긴 바 되었다"[238]고 했다. 즉, 자연적 은사는 부패하고 순종할 능력으로서 초자연적 은사를 상실했다. 개혁신학은 더 나아가 초자연과 자연의 구분이 아니라 좁은 의미의 하나님 형상과 넓은 의미의 하나님 형상으로 구분하고 원의는 상실되고 지·정·의는 부패한 것으로 설명했다. 예컨대, 자연적으로 부여된 기능으로서 "완전한 지성", "올바른 판단력", "자유의지", "건전한 정서들" 및 "올바로 정돈된 감정들"[239]은 부패하고 우리를 순종으로 인도하는 초자연적인 은혜로 부여된 "믿음", "하나님에 대한 사랑", "의", "거룩한 열심" 등은 상실했다고 말한다.[240] 어거스틴을 따라 개혁신학은 가톨릭의 패러다임을 버리고 좁은 의미와 넓은 의미로 구분하고 이는 모두 자연적으로 주어진 것으로 보았으며, 초자연을 자연과 대비로 두지 않고 죄와 대비되는 개념으로 두어서 좁은 의미의 형상이 다시 주어질 때는 죄를 이기는 능력이라는 관점에서 초자연적이라고 한 것이다. 죄는 근본적으로 관계의 파괴를 의미하기 때문에 하나님의 형상은 그런 점에서도 인간이 맺는 관계의 근간이다.

최초의 인간에게 주어진 원의가 자연적인 것인가, 아니면 적어도 부분적으로는 초자연적인가 하는 질문에 이른다. 개혁신학은 원의 자체는 자연적이라고 보았다.[241] 그러나 더 근본적으로 자연적이냐 초자연적이냐 하는 로마 가톨릭의 패러다임을 거부했다. 가톨릭은 하등하고 자연적인 육체로부터 고등한 영적인 것으로의 고양으로서 초자연을 말하는 종교적 구조를 말한다. 이는 하나님의 창조하신 자연을 하등한 것으로 여기는 문제가 발생한다. 그에 비해 개혁신학은 초자연을 자연과의 대비가 아니라 죄와의 대비로 보았다. 즉, 죄로부터 우리를 회복하는 초자연적인 은혜를 말한다. 그래서 개혁신학은 하나님 형상의 자연과 초자연 구분을 버렸다. 그리고 그것은 넓은 의미와 좁은 의미로 대치되었다. 넓은 의미는 부패된 것으로 설명했고, 좁은 의미는 아담에게 주어질 때는 자연적이었으나 타락 후에 상실되었으며 다시 우리 구원을 위해 주실 때는 은혜로 주어진다고 설명했다. 즉, 우리가 그리스도의 완전한 의를 선물로 받는 것은 초자연적인 것으로 이해한 것이다. 웨스트민스터 소요리문답 18문에서 보듯이, 하나님 형상의 좁은 의미는 타락과 함께 상실하고 넓은 의미는 부패한 것으로 정리할 수 있다. 이 부분이 인간의 두 가지 다른 상태에도 불구하고 한 가지 인간이해 모델로서 인간을 이해하고 설명하는 것이 가능한 이유다.

최초의 인간에게 주어졌던 좁은 의미로서 하나님 형상은 중생한 자에게만 죄와 관계해서 초자연적인 은혜로 주어진다. 동시에 자연적으로 부여된 넓은 의미로서 하나님 형상은 타락한 후에도 인간의 삶에 부패한 형태로 남아 있다. 하나님 형상은 다음과 같이 정리될 수 있다.

첫째, 하나님의 형상은 인간 영혼의 속성들, 곧 영성, 불가견성, 통일성, 단순성, 불멸성 등에서 드러난다. 둘째, 하나님의 형상은 생명의 기관으로서 마음, 곧 육체적인 생명의 중심이고 모든 심리의 기초로 여기에 속한 심리적인 기능들에서 드러난다. 셋째, 하나님의 형상은 원의(原義), 곧 지성에서는 참된 지식을 가지도록, 의지에서는 의롭게 되도록, 감정의 거룩함에서 드러난다(레 19:2; 마 5:48; 벧전 1:15,16). 넷째, 하나님의 형상의 거처인 영혼은 심리적으로 조직되어 몸에 거한다. 몸도 인간의 본질에 속한다. 그러므로 하나님 형상은 몸으로도 드러난다(욥 10:8-12; 시 8, 139:13-17; 사 64:8; 고전 12:18-26; 고후 4:7, 5:1; 롬 6:13).[242]

하나님의 형상이 지닌 관계성에 관한 더 다양한 논의들을 살펴보면, 빌헬름 니젤(Wilhelm Niesel)은 칼뱅이 하나님의 형상을 거울로서의 관계론적인 관점에서 이해한 것으로 정리한다.[243] 브룬너도 하나님의 형상에 대한 존재론적 정의는 관계적 정의로 대체해야 한다고 주장했는데, "하나님의 형상은 인간 본질의 일부로서의 무엇, 즉 본질적인 것(substance)으로 해석할 것이 아니라 관계(relation)로 해석해야 한다"[244]라고 했다. 그렇다면 도대체 이 관계적이라는 의미는 무엇일까? 우리가 이미 살펴본 대로 전통적 의미의 하나님 형상은 존재론적 성격이 더 강했다. 그런데 왜 신학자들은 관계성에 주목하며, 이 관계성이라는 것은 도대체 무엇을 의미하는가? 데이비드 케언즈(David Cairns)의 말을 들어보면 좀 더 분명해질 것이다. "인간은 하나님의 인자하심으로 인해 그분께 감사와 영광을 드리고 순종함을 통해 하나님께 발견되지 않으면 결코 진실된 의미의 자신이 아니다"[245]라고 말했다. 케언즈는 하나님 형상의 관계성을 진정한 자기로 이해하고 있다. 케언즈의 진술에서 관계성은 두 가지를 함의한다. 첫째, 타자이신 하나님과 관계 속에서 진정한 자기로 발견된다는 의미와 둘째, 인간이 타자와 맺는 인격적 관계를 의미한다. 이런 설명은 하이코 오버만(Heiko Oberman)의 칼뱅 해석에서도 찾아볼 수 있는데, 그는 칼뱅이 인간을 존재로 해석하는 일을 지양하고 관계에 의한 심리학적 해석을 시도했다고 보았다.[246] 이와 같은 해석을 따르면 하나님의 형상 안에는 관계적 지향성 같은 현대 심리학의 자기개념에 유사한 개념이 담겨 있음을 보여 준다. T. F. 토렌스(T. F. Torrance)는 영혼이 하나님의 영광의 거울이고 하나님의 형상을 거룩과 의에 대한 영적인 숙고로 해석했는데,[247] 이는 하나님은 태양처럼 빛나는 항성으로 이해하고 인간은 그 빛을 반사하여 빛을 내는 달과 같은 행성으로서 우리 영혼에 비친 영광에 대한 영적인 숙고로서 거룩과 의를 하나님의 형상으로 보고 있다. 이는 어떤 점에서 전통적 개념의 하나님 형상의 확장이다. 지 · 정 · 의(넓은 의미의 하나님 형상)와 그 안에 담긴 참지식 · 의 · 거룩(좁은 의미의 하나님 형상)을 하나님의 형상으로 보는 존재론적 개념에서 반성적 주체로서 자기와 그가 관계 맺는 타자로서 하나님과의 관계에 초점을 둔 하나님 형상의 이해다.

이렇게 하나님의 형상을 관계론으로 접근하는 것은 실존주의에 그 기원이 있고 신정통주의의 경향이다. 이와 같은 관계론적인 하나님 형상의 이해를 위한 신학적 아이디어를 제공한 사람은 디트리히 본회퍼(D. Bonhoeffer)다. 그는 하나님의 형상이라는 것은 존재의 유비(*analogia entis*)[248]

에 관한 것이 아니라, 관계의 유비(*analogia relationis*)에 관한 것으로 보았다.[249] 바르트는 본회퍼의 이런 아이디어를 받아서 이 관계성을 더 발전시켰는데, 삼위일체 하나님의 내재적 관계성을 인간이 담고 있으며 이것을 하나님 형상의 관계적 성격으로 이해했다. 그는 "하나님 자신 안에 있는 공존과 협동(coexistence and cooperation)이 인간과 인간 사이의 관계 안에서도 그대로 복사되듯이 반복되고 있다"[250]고 보았다.[251] 더 나아가 브룬너는 하나님의 형상을 자아나 인격의 문제로까지 발전시켜서 이해한다.[252]

> "인간의 피조물로서의 존재의 핵심은 자유, 자아, '나'로서의 자기정체성, 인격이다. 오직 '나'인 존재만이 '너'에게 응답할 수 있다. 스스로 결정할 능력이 있는 자아만이 자유롭게 하나님께 응답할 수 있다……이와 같이 '하나님의 형상 안에서 만들어졌다'고 하는 인간 본질의 '형식적인 측면'은 그의 주체로서의 존재, 즉 자유를 의미하는 것이다."[253]

인격개념 안에 하나님의 형상의 요인이 존재할 수 있다. 그러나 이는 인격개념과 존재와 그 본질이 가진 존재론적 개념을 혼동한 데서 빚어진 일로 보인다. 그러나 그럼에도 이 신학적 아이디어들은 유의미하다. 인간의 인격개념에 하나님의 형상이 반영되지 않았다고 볼 이유가 없으며, 신학에서 인격개념은 인간본성의 최종목표이며 그 발현이다. 그런 점에서 하나님 형상이 자연적으로 주어진 것이고 이것이 인격으로 구현된 것에 대한 성찰인 셈이다. 예컨대, 밀러와 델라니의 자기개념과 관련짓자면 자기표상은 실행적인 기능으로서 자기를, 하나님표상은 반성적 의식으로서 자기를, 대상표상은 관계적 대상으로서 자기를 의미하며 이는 다시 원의 개념과 유비를 이룬다. 즉, 실행 기능으로써 자기표상은 "의"와, 반성적 의식으로서 하나님표상은 "참지식"과, 관계적 대상으로서 자기를 의미하는 대상표상은 "거룩"과 관련지을 수 있다. 이런 인간의 존재론적 본성과 그 기능들이 최종목표인 인격으로 구현될 때, 그 인격이 관계성을 반영하는 것은 자연스런 일이다.

물론, 의식주체로서 위격과 존재의 본질로서 영은 전통 신학 속에서 분명히 구분한다. 어거스틴은 인간을 영혼과 몸이 결합된 통일체로 봤다.[254] 그는 인간을 "한 인격 안에 몸과 합리적 영혼을 하나로 결합하여 가진"[255] 것으로 이해하면서, "인간은 하나님의 형상과 모양을 따라서 피조된 고귀한 존재다……합리적 영혼이라는 능력으로 인하여……그런 것"[256]이라고 말한다. 이는 고든 루이스(Gordon R. Lewis)와 브루스 디마레스트(Bruce A. Demarest)에 의하면, 어거스틴은 인간을 통전적(holistic)으로 이해했다는 의미로 해석될 수 있다. 즉, 인간의 지적이며 합리적인 능력을 정서와 의지로부터 분리하지 않는다고[257] 보았는데,[258] 이는 마치 삼위일체 하나님의 삼위가 상호 간에 분리되어 있을 수 없는 것과 같은 방식으로[259] 이해했다.[260] 이처럼 관계성은 단지 신정통주의 신학의 맥락만은 아니다. 개혁신학자로 평가받는 후크마(Hoekema)도 하나님의 형상을 입은 인간을 삼중적 관계속에 놓인 것으로 파악한다. 하나님, 인간, 자연에 대한 관계성을 말하고 다시 하나님의 형상 이해는 시간의 틀 속에서 본래의 형상, 왜곡된 형상, 새롭게 된 형상, 온전한 형상으로 파악했다.[261]

비교 지점은 인간 간의 관계와 인간 내부 특성 간의 관계다. 바르트는 삼위일체의 관계를 하나님 형상의 관계 유비[262]로 보았다. 예컨대, 가톨릭 여성신학자 캐서린 모리 라쿠나(Catherine Mowry LaCugna)[263]는 "부부관계는 성부와 성자의 관계와 같다. 존엄성은 동등하지만, 성부는 창시자이고 성자는 응답자이다. 그러므로 성삼위일체 제2위격에 유비되는 아내는 감응, 복종, 순종으로 특징지어진다"[264]라고 하면서 삼위 하나님의 관계로부터 부부관계를 관계적으로 유비했다. 차이점은 바르트는 위격 간의 관계를 인간관계의 유비로 생각한 반면, 어거스틴은 인간 영혼의 구성, 곧 지성과 의지 사이의 관계를 유비로 놓은 차이점이 있다. 이 유비의 시사점들은 하나님의 형상이 그것에 인간 영혼 내부적 일이든지, 인간과 인간의 관계적 일이든지 하나님의 형상으로서 인간은 삼위일체의 관계적인 특질의 모사라는 점일 것이다. 그리고 인간은 존재에 있어서이든지, 관계에 있어서이든지 하나님의 반영이며 그 형상을 담은 존재다.

이제 과제는 하나님의 형상이해를 어떻게 심리학적(지·정·의) 이해와 통섭할 수 있을까 하는 것이다. 심리학적 이해는 지·정·의의 문제를 그저 환경에 대한 적응의 문제로만 다룬다. 즉, 한 유기적 개체로서 인간이 자기가 처한 사회적·문화적·자연적 환경에서 어떻게 적응하는가 하는 문제와 관련해서 인지 왜곡과 적응, 정서 왜곡과 적응, 행동(의지) 왜곡과 그 적응의 문제를 다룬다. 영적 요인과 초자연적 요인은 전혀 고려되지 않는다. 그러나 이 하나님의 형상에 대한 이해는 지·정·의 자체를 영적이해 안으로 포섭하고 그 안에 초자연적 은사로서 지식·의·거룩을 고려함으로 중생자와 구도자 전체를 고려할 수 있는 인간이해의 방식이 될 수 있다. 이처럼 인간에 대한 영적이해는 신·불신과 상관없이 인간 전체에 관한 이해로 받아들여져야 한다. 정신치료와 일반적인 우리의 건강에 관해서도 이것이 비단 종교적 영역에만 속한 것이 아니라 일반 대중 전체로 확대해야 한다. 1998년 세계보건기구는 건강에 대한 정의를 영적 건강을 넣는 개념으로 수정했고 이 수정이 가지는 치료개입의 효과를 정신과 의사들도 인정하기 시작했다.

"1998년 1월 세계보건기구(WHO)에서 건강을 정의함에 있어서 '영적(靈的) 안녕(Spiritual well being)'과 '역동적인 개념(dynamic concept)'을 포함하고 있고, 알코올 중독자와 그 가족들이 영적 치료를 통해 효과적으로 회복되고 있고 어떤 정신과 의사들과 일반 의사들도 이 치료의 가치를 인정하기 시작했다 (Willber, 1979, 1983; Whitifield, 1985; Siegel, 1986; Vaughan, 1985; Bowden & Gravity, 1987). 이와 같은 흐름으로 보면 영적이라는 것은 더 이상 종교적인 특징만은 아니라는 것을 알 수 있다. 또한 이러한 흐름은 전반적으로 확산되고 있다. 영성이나 영적인 것에 관한 추구가 더 이상 '비과학적이며 비합리적인 종교적 행위'라고 말하기 어렵게 되었고 오히려 이런 주장 자체가 비합리적이라고 보아야 할 것이다. 인류의 행복과 번영을 이루는 전인적 건강의 가장 기본은 역시 영적인 건강이라고 보아야 할 것이다. 인류의 미래를 위한 대안 역시 이러한 영적 유산을 고려해야 한다고 생각한다."[265]

세계보건기구가 건강을 정의하면서 영적 안녕이란 개념을 포함시켰다. 이는 심리학에서 지·정·의를 환경과 사회적 적응 문제뿐만 아니라 신학에서 하나님과의 관계에서 적응 문제로 발전시킬 만한 근거다. 이런 시도는 월터 E. 스튜어만(Walter E. Stuermann)의 연구에서 나타나기도 하는데 칼뱅과 프로이트를 인간의 형상을 두고 비교한다.[266] 이처럼 지·정·의 문제는 자연적 영역에서만이 아니라 초자연적 영역에서도 같은 방식으로 확장될 수 있다. 더 나아가서 지·정·의의 주체, 곧 반성적이며 관계적이며 행동하는 주체로서 자기, 곧 인격의 성숙이나 성장 문제로 확장될 수 있다. 그럼 좀 더 구체적으로 좁은 의미의 하나님의 형상(지식·의·거룩)과 넓은 의미의 하나님의 형상(지·정·의)에 대해서 살펴보자.

지식과 지성의 문제

지성은 넓은 의미의 자연적 영역의 하나님의 형상이다. 그리고 거기에 담긴 지식(골 3:10)은 중생자에게 주어진 은사로서 그리스도 안에 있으며 믿음을 통해 우리 것으로 간주된다. 물론, 이후에도 하나님을 믿고 의지하는 데도 은혜가 없이는 불가능하다.[267] 이렇게 죄를 이기는 힘으로서 이해된 이 지식은 지성 속에 담겼다. 빈센트는 이것을 깨달음이라고 표현했다. 이는 오성(悟性)을 뜻한다. 단순히 기억력이나 이해력만을 의미하는게 아니라 하나님의 직관적 지성을 본뜬 자연적인 하나님의 형상이다. 잠언에 나오는 "대저 그 마음의 생각이 어떠하면 그 위인도 그러한즉"(잠 23:7)이라는 구절이 지성의 성격을 잘 보여 준다. 지성은 그의 인격의 지표로 이해된다. 지성이라는 구분요소만 따로 이해되는 것이 아니라 전체 인격의 표상으로 이해되었다. 도널드 레이크(Donald M. Lake)의 표현처럼 인간존재는 통합된 전체이며 그의 인지적 기능은 전 존재와 결코 분리되지 않는다.[268] 파커 팔머(Paker J. Palmer)는 사랑과 자비에서 지식이 근원하며 그 목표는 깨어진 자아와 세계의 재구성, 착취나 조작이 아니라 자신과 세계의 화해, 앎의 행위는 사랑의 행위라면서[269] 이처럼 진리는 인식자가 인식대상과 상호 의존적인 관계를 맺을 것을 요구한다.[270] 지성은 결국 인격으로 반영된다. 뿐만 아니라, 이 지성이 지닌 죄로부터 회복하게 하는 능력으로서, 지식이 그리스도를 믿음을 통해서 주어진다. 존 샌더슨(John W. Sanderson)에 의하면 앎은 "모든 창조 세계에 현존하는 살아계신 하나님을 완전히 인식하는 것"[271]이다. 이런 이해는 신약에서 직접적인 본문인 "영생은 곧 유일하신 참 하나님과 그가 보내신 자 예수 그리스도를 아는 것"(요 17:3)에서 찾아볼 수 있다. 뿐만 아니라 지식은 그리스도를 살아 계신 하나님의 아들로 인정할 것을 요구한다(요일 2:2-3). 이는 "삶의 모든 순간과 측면에서 예수 그리스도와의 개인적인 관계를 요구하는 것"[272]이다.

그러므로 참지식은 창조주이자 구속주이신 삼위 하나님과의 관계며 우리 삶의 전 방위에 걸친 그분에 대한 인식에 근거한 지식이다. 빈센트의 『소요리문답해설』의 내용처럼 그의 율법에 관한 지식이 있으므로 하나님의 도덕적 통치에 반응하는 지성을 가지며, 그의 피조물에 관한 지식이 있으므로 삼위 하나님의 도덕적 통치의 원리를 따라 만물을 바르게 다스리며, 자신을 행복하게 하는 만물(all things)에 관한 지식이 있으므로 창조주와의 조화로운 관계 속에서 지복의 삶을 살게 되는 것이다.

거룩과 감정의 문제

감정에 관한 현대의 보수 기독교의 태도는 부정적이다. 믿음을 의지와 지성의 문제로 국한하려는 경향이 강하다. 예컨대, 아담스는 감정이 동기가 된 자아를 지향하는 죄 된 삶은 하나님을 지향하는 계명에 순종하는 거룩한 삶과 서로 반대 입장으로 본다.[273] 그의 글을 인용해 보면, "감정은 중요하지 않다……감정이 다른 능력을 대신하도록 허용할 수 없다……그리스도인의 길잡이는…감정이 아니라 성경이다"[274]라고 하면서 감정을 거룩함을 방해하는 요소로 평가하였다. 존 카터(John D. Carter)는 이런 결론을 방증하는데, 아담스가 감정에 귀 기울이는 것은 그리스도인에게 유해하다고 봤다는 것이다. 그는 "감정은 너무나 쉽게 하나님의 계명으로부터 등을 돌리도록 인도하기 때문"[275]이라고 하였다.

그러나 아담스가 주장하는 권면 상담의 이런 태도들은 종교개혁 전통의 주류 신학과 거리와 온도차가 있다. 그리고 이는 진정한 의미의 성경적 상담이라고 보기도 어렵다. 도리어 심리학이 기독교 신학 전통을 물들이고 있는 현실에 대한 반작용으로 보이며 개혁신학 전통과는 거리가 먼 20세기

화한 알미니안 신학전통으로 보인다. 예컨대, 아담스의 이와 같은 설명은 대표적인 알미니안 전도방법인 『사영리에 대하여 들어보셨습니까?』라는 책자에서 믿음과 행위, 그리고 그 뒤를 따르는 감정에 관한 설명과 유사하다. 소책자의 내용을 인용해 보면 다음과 같다.

> 다음 기차 그림은 사실(하나님과 그의 말씀)과 믿음(하나님과 그의 말씀에 대한 우리의 신뢰)과 감정(믿음과 순종의 결과)과의 관계를 설명해 주고 있습니다(요 14:21)……그림생략……기관차는 객차가 있으나 없으나 달릴 수 있습니다. 그러나 객차로 기관차나 연료차를 끌려는 것은 어리석은 일입니다. 마찬가지로 그리스도인도 느낌이나 감정에 의존하는 것이 아니라 하나님과 그의 말씀의 신실성에 믿음의 근거를 두는 것입니다.[276]

그러나 이것은 이미 언급한 대로 개혁신학 전통에서 거룩을 담는 그릇인 감정에 대한 이해가 아니다. 칼뱅이나 조나단 에드워즈(Jonathan Edwards)는 도리어 참된 믿음이나 경건은 거룩한 감정 안에 있거나 그와 같은 감정을 동반한다고 말한다. 어쩌면 하나님의 형상에 관한 내용 중에 거룩에 대한 이런 이해를 잃어버린 것이 오늘날 보수 기독교의 문제의 원인일 수도 있다. 거룩은 감정에 담긴 은사다. 배리 애플화이트(Barry Applewhite)는 "많은 복음주의 그리스도인들이……하나의 집단으로서, 감정을 숨기라고 격려 받고 있으며 감정을 은폐하는 것은 기독교신앙의 불문율이 되어 버렸다"고 말한다.[277] 그러나 복음주의 진영과 보수주의 진영의 감정에 대한 이와 같은 이해는 복음과 기독교의 생동감을 앗아가 버렸다. 뿐만 아니라 거룩한 삶의 생명력도 잃어버렸다. 그러나 칼뱅의 이해는 이런 사조와는 사뭇 달랐다. 포드 루이스 배틀즈(Ford Lewis Battles)에 의하면,

칼뱅이 정의한 경건을 아래와 같이 진술한다.

"진정한 경건은 하나님의 심판을 의도적으로 회피하는 두려움을 뜻하지 않는다. 오히려 하나님의 심판은 회피할 수 없기 때문에 두려움의 대상이 되어 있는 것이다. 참된 경건이란 하나님을 아버지로 사랑하며 주로서 두려워하고 경외할 뿐만 아니라, 그분의 의로움을 받아들이고 그분을 거역하는 것을 죽음보다도 더 무서워하는 신실한 감정이다."[278]

칼뱅에게 있어서 경건이란 성경 앞에 선 신자의 심리적 성향, 곧 정서적 반응을 가리킨다. 우리가 아는 통상적 의미의 정서적 반응과의 차이점이라면 그것이 하나님과 하나님의 계시인 성경을 대면하여서 가지는 감정이라는 점이다. 일반 심리학과 현대적 이해들에서 정서적 반응이란 한 사람이 세상과 대상을 향하여서 보이는 반응을 의미한다. 그런 점에서 근본적으로 크게 차이가 존재하지 않는다. 단지 두드러지는 차이점이라면 바로 이 정서적 반응이 누구를 대상으로 하고 있는가 하는 것이다. 현대 심리학을 기독교 체계 안으로 가지고 들어올 때 했던 가장 큰 실수는 바로 이런 점을 간과해 버린 것이다. 기독교신앙의 체계라는 것이 이와 같은 성경에 대한 우리의 구체적인 정서적 반응을 전제로 한다는 점을 잊은 채 그냥 심리학적 설명만을 수용해 버린 것이다. 그런 오류에 대한 반발이 일종의 권면 상담의 문제일 것이다.

권면 상담에서 감정이 중요하지 않다고 보는 이런 주의주의(主意主義) 경향과는 달리 필립 멜란히톤(Philip Melanchtone)은 사람의 정서들이 일어나는 거처를 마음이라고 부른다고 했으며 이 마음이 의지가 자리 잡은 거처이며 마음과 마음의 감정들이 사람의 가장 높고 강력한 부분이라고 보았다.[279] 또한 성도의 영과 육의 두 본성의 전투를 설명하면서 육은 자연인을, 영은 성령과 우리 안에서의 성령의 활동을 의미하는데 중생에 의해 마음이 새로워졌을 때 성화가 시작되고 영적 전투가 시작되며 중생과 성화에서 지적인 면을 거의 언급하지 않고 마음의 변화만을 언급하고 있다.[280] 이에 비해 칼뱅은 멜란히톤과 약간의 차이점을 보인다. 우선 하나님의 형상의 거처를 마음이라고 설명하면서[281] 지식의 출발점인 기억의 저장소를 마음이라고 보았다.[282] 칼뱅의 전통을 가장 잘 이은 신학자로 불리는 에드워즈도 "참된 믿음은 대체로 거룩한 감정 안에 있다"[283]고 했다. 멜란히톤에 의하면 감정 능력은 우리가 알려진 사물로부터 돌아서거나 추종하는 능력으로, '의지', '정서', 혹은 '욕구'라고 부른다(*Hanc vim alias voluntatem, alias affectum, alias appetitum nominat*). 이것을 감정에 복종하는 능력이라고 정의하며 이 능력이 의지에 의해 지배되는 것이 아니라 감정에 의해 지배된다고 보았다. 뿐만 아니라 율법은 인식 능력인 지식에 속하고 덕과 죄는 감정 능력에 속한다. 그에 비해 자유는 인식 능력이나 감정 능력이 아니라 의지에 속하며 이는 행동 여부와 행동 방식을 선택하는 능력이다. 그런데 의지 능력은 감정들에 대해서 반대할 능력이 있다는 것을 부인한다.[284]

종합하자면, 권면 상담은 흡사 종교개혁자들로부터 비판을 받은 주의주의, 곧 감정과 무관하게 의지가 자유로울 수 있다고 주장하는 셈이 된다. 표면상으로는 믿음을 따라 그렇게 하면 된다는 식이지만 내용상 보면, 감정과 지식에 구체적인 변화의 요건을 갖추어야 함에도 결단을 믿음을 이해하는 것은 개혁신학 전통이라고 보기 어렵다. 이렇게 의의 주입을 거절하고 믿음, 곧 감정적 성향의 주입을 말하는 것이 바로 개혁신학이다.[285] 이 믿음의 구체적 반응이 바로 칼뱅이 말하는 경건인 것이다. 그리고 이것은 빈센트가 말하는 감정에 담긴 거룩을 의미하고 그 구체적 실체가 바로 믿음이며, 이 믿음의 가시적 구현이 경건인 것이다. 물론 에드워즈가 말하는 감정이란 현대인들이 말하는 그런 류의 감정은 아니다. 본 연구에서 이미 살핀 대로 빈센트는 거룩을 감정 속에 든 것으로 보았다. 물론 소요리문답에 나타난 하나님의 형상으로서 감정 속의 거룩은 타락하기 전 최초의 인류인 아담이 창조될 당시 자연적으로 가진 것이었다는 점에서 온도차가 있다. 그런 점에서 오늘 우리는 해당이 없다고 주장할 수 있지만 에드워즈는 믿음은 바로 이 거룩한 감정 안에 들어 있다고 말한다. 그러므로 감정이 신앙에 반(反)한다는 아담스의 주장이나 복음주의 기독교의 경향은 개혁신학적인 경향은 아닌 셈이다. 에드워즈가 참된 믿음이 거룩한 감정 안에 있다고 말할 때 이 감정은 "사람의 영혼을 구성하는 의지와 성향이 지닌 더 활기차고 감지할 수 있는 활동"[286]이라고 말한다. 에드워즈는 감정이 무엇인지를 설명하려고 몇 가지 중요한 인간이해에 관련한 해명을 하는데, 하나님께서는 사람의 영혼(soul)에 두 가지 기능들(facuties)을 주셨다고 본다. 그 첫째가 본 연구에 앞서 다루었던 인식과 사유할 수 있고 분별하고 판단할 수 있는 지성(understanding)이고, 둘째가 인식하고 지각하는 대상에게 어떤 식으로든 끌리는 것으로서 감정이다.[287] 이 감정에 의해서 대상에게 호감이나 반감이 생기는 것이다. 에드워즈에 의하면 감정은 때에 따라서 "성향(inclination)이라 불리거나 그에 따라 행동을 결정하고 지배하기 때문에 의지(will)라고 불리기도 하며, 이 기능의 행사와 관련하여서는 정신(mind)이나 마음(heart)이라고 불리기도 한다"[288]라고 말한다. 물론 "모든 감정들이 은혜의 산물은 아니며 대부분의 감정들은 본능적 감정"이다.[289]

오웬 브랜든(Owen R. Brandon)도 비슷하게 성경으로부터 이런 형태의 이해를 도출하는데 다음과 같이 정의하고 있다. "구약에 나오는……마음은 동기의 근원 또는 원천이고 열정의 자리이며, 사고 과정의 중심이고, 양심의 원천이다. 실제로 마음은 오늘날 개인적 삶의 인지적·정서적·의지적 요소를 의미하는 것과 연관이 있다."[290] 이것을 에드워즈의 용어로 옮기면 영혼의 이 두 번째 기능으로서 감정을 의미하고 이는 두 가지 방향으로 움직인다. 영혼은 대상을 인정하고 기뻐하고 애착을 가지는 방향으로 움직이거나 반대하고 인정하지 않고 싫어하며 반감을 가지고 거절하는 방향으로 움직인다. 그리고 영혼의 성향과 의지가 다양하게 표현되고 행사되는 것처럼, 그 표현되는 정도는 훨씬 다양하다. 이 기능을 더 활력 있게 느끼게 되는 것을 감정(affections)이라고 부른다. 에드워즈에게 감정은 "의지와 성향이 모두 왕성하고 생생하게 활동하는 것에 사용하고"[291] 격정(passions)은 "본능에 미치는 효과가 더 갑작스럽고 더 격렬하며, 정신이 충동의 상태가 되어 통제되지 않는 경우"[292]에 사용한다. 물론 에드워즈의 모든 글에서 이렇게 명확히 구분되는 것은 아니다. 그러나 이와 같이 구분할 수 있고 그런 점에서 감정은 인격의 두 요소, 곧 지성과 의지와는 다른 국면을 갖는다. 앞에서 인격 문제를 다루면서 설명했지만 이런 차이점이 존재한다. 청교도 신학의 거장인 오웬은 이런 격정과 같은 감정을 죄의 법이 역사하는 거처로서 마음(heart)이라 설명했다.[293] 오웬에 의하면, 자연적 상태에서는 우리의 감정이 결코 영적으로 새로워질 수 없다.[294] 이러한 변화는 오로지 성령에 의한 내면적 변화가 일어나야만 이 감정과 행동의 방향이 바뀌고 영적으로 새로워진다.[295] 그래서 빈센트는 감정 속에 담긴 거룩함이라고 설명한다. 이는 타락한 인간이 획득한 자연적 요소로서 감정은 일관되고 신실한 요소를 결여하기 때문이다. 거기에 거룩이 담겼다는 것은 에드워즈가 말하는 감정 상태, 곧 영혼의 기능인 지성과 의지가 활성화되고 생생해져서 하나님의 선하신 뜻에 맞춰지는 것, 칼뱅의 방식을 따라 표현하자면 그것이 바로 경건인 것이다. 이것이 창조의 원형으로 하나님의 형상을 지닌 인간의 거룩한 감정이다.

의와 의지의 문제

빈센트는 "최초 인간의 의지 속에 어떠한 의가 있었는가?"[296]라고 묻는다. 그는 이어서 이 질문에 대해, "최초 인간은 그의 의지 속에 모든 옳은 것을 집행할 수 있는 능력을 동반한 의지를 갖고 있었으며, 하나님과 사람에게(만약 그때 그 자신 이외 다른 사람이 있었다면) 행해야 할 의무를 능히 수행할 수 있는 의지를 갖고 있었다"[297]라고 답한다. 의지는 인간의 윤리적 자기 결정에서 가장 중요한 동기의 원천이며 하나님의 형상에서 의가 자리하는 인간 영혼 기능의 중요한 요소다. 이것이 인간의 원래 상태였다. 전통적 개념에서 의지는 인간의 강력한 욕망과 충동을 거스르는 데 사용되는 인간이 가진 어느 정도의 힘과 에너지[298]를 의미한다. 그러나 타락 후 인간에게 의지는 이미 본 연구에서 살핀 대로 노예의지다. 노예의지의 상태는 범죄로 말미암아 획득된 것이며 그에 비해서 거기에 담긴 의는 아담에게 자연적 은사로 주어졌다. 의지의 문제에 대하여 신학적 인간이해의 논제는 인간이 과연 자기 구원의 문제에 얼마만큼의 의지를 가질 수 있는가 하는 것이다. 종교개혁 전통의 신학들은 이 문제에 대해 전혀 그럴 능력이 없다는 입장이다. 이는 인간의 타락한 상태를 중심으로 인간의 의지를 바라본 것이다. 그러나 본 연구에서 인간을 이해함에 있어서 이미 다음 장에서 다룰 인간본성의 4가지 상태(150쪽 도표 2) 중에 거듭난 상태와 구도자 상태를 고려할 때, 각기 다른 고려를 할 수밖에 없다. 뿐만 아니라 인간의 원형을 고려할 때, 의지가 과연 하나님의 의를 담아낼 수 있는가 하는 것 역시 중요한 문제다.

루터의 후계자이며 하이델베르크 요리문답의 승인에 결정적으로 관여

했던 멜란히톤의 인간이해는 루터의 노예의지를 바로 이 감정 능력이 죄에 매임 때문에 의지가 자유롭지 못한 상태임을 설명했다. 이는 루터뿐만 아니라 종교개혁자 전반의 이해이기도 하다. 왜냐하면, 중세의 반펠라기우스주의(Semi-Pelagianism)의 이해가 바로 그리스도의 의가 주입됨으로 주의주의(主意主義) 방식을 따라 감정의 연약함 때문에 무력하지 않고 다양한 자유로운 행동을 끌어낼 수 있고 의를 행할 능력이 있다고 보았기 때문이다.[299]

존 둔스 스코투스(John Duns Scotus), 오캄(Ockham), 가브리엘 비엘(Gabriel Biel) 등에 의해 형성된 자유의지론은 어거스틴의 주의주의 입장을 극단적으로 관철시켰다. 예컨대, 이성과 의지의 조화를 철저하게 배격하였고 아퀴나스의 원리 중에서 많은 부분에 동의하였지만 이 원리들을 주의주의 입장으로 변경했다.[300] 스코투스는 이성을 의지에 종속시키며 그 역할은 단지 인과율의 법칙을 발견하는 데 있을 뿐이라고 본다. 인간의 자유의지는 인과적 필연성에 종속되지 않고 이성적 추론이 의지를 앞설 수 없으므로 감각 경험에 국한된 이성적 지식은 초월적 대상에 대한 인식에 도달할 수 없으며, 인간과 하나님의 의지는 모두에게 으뜸가는 것이요 오성은 이에 종속된다고 했다.[301] 이는 오캄에 의해 한층 더 발전되었는데, 인간의 도덕성은 이성 원리에 의존하지 않으며 도덕 원리들은 하나님의 권능과 의지에 의해 만들어진 것이기에 이성이 오히려 의지에 의존한다. 따라서 인간 행위를 결정짓는 주요소는 이성이 아니라 의지다.[302] 벵트 헤그룬트(Bengt Hagglund)에 의하면, "오캄의 은혜의 등급에 대해 이해한 방식은 펠라기우스 사상으로부터 영향을 받은 것이었다······본성적 능력은 그로 하나님을 그 무엇보다 사랑할 수 있게 한다"[303]고 말하는데 이로 보건대, 오캄이 펠라기우스 주의에 영향을 받은 것은 분명해 보인다. 마지막 오캄주의자인 비엘은 인간의 본래적인 능력으로 하나님을 사랑할 수 있고 그것으로 은총을 받을 수 있는 전제조건을 마련할 수 있다고 인간의 자유의지를 이해했다. 이것이 펠라기우스적인 이해의 전형이다.[304]

물론 *via moderna*[305]로 불리는 후기 스콜라주의 전체가 종교개혁과 불연속성 속에만 있는 것은 아니다.[306] 예컨대, *via moderna*의 강력한 요새로 불린 옥스퍼드(Oxford)대학에서 *via moderna*의 최초의 반작용이 일어났으며[307] *via moderna*의 펠라기우스적인 요소를 비판하면서 어거스틴주의로 돌아가게 되고 옥스퍼드는 유럽에서 고립된다. 이후 파리(Paris)대학의 리미니 그레고리(Gregory of Rimini)에 의해 계승되며 신어거스틴학파로 불리는데 이런 신학적 경향은 종교개혁과 연속성을 갖는다.[308] 그러나 후기 중세는 대체로 반펠라기우스적이었고 후기 중세의 핵심적 오류는 이들에 의해서 배태(胚胎)되었다. 이것을 반대한 신학이 종교개혁 전통 중 개혁신학 전통의 신학의 핵심이다. 그래서 웨스트민스터 신앙고백서에서도 이런 "의의 주입"[309]을 거절하는 표현을 분명하게 한다. 원의가 주입된 인간은 자력에 의해서 순종할 수 있다고 본 것이다. 이것이 절반의 펠라기우스주의다. 이런 자유의지론은 종교개혁이 시작되면서 비판받았다.[310] 예컨대, 루터는 타락 후 자유의지를 수동적 능력으로만 선을 행할 능력이 있을 뿐 능동적인 능력은 항상 악을 행하게 된다고 보았다.[311]

인간 타락의 결과로 인간은 이렇게 의지를 통해서 하나님의 의를 담을 수 없게 되었다. 의지에 관한 종교개혁의 입장은 루터를 살펴보아야 한다. 앞서 인간본성의 4가지 상태를 다루면서 일부 다루었으므로 중복은 피하고 여기서는 중요한 논점만 다루겠다. 루터는 인간의 영혼이 조상들로부터 유전한 것이라고 보았다. 이는 주류 루터 교회의 입장이기도 하다. 이런 까닭에 하나님의 형상을 영적 특질, 곧 원의(지식·의·거룩)만을 지칭하는 것으로 보았다.[312] 그러나 이 주장의 문제는 인간이 범죄로 인해 하나님의 형상을 잃어버린 후에도 여전히 동물과 다른 특성, 곧 이성와 지성과 양심을 가지고 있는 것을 설명하기가 곤란하다는 것이다.

그러나 분명한 것은 루터의 타락한 상태의 인간의 의지에 대한 이해가 종교개혁 전통의 기본적인 전제가 되었다는 사실이다. 이는 루터가 1537년 7월 9일에 어느 제자에게 보낸 편지에서 만약 자신의 글들을 모아 선집으로 낸다면 『소요리문답』과 『노예의지론』만 남길 것이라고 말할 만큼 루터신학의 핵심이다.[313] 루터는 『노예의지론』에서 인간의 타락한 상태의 의지를 "인간의 구원이나 영원한 축복과 관련된 문제에 관하여 인간에게는 전혀 자유의지가 없으며, 그것은 전적으로 하나님의 특성이고 오직 하나님께만 속할 수 있는 성질의 것"[314]이라고 정의한다. 그러나 루터의 이해는 우리의 의지가 도대체 아무것도 할 수 없다는 의미가 아니라 하나님의 자유하게 하는 은혜가 없다면 구원을 위해 의지가 의를 성취할 수 있는 능력이 전혀 없다는 의미며, 이는 의지가 죄에 사로잡혀 있기 때문에 구원을 위해 어떤 의도 성취할 수 없다는 의미다.[315]

그러나 칼뱅은 타락한 이후에도 인간은 여전히 하나님의 형상[316]으로 봤다. 타락한 인간성 중에도 하나님 형상의 흔적을 발견할 수 있고 이것이 다른 피조물과 인간을 구분한다고 봤다. 칼뱅은 타락 후에 원의, 곧 영적 특질(참지식·의·거룩)들은 상실되었지만 이성, 양심, 도덕성, 의지의 자유는 부패하였으나 잔존하는 것으로 봤다. 개혁파는 전자의 영적 특질을 좁은 의미의 하나님의 형상으로 보고 후자를 넓은 의미의 하나님의 형상으로 봤다.[317]

의지에 관한 개혁파의 견해를 정리하면 이렇다. 첫째, 타락에도 불구하고 인간은 여전히 이성적이며 자기 본능과 충동을 억제하며 도덕적 결정을 할 수 있는 의지가 있으며 이 의지로 사람들에게 칭찬을 듣는 선행을 할 수도 있고 자기를 개발해서 더 나은 도덕적인 삶을 살 수도 있고 자기실현을 할 수도 있는 존재라는 것이다. 둘째, 그럼에도 구원 문제에 관하여 인간의 의지는 구원을 일으키기에 적합한 어떤 영적인 일이나 영적 선을 행할 수 없는 전적으로 부패한 상태며, 이는 새로운 내적 성향인 믿음을 주입받기까지는 아무런 영적 선행을 할 수도 없는 상태에 있다는 것이다.

심리학적 관점에서의 관계성

프로이트의 대상관계 개념은 초자아의 출현과 관련이 깊다. 흔히 알려진 대로 초자아는 자아이상과 양심이라는 하위체계를 가진다. 자아이상은 부모가 가진 도덕적 선에 대한 아동의 지각과 이해이며, 양심은 부모가 도덕적 악으로 생각하는 것에 대한 어린이의 개념과 관련된다. 그런 점에서 자아이상과 양심은 아동에게 내면화된 도덕률의 안팎인 셈이다.[318] 초자아의 발생은 자아-리비도가 대상-리비도에게 부착되는 오이디푸스기의 산물이다. 풀어 설명하자면, 자아에 리비도가 집중되던 것이 이동하여 주요 타자에게 리비도가 집중하는 시기며 대표적으로 어머니의 젖가슴으로 표상된다. 외부세계의 경험적 관계만큼 내적 대상과 맺는 관계는 경험적 사실성을 지닌다.[319] 이것을 시카고 정신분석학파[320]의 대표학자 사울의 방식으로 해석하자면 의존적 욕구가 어머니의 젖가슴이라는 대상에 부착되는 과정에서 겪는 오이디푸스적인 좌절 문제다. 다시 말해서, 자아-리비도를 대상-리비도로 전환하려고 할 때 어머니라는 대상에 대한 의존적 사랑의 욕구의 표현에 있어서 양육태도가 이 욕구에 대한 장애물로 인식된다. 이때 좌절을 경험하면서 발생하는 적개심을 아직 미약한 아동의 자아가 감당하지 못하고 여기서 좌절된 욕동은 적개심 대신에 양육자와 자신의 동일시를 발달시키게 되는 것이다. 이것을 오이디푸스적인 문제라 한다.

좀 더 고전적 프로이트 체계로 설명하자면, 그는 "인간이 종교가 필요한 궁극적 근거는 유아기의 무력감이다……유아기 이후에 그는 부모 없는 세상을 인식할 수 없고……그 스스로 정의로운 하나님과 친절한 자연을 만들게 된다"고 했다.[321] 초자아는 이드가 욕동을 대상−리비도, 곧 어머니와 그 젖가슴에 과잉 집중시킨 후 오이디푸스 콤플렉스가 제거된 후에 남아 있는 이드의 잔존물이다. 어머니의 젖과 관련해서 아동이 가진 성적 리비도가 점점 강렬해지고 이 과정에서 아버지는 이 리비도 욕동의 장애물로 등장하며 여기서 발생하는 아동의 거세에 대한 두려움이 리비도 충족을 포기하고 아버지와 동일시로 전환된다.[322] 즉, 이때 아버지를 향한 적개가 제거되고 동일시로 돌아선 자리에 남은 이드 욕동의 잔여물인 것이다. 좀 풀어서 설명하자면, 어머니에게 의존해서 사랑받으려는 욕구가 좌절되면서 발생한 공격 충동, 곧 적개심을 대상인 아버지를 향해 가지는 것을 두려워하면서 미약한 자아는 적개를 표출하는 대신 아버지와 자기를 동일시를 선택하는데 이런 과정에서 새로이 만들어진 정신적 장치가 초자아다. 이렇게 자아이상과 양심이라는 하위 체계를 지닌 초자아가 자리 잡게 된다. 그런 점에서 초자아는 부모로부터 물려받은 내면에 있는 법적인 후계자 혹은 실질적인 후계자다.[323] 사실 대상관계의 원초적 개념과 역동 이해의 출현 지점이 바로 여기다. 물론 대상관계와 개념적으로 차이가 존재하지만 구조적으로 보면 자아가 자기대상으로서 자아이상(ego ideal)을 내적 표상으로 갖는 것에 대한 심리학적 아이디어는 여기에서 출발한다.

엄밀히 말해서 이 시기에 출현했다고 해서 이 시기에 만들어진 것이라고 말할 수는 없다. 그 이전에 이미 이와 관련한 부착되는 심리적 충동으로서 대상표상이 존재하다가 구체적이며 응집된 형태의 대상이 정신 기구 내로 내재화된 형태로 나타난 것이 이 시기인 것이다. 이렇게 발생한 초자아는 동일시 과정을 통해 계속해서 증가하는 완전성에 요구를 성취하려 하며 이런 자아이상을 계속해서 운반한다.[324] 그러나 초자아의 요구는 계속 완전성을 향해서 가는 성향이 있기 때문에 자아를 대면해서 객체처럼 다루며 성장에서 사적이지 않고 얼마나 객관적으로 되느냐는 것이 중요한 관건이다.[325] 부모의 양육태도로부터 받았던 심리적이며 감정적 메시지는 아동에게 자아이상을 제공하고 계속적으로 이 이상에 가깝도록 요구받으므로 비대해지지 않고 자아와 균형을 이루는 것이 중요하다. 예컨대, 칸트(Kant)의 정언명령 같은 것이 프로이트의 관점에서 오이디푸스 콤플렉스의 직접적 후손인데[326] 그런 점에서 초자아는 사회화의 소산이고 문화적 전통의 전달 수단이기도 하다.[327]

대상관계의 문제는 바로 이 오이디푸스적인 문제의 발생지점에서 동시에 발생한다. 프로이트 체계에서 자아는 주체이면서 대상이 될 수 있고 스스로 대상이 될 수도 있고 대상처럼 자기를 다룰 수도 있고 자기를 관찰하고 비판할 수도 있으며 자아는 나뉠 수도 있고 여러 기능에 따라 분열할 수도 있는데[328] 이런 분열적 대상으로서 초자아가 그리고 오이디푸스적인 문제가 발생하는 시기의 심리 역동이 대상관계이론의 프로이트적 기초라 할 수 있다. 대상관계이론가인 페어베언의 방식으로 설명하자면, 유아가 맺는 대상과의 초기관계로부터 내면의 대상세계가 만족하지 못하면 그 대상들을 내면화, 곧 내사한다고 보았다. 이 과정에서 불쾌하게 경험되는 나쁜 대상과의 대상관계는 실제로 주체가 맺는 관계가 분열적으로 나타나고 분리된 자아를 형성한다고 보았다.[329]

그러나 프로이트의 오이디푸스적인 문제와 대상관계에서의 표상문제는 엄밀히 같지는 않다. J. 샌들러(J. Sandler)와 B. 로젠블랫(B. Rosenblatt)은 "표상 세계의 개념"이라는 논문에서 표상 세계의 형성과정은 오이디푸스 콤플렉스가 해소될 때 생기는 초자아의 형성과정과 표상의 형성과정의 차이를 밝히려고 노력했다. 차이점은, 어린이는 수많은 인상들의 조직체, 혹은 관념들 속에서 점차로 다양한 범위에 걸친 어머니 이미지들을 갖게 된다. 이이미지들을 통틀어 대상표상이라고 정의할 수 있다. 하나의 표상이 여러 종류의 출처에서 비롯된 이미지들로 이루어진 것임을 시사하고 있다.[330] 그러나 초자아는 이런 전체적 이미지가 아니라 일련의 자아이상으로 정신적 구조물의 일부라는 점에서 다르다. 이렇게 대상표상은 대상관계에서 필수적인 부분으로 대상 없이는 표상할 수 없으며, 표상 없이는 대상도 없다고 할 수 있다.[331] 차이점은 대상관계 이론에서는 내사된 대상이 자기에 더 가깝고 프로이트에게는 대상에 더 가깝다는 점이다. 이런 대상표상은 하나님표상을 포함한다. 어린이-성인 경험의 3가지 차원에서 하나님을 "거울을 통해 어렴풋이"(through a glass darkly)[332] 알 수 있다. 하나님 이미지는 첫째, 은혜를 내려주고 필요를 채워주는 고대하는 엄마의 얼굴로서, 둘째, 원기 넘치는 행동을 제어하고 죄악에 얽매이는 것을 경고해 주면서 겁주고 분노하는 양심을 선도하는 아버지의 목소리로서, 셋째, 아직 태어나지 않은 창조의 핵으로서 순수한 자기 그 자체인데 이는 옳음과 그름 사이의 분쟁으로 더 이상 아파하지 않고 공급자에게 더 이상 의존하지 않고 이성에도 의존하지 않는 초월적 self로서 Pure self로 하나님표상은 경험된다.[333]

그렇다면 대상관계이론에서 자기표상이나 대상표상은 어떻게 형성된다고 보는가? 리주토는 유아들이 표상을 만드는 이유가 적극적으로 자기 세계를 의미 있게 조직화하려는 데 있고[334] 그렇게 확립된 자기표상과 대상표상은 심리적 균형에 의한 자아통합이라는 목적을 가진다.[335] 마가렛 말러(Margaret Mahler)는 유아들의 표상의 발달과정을 설명하는데[336] 유아는 처음에 자신과 어머니를 분리되지 않는 하나의 개체처럼 인식하지만, 점차 욕구 충족이 외부대상, 특히 어머니의 젖가슴이라는 부분대상을 지각하기 시작[337]하고 자신과 어머니의 몸을 구별하면서 자신이 타자와 분리된 존재라는 인식과 함께 자기 감각과 대상관계 및 외부현실에 대한 인식을 한다.[338] 이후에 유아는 더욱 적극적이고 광범위한 현실탐색을 하고 어머니로부터 실제로 떨어져 보았다가 다시 돌아가기를 반복하면서 자기표상과 대상표상을 분별하기 시작한다고 보았다.[339] 에디스 제이콥슨(Edith Jacobson)에 의하면, 유아는 정서적 경험을 통하여 점점 증가하는 유쾌하거나 불쾌한 경험, 감정, 관념들로 구성된 기억 흔적들과 여기에 연관된 지각에서 신체적, 심리적 자기(self)와 더불어 좋아하는 대상표상들을 형성한다. 이런 표상들은 처음에는 희미하고 다양하지만 점차 확대·발달하면서 일관된 현실적인 내적 대상표상들과 자기표상들을 확립한다. 이 표상들은 자아의 활동 결과며, 유아의 표상 능력이 오랜 시간에 걸쳐 발달하면서 최종적으로 이미지들이 통합되고 조직화되면서 현실적인 대상표상과 자기표상으로 확립된다.[340]

어쨌든 대상관계이론도 역시 프로이트 체계 아래 형성된 이론이다. 그런 점에서 그 공헌한 바를 생각해 보지 않을 수 없는데, 리주토에 의하면 프로이트가 대상관계이론에 끼친 공헌을 3가지로 말했다. 첫째, 정의된 모든 새로운 대상들은 내재화된 원상을 이용해야 하며, 그것들의 정황 속에서 감지되고 리비도적인 애착의 영향 아래 놓이게 된다는 것. 둘째, 대상이 내재화되는 과정은 어린 시절이 끝나면서 중지된다는 것. 셋째, 대상의 최종적인 내재화는 어떤 식으로든지 신성의 내재화 형식으로 이루어진다[341]고 했다. 첫 번째 주제와 관련해서 프로이트는 초기 유아에게는 대상관계가 존재하지 않는 시절이 있다고 가정한다. 즉, 자아-리비도가 대상-리비도 전환되기 전인 전오이디푸스기는 대상과 이렇다 할 관계가 없이 리비도 욕동이 자기에 집중된 시기로 이해했다는 점이다. 그러나 클라인은 인간에게 그런 시절은 존재하지 않는다고 못 박는다.

프로이트는 자신의 이론에서 대상관계가 존재하기 이전의 단계가 몇 개월 동안 존재한다고 가정하였다. 이때 유아는 리비도를 자신의 신체에 부착시킨 채로 충동, 환상, 불안, 그리고 방어들 없이 대상과 관계를 맺지 않는 상태, 즉 진공 속에서 존재한다는 것이다. 그러나 아주 어린아이들의 정신분석을 통해서 내가 배운 것은 내적이건 외적이건 대상과 상관없는 본능적 충동, 불안 상황 또는 정신과정이란 존재하지 않는다는 사실이다. 다른 말로, 대상관계가 정서적 삶의 중심에 자리 잡고 있다는 것이다. 뿐만 아니라 사랑과 증오, 환상, 불안, 그리고 방어들은 처음부터 작용하고 있으며, 대상관계와 뗄 수 없이 연결되어 있다는 것을 깨달았다. 나는 이러한 통찰을 통해서 많은 현상들을 새로운 빛에서 바라볼 수 있게 되었다.[342]

대상관계이론에 의하면, 사람은 태어나면서부터 관계맺음을 하는 것이 운명인 셈이다. 그것은 아무데나 들러붙는 리비도의 부착의 문제가 아니라 처음부터 대상을 지향하는 애착의 문제라는 것이다. 그렇다면 정확히 대상관계란 무엇을 지칭하는가? 대상관계란 한 개인이 외적인 세계의 실제 타자와 내적인 세계의 상상의 타자와 맺는 관계를 통칭하는 말이다. 어떤 이에게는 두 세계가 서로 침투해 있지만 또 어떤 이에게는 이 둘이 엄격하게 분리돼 있다는 놀라운 임상 관찰을 설명하려는 노력이며, 그런 점에서 대상관계이론은 한 개인이 실제로 사람들과 맺는 관계뿐만 아니라 그가 맺는 내적 대상과의 관계 및 그 대상들이 지닌 심리적인 기능을 밝히는 것이라 할 수 있다.[343]

리주토는 리비도적인 애착의 영향 아래 놓이게 된다는 점이 프로이트가 대상관계이론에 공헌한 점이라고 말했다. 그렇다면 오이디푸스기 이전에 리비도적인 애착은 어떻게 대상관계로 나타나는가? 클라인은 "유아는 어머니의 존재에 대한 타고난 무의식적 자각을 가지고 있다.…이 본능적인 지식은 유아가 어머니와 같은 최초의 관계형성을 위한 기초가 된다"[344]고 했다. 신학적으로는 "*innata*(inborn)"[345]라는 개념으로 설명되는 태생적인 심리 기질과 관련 있다(154쪽 참조). 클라인의 관찰에 의하면, 유아는 이미 모체인 엄마를 무의식적으로 자각한다. 그리고 이것이 관계형성에 기초가 된다고 설명했다. 같은 방식으로 성경과 신학은 하나님에 관한 타고난 무의식적 자각이 있다고 말한다. 칼뱅은 하나님이 계심을 깊이 확신할 수 없을 만큼 야만적 인종은 세상에 없으며 삶의 질에서 짐승처럼 보이는 미개인에게도 여전히 종교의 씨가 있다고 말한다.[346] 이 부분이 대상관계이론과 기독교 사상의 통합의 기초[347]라 할 수 있다. 페어베언은 대상관계에 대해 강조하면서 "신과 그리고 다른 사람들과 관계 맺을 수 있는 능력을 인간 존재의 정수"[348]라고 보았다.

페어베언은 1941년에 발표한 논문에서 프로이트의 고전적 리비도이론을 대상관계에 기초한 발달이론으로 바꾸어야 하는 시점에 도달했다[349]고 평가하는 데 이른다. 처음에는 리비도를 쾌락을 향한 추동(drive)로 보지 않고 대상을 향한 추동 정도로만 보았다.[350] 즉, 쾌락을 향한 추동을 그 자체로 목적이기보다 거기 도달하기 위한 수단, 곧 "대상에게로 가는 길을 가리키는 표지 역할"로 간주했었다.[351] 그래서 "리비도가 대상을 추구한다"[352]고 표현했다. 이는 리비도가 대상을 추구하는 과정에서 대상이 심리적 내사(introjection), 즉 의식 안에서 여러 환상과 어울려 내재화되는 방식으로 대상표상으로 자리 잡는다고 보았기 때문이다. 그러나 후에 이를 "리비도적 역량을 가진 개인이 대상을 추구하는 것"[353]으로 수정한다. 이런 이유로 프로이트적인 리비도의 욕동이론은 수정을 요구받았다.

그러나 대상관계이론의 프로이트적인 리비도이론의 수정 움직임은 그리 좋은 것 같지 않다. 왜냐하면, 실제로 리비도의 욕동은 관찰 가능한 현상이기 때문이다. 뿐만 아니라 내 견해로는 클라인이 말한 "유아가 지닌 어머니의 존재에 대한 타고난 무의식적 자각"[354]이 일련의 리비도의 부착이라고 보기 때문이다. 거기다 리비도이론의 강점은 몸으로부터 발생하는 생리학적 힘을 잘 설명해 줄 수 있기 때문이고 몸은 영혼의 거처라고 보기 때문이다. 성경에서 말하는 인간의 본질은 관계성으로서의 하나님 형상을 말한다.[355] 심리적 자아의 출연시기에 부모상이 유아 내면으로 묘사되듯이 하나님의 자녀인 우리는 하나님을 우리 안으로 모사하고 이런 자연적 구조로 우리 안에 있게되는 것이 하나님 형상이다. 그리고 이 하나님의 형상의 마땅한 거처에 대해 영혼이나 정신현상으로 국한하지 않는다. 칼뱅은 "역시 영혼에 있는 것이 틀림없다……비록 하나님 형상의 주된 거처는 정신과 마음, 혹은 영혼과 그 기능들이지만 사람의 어떤 부분도, 심지어 육체조차도 그 형상, 곧 영광의 광채가 미치지 않는 부분은 없다"[356]라고 말한다. 대상관계이론은 지나치게 정신현상에만 집중된 경향이 있다. 사람은 영혼과 몸으로 이뤄져 있고 몸은 바로 이 영혼의 거처다. 그리고 이 몸의 생리적인 힘인 리비도가 대상에 집중되면서 정신으로 표상되기 때문이다. 즉, 몸과 영혼이 만나는 지점이 바로 리비도 욕동(Triebe)의 정신적 표상이 추동(drive)이기 때문이다. 물론 프로이트가 말한 3세 이전의 유아의 정신은 공백이 없다고 본 클라인의 통찰은 합당하다. 인간은 영혼이 있는 존재이기 때문이다. 그러나 몸 없이 정신만 있지 않고 정신적 표상은 바로 이 리비도적 힘으로부터 비롯된다는 점에서 몸 자체를 "대상관계가 정서적 삶의 중심에 자리 잡고 있는"[357] 중심점 거점으로 보는 것이 더 타당하다. 이것을 가장 잘 표현해 준 것이 사울이 리비도의 추동을 의존적 사랑의 욕구 (drive)[358]와 적개심[359]으로 해석한 감정적 구조물이다.

　그리고 이런 몸을 하나님 형상과 인간존재의 중요한 축으로 보는 견해는 개혁신학자들의 지지를 받는다. G. C. 벌카우어(G. C. Berkouwer)는 하나님의 형상을 영적인 데나 육체적인 데에만 국한시키기를 거부하고 인간의 영성과 육체성을 동시에 인정하는 전인(全人)과 관계된 것으로 보았다.[360] 바빙크도 역시, 하나님의 형상을 "우리 안에 있는 어떤 것이 아니라 인간 그 자체, 즉 전인이 하나님의 형상이다"[361]라고 말한다. 체코의 개혁파 교육신학자인 잔 아모스 코메니우스(Jan Amos Comenius)에게 인간의 정신은 인간의 육체와 구별되지 않는다. 그는 "다만 인간에게 몸과 정신 양자가 조화를 이루고 있을 따름이다"[362]라고 했다. 최홍석은 "하나님의 형상의 거처인 영혼은 심리적으로 조직되어 몸에 거한다. 몸도 인간의 본질에 속한다. 그러므로 하나님 형상은 몸으로도 드러난다(욥 10:8-12; 시 8, 139:13-17; 사 64:8; 고전 12:18-26; 고후 4:7, 5:1; 롬 6:13)"고 했다.[363]

　물론 페어베언은 단일한 형태의 자아가 에너지를 담고 있거나 그 자체를 에너지로 본다. 또한 에너지는 처음부터 대상을 향하도록 구조화되어 있고 자아 안에 있는 충동으로 인해 자아는 대상들과 관계를 맺을 수 있다고 본다.[364] 페어베언의 이런 통찰은 영혼의 성향을 보여 주는 것일 수 있다. 그러나 대상관계이론이 이미 정의한 대로 대상관계이론은 한 개인이 실제로 사람들과 맺는 관계뿐만 아니라 그가 맺는 내적 대상과의 관계 및 그 대상들이 지닌 심리적인 기능을 밝히는 것[365]이 그 목적이라는 점에서 모순적이기도 하고 이 이론의 약점을 드러낸다. 사실 타락한 인간은 물질적 대상뿐만 아니라 인격적 대상까지도 사물로 대상화할 수 있는 존재라는 점을 간과했다. 사람의 욕망은 어떤 존재도 순식간에 물화시켜버린다. 현재 우리는 타락한 세상을 살고 있고 우리 욕망에는 부패가 자리하고 있다. 이 지점을 오히려 리비도의 욕동이 더 잘 보여 준다. 그것은 어디에나 부착할 수 있다. 실제로 아동들을 관찰하면 사람만을 대상으로 애착하지 않는다. 인형이나 침구, 베개 등을 대상으로 애착한다. 그러나 대상관계이론은 리비도는 자아 내의 힘으로 파악하고 그것은 외부 대상이든지 내적 대상이든지 인격적 대상을 향해서만 추동된다고 본다는 점이다.

물론, 말러나 도널드 위니캇(Donald W. Winnicott)은 중간대상[366]이라는 개념을 통해서 이런 사물 대상을 설명한다. 뿐만 아니라, 위니캇은 중간대상이 오용되어 병리적이 되는 사례들을 제시한다.[367] 그러나 여전히 중간대상은 정신적 표상이지 몸과 관련된 문제가 아니라는 점이다. 성경에서 하나님의 형상은 전인적 인간을 지칭하고 몸의 기전에 관한 리비도 이론은 이런 점에서 여전히 유용하다. 그리고 대부분의 중간대상은 유년기에 잠시 나타나다가 사라진다. 그러나 성인들의 모든 대상을 물화하고 이를 향해 추동하는 인간의 부패성을 설명하기엔 중간대상개념은 미흡한 점이 있다.

그러나 여전히 대상관계이론은 특정한 장점을 우리에게 보여 준다. 리비도이론이 몸의 생리학적 에너지의 욕동을 보여 준다면, 대상관계이론은 영혼의 영적 에너지의 추동을 보여 준다고 할 수 있다. 대상관계이론은 정신현상 내부로부터 대상과 현실세계로 아이들이 발달해 가는 과정을 그린다. 반대로 프로이트 이론은 생리학적 에너지로부터 정신적 표상으로 발달해 가는 과정을 그린다. 이 두 이론이 간과한 것은 인간은 단지 정신적 존재이거나 육체적 존재이지 않고 영혼과 몸으로 지어졌고 그 지어진 내용은 하나님의 형상이라는 점이다. 그리고 그 하나님의 형상의 본질은 하나님과 이웃의 타인들과 관계 맺도록 지어졌다는 것이다. 그리고 그 관계는 단지 정신적이기만 하지도 않으며 육체적이기만 하지도 않다. 우리는 영적이며 육체적인 필요가 있고 영적이며 육체적인 돌봄을 받아야 한다. 그러려면 관계의 회복이 무엇보다 필요하다. 영적 관계의 회복이 선행해야 하지만 그렇다고 육적 관계 회복을 뒤로 미룰 수도 없다.

목회와 상담의 본질은 교회의 회원들과 잠재적 회원들을 돌보는 데 있다. 그리고 그들은 두 부류의 사람이다. 중생한 그리스도인이거나 아직 하나님을 알지 못하는 불신자들이다. 교회 현장은 이들이 혼재해 있으며 우리의 돌봄이 이 둘을 가려서 돌보아야 하는 것도 아니다. 뿐만 아니라 중생자가 정신적으로 더 건강하다는 보장도 없고 불신자가 더 정신적 문제를 안고 있으리라고 예단할 필요도 없다. 인간이 맺는 관계의 1차적 대상은 자연적 대상, 곧 현실 속의 사람들이다. 그 관계가 만족스럽다면 우리 연구는 개인과 외부 세계의 실제 타자의 관계 방식을 연구하는 것으로 충분하다. 그러나 고도로 문명화된 조건이 중요인물(Key figure)과의 관계에서 좌절을 경험하게 한다. 그래서 유아는 좌절을 대신할 대상을 정신에 표상한다. 외부와는 관계가 단절된 채, 전적으로 정신적 표상과만 이뤄지는 것이 정신 병리며 이는 "자아가 내면화된 대상들과 맺는 관계에 관한" 연구다.[368]

그리고 교회가 고려해야 할 인간이 맺는 관계의 1차적 대상은 초자연적 대상, 곧 성삼위 하나님이시다. 그 관계가 온전하다면 이 연구는 주입된 초자연적 은사로서 믿음과 이를 타오르게 할 은혜의 수단의 사용에 관한 연구로 충분하다. 그러나 교회 현장에는 여전히 불신자들이 많고 이들은 하나님 사랑보다 다른 이유로 교회에 열심을 낸다. 이들이 하나님과 관계를 맺도록 그들의 하나님표상을 중심으로 목회와 상담을 통해서 그들을 도울 수 있다. 성경이 인간의 본질을 관계성으로서 하나님의 형상을 말한다는 점에서 여러 학자들이 대상관계이론과 기독교 사상의 통합의 기초가 된다고 보았다.[369] 하나님표상은 그 자체로 하나님과의 관계의 단초일 뿐이다. 계시를 매개로 하지 않으면 제대로 된 관계성이 맺어질 수 없다. 모순적이지만 근대의 종말을 고하고 후기 근대를 연 철학적 성찰도 언어를 매개로 인간의 지식을 구성한다.

계시를 매개로 해야 한다는 다른 전제가 있지만, 이런 통합을 가능하게 해줄 연구가 하나님표상에 관한 연구다. 리주토는 대상의 최종적인 내재화는 어떤 식으로든지 신성의 내재화 형식으로 이루어진다고 했다.[370] 프로이트 이론이 대상관계이론에 공헌한 바는 이 이론이 적용되는 주된 영역 중의 하나가 하나님표상의 형성과정에 대한 연구다. 하나님표상은 인간이 지닌 의식적 개념이 아니라 하나님이 계신다는 느낌을 주는 감정적·경험적·주관인 현실 속의 정서적 표상이다. 이에 비해, 하나님 개념은 2차 과정 사고를 통해 의식 수준에서 형성되는 지적 개념이다.[371] 우리는 유비에 의해서 우리가 알고 있는 사람들 사이의 관계성으로부터 하나님이나 신성한 존재에 대한 우리의 관계 형성에 대해 통찰할 수 있다.[372] 리주토는 위니캇의 중간대상개념을 이용해서 하나님표상을 대상표상의 과정을 따르는 특별한 환상적 대상으로 보고 유아는 경험의 중간영역이라는 심리적 공간에서 하나님을 강력하고 실감나는 환상적 삶으로 아이가 창조한 하나의 특별한 대상표상의 유형이라고 보았다.[373] 프로이트가 아버지를 개인의 하나님표상의 원형이라고 보았던 것[374]에 비해, 리주토는 어머니와의 관계에서의 경험은 물론 때로는 조부모나 형제자매와의 경험 등의 다양한 요소로 구성되며 아버지 원상만으로 하나님표상을 형성하는 사람은 없다고 보았다.[375] 이처럼 사람들이 아동기에 겪은 부모와의 관계 경험과 그들의 하나님표상 및 하나님과의 관계 사이에 평행이 존재한다.[376] 그러나 일반적인 대상표상이 중간대상으로부터 현실 대상표상으로 발달하는 것과는 달리 하나님표상은 중간대상으로부터 현실 대상으로서 경험은 자연적으로는 불가능하다. 이런 점에서 하나님표상은 중간대상과 다를 수밖에 없는데, 리주토는 이런 차이를 하나님표상이 일반적인 중간대상과 달리 그 구성요소와 지속기간에서 특별하다고 설명한다. 즉, 발달과정에서 일반적인 중간대상, 예컨대, 인형, 담요 등은 부드럽거나 포근한 것이지만 하나님표상은 아이를 돌보는 1차적인 대상표상으로 필요에 따라 만들어졌기 때문에 성장하면서 사라지는 중간대상과는 달리 하나님표상은 일단 생성되면 평생에 걸쳐 중간대상으로 남고 오히려 오이디푸스 경험에 의해 그 특성을 정교하게 하는 데 공헌한 인생의 초기 사건들과 함께 그 의미가 더욱 강화된다.[377]

그러나 더 근본적으로 이것이 전능한 표상이라는 점이다. 말러의 발달 개념(정상적 자폐기에서 분리–개별화 연습기까지)[378]과 위니캇의 중간대상과[379] 리주토의 상상의 친구 기능[380]과 데이비스(Davis) 와 월브릿즈(Wallbridge)의 대상제공[381]의 설명에서 공통적으로 아이가 환상 속에서 전능한 존재나 전능한 경험을 한다고 말한다. 이는 의식발달 과정에서 아동이 자신의 무의식적 환상을 놀이와 모든 활동에서 상징으로 표현하는 방식을 보면 이유를 짐작할 수 있다. 아이들은 현실 대상과 관계 맺는 게 아니라 자기 환상 속으로 그 대상들을 내사(introjection)한다.[382] 이런 이유로 클라인은 리비도가 쾌락을 추구하기보다는 대상을 추구한다고 했다. 이는 모두 발달 과정에서 나타나는 관찰된 정신현상들이다. 질문은 이것이다. 인간존재는 동물들과 달리 왜 그냥 자연을 자연 그 자체로 인식하지 않고 환상으로부터 현실로 나아가는 지각–인식 체계의 발달 과정을 가지는가? 그리고 그 출발점에 모두 자기표상으로서 전능한 느낌과 대상표상으로 전능자에 관한 표상을 가지는가? 이에 대한 마땅한 설명은 칼뱅이 말한 "종교의 씨"[383]가 가장 적절한 설명이다. 여기에 대상관계이론의 기독교 신학체계 내에서의 장점이 존재한다. 프로이트가 리비도의 욕동이론을 통해서 인간의 몸의 성질을 설명했다면 대상관계이론은 인간의 영혼과 그 성질에 대해서 우리에게 설명해 주고 있다.

아이가 갖는 전능감과 하나님표상은 이는 앞서 살핀 대로 칼뱅이 말한 종교의 씨와 유사하며 "타고난 심리적 기질"[384]이라 할 수 있다. 아이의 전능감은 일종의 종교성이다. 우리는 신앙 유무와 관계없이 내담자의 하나님표상과 그 관계에 대해서 나눌 수 있게 된다. 로마서가 말하는 대로 만물과 우리 양심에 하나님의 신성이 분명히 보여 알게 된 사실이 심리학을 통해서 발견된다. 인간은 환상과 현실을 오가며 의식발달을 이룬다. 이는 인간이 영혼을 가진 존재라는 사실을 방증해 준다. 그리고 유아가 겪는 환상들은 대부분 우리가 신적 기원을 가진 존재라는 점을 방증해 준다. 대상관계이론가들은 환상에서 현실로 이행하는 중간대상과 중간영역을 말하지만 하나님표상은 본질적으로 다른 점이 있다. 대부분의 중간대상 그러니까 아이들이 인형, 베게, 이불 등에 보이던 대상적 애착들은 나이가 들면서 사라지지만 하나님표상이라는 중간대상은 나이가 들면서 사라지는 것이 아니라 특정한 방향으로 공고화되고 평생토록 지속된다. 그런 점에서 단지 중간대상이라고 평가하기에는 다른 지점이 존재한다.

인간의 적응과 발달이 환상으로부터 현실로의 이행이라면 모든 사람에게 나타나는 내적 환상으로서 하나님표상은 어떻게 설명할 것인가? 그리고 그 환상은 왜 인간의 삶을 떠나지 않는가? 물론 이런 하나님표상이 사람들을 모두 바른 종교로 인도하는 것은 아니다. 로마서의 말씀처럼 우상으로 바꾼 것(롬 1:23)으로 부패한 자연신학이다. 이런 하나님표상은 인간의 성장 환경에 의해서 왜곡되며 각자 다른 표상을 갖기 마련이다. 어떤 이는 무신론자로서 신적 표상을 가지며 어떤 이는 유신론적 표상을 가지나 비정하게 대가만 요구하는 하나님표상일 수 있다. 이런 각기 다른 표상들은 성경 계시를 매개로 교정되어야 한다. 이것이 기독교 상담의 진정한 목표일 수 있다. 리주토에 의하면, 하나님표상은 아동이 가진 소망, 두려움, 갈망과 가족이 가진 실제적 특징들이 환상 속에서 혼합되면서 형성되고 이후에 대상관계들에 유용하며 지속적으로 변화한다.[385] 이처럼 하나님표상은 그 기초인 부모와 복잡하게 얽혀 있다. 이때 부모와 하나님의 이미지는 직접 연결되거나 대체일 수 있다.[386] 아동은 가족들이 드리는 기도나 이야기, 부모에게 하는 질문 같은 경험에서 자연스럽게 하나님표상을 만들어 간다.[387] 리주토의 가설은 내면의 하나님표상은 중요타인과의 관계경험으로부터 유래한다는 것이다.

모든 인간에게 하나님표상은 어떤 방식으로든 내재화되어 있다. 물론 이 표상들은 인간이 자연에 적응해 가는 과정에서 생성된 것이다. 그런 점에서 이 표상은 성경에서 말하는 하나님과는 차이가 많다. 그럼에도 이 표상은 모든 인간이 가지는 초자연적 존재로서 하나님과의 접점이다. 칼뱅의 종교의 씨는 이렇게 우리 안에 생긴다. 이 접점은 대상관계이론가들이 어떤 방식으로 설명하든지 인간 영혼이 의식–자각의 과정을 통해서 자기를 발달시켜 가는 과정에서 발생한 변화다. 영혼의 의식적 주체로서 인격(자기)은 영혼의 본성으로부터 탄생하는 것이다. 그리고 인격은 계시를 매개로 인격주체로 세워진다. 이는 그리스도가 인성을 취하실 때, 인격이 없는 인성을 취하신 것은 인간의 인격이 인간존재의 필연적 구성 조건이 아니라는 점을 보여 주며 제2위격이신 그리스도도 성부로부터 영원 전에 나셨다는 점은 인간의 이런 발달의 원형을 보여 준다. 따라서 인간의 영혼에 있어서 인격의 출현은 자연적인 일이며, 하나님의 창조의 신비를 보여 주는 장면이다. 단지 인간의 죄 때문에 겪는 하나님과의 단절이 하나님표상의 왜곡을 가져왔다. 인간의 대상관계의 건강한 발달이 환상으로부터 현실로 이행한다는 점은 모든 자연적 피조물과 다르다. 다른 피조물은 출생 후 매우 빠른 시간에 자연환경에 적응하고 자연을 환상으로 인식하지 않는다. 그렇게 해서는 양육강식의 자연세계에서 생존이 불가능하다. 그에 비해 인간은 매우 무기력하게 태어나고 양육자의 돌봄이 없이는 생존이 불가능하며 자연에 적응하는 과정이 환상으로부터 현실로 이행이라는 점과 인간이 받아야 할 돌봄이라는 것이 단지 신체적 필요뿐만 아니라 정서적이고 영적인 필요이며 이런 필요가 적절히 공급되지 않을 때, 인간의 대상관계의 발달의 장애가 발생한다는 점은 인간이 영혼을 가진 존재라는 반증이다. 거기에 더해, 자기표상과 대상표상을 통합함으로 자기가 구성된다는 점은 인간이 근본적으로 관계적 존재라는 점을 보여 주며 그 표상에 하나님표상이 내재화되어 있다는 점은 인간이 영적인 교제를 필요로 하고 그와 같은 방식으로 설계되었다는 점을 보여 준다. 그리고 이것은 우리 안에 담긴 하나님 형상을 보여 주며 인간이 어떤 방식으로 회복되어야 할지 알려 준다.

인간의 조건 때문에 왜곡된 하나님표상은 비단 불신자의 문제만이 아니다. 신자들의 삶에도 이런 왜곡은 얼마든지 있으며 이는 말씀의 계시를 매개로 교정되어야 한다. 하나님표상이 개인을 내면화된 대상들과 연결시켜 주고 현실에서 관계를 맺고 있는 외부 사람들과도 연결시켜 주는 기능을 하고 하나님표상이 교량으로서 자리 잡고 있으면서 동시에 심리적 안정감과 평안을 제공해 주는 기능을 한다.[388] 상담의 여러 국면에서 대상관계는 하나님표상과 연결되어 있고 이는 참된 기독교신앙의 접점이기도 하다. 리주토는 하나님표상을 4가지로 범주화했다. 첫째, 하나님의 존재를 의심하지 않는 사람들, 둘째, 하나님이 존재한다는 확신이 없어서 믿어야 할지 말아야 할지를 결정하지 못하는 사람들, 셋째, 자신이 흥미를 느끼지 않는 하나님에게 깊이 빠져 있는 다른 사람들을 보면서 놀라고 분노하는 사람들, 넷째, 요구하고 엄격한 하나님과 씨름하는 사람들이다.[389] 이 4가지 유형 모두에 하나님표상은 왜곡이 존재하며 특정 유형의 하나님표상은 때론 역기능적일 수도 있다. 리주토는 첫째 수염이 없는 하나님(god without whiskers),[390] 둘째 거울 속의 하나님(god in the mirror),[391] 셋째 불가사의한 하나님(god the enigma),[392] 넷째 적대자로서의 하나님(god my enemy)[393]으로 제시한다. 이는 심리치료가 기독교신앙을 증진하거나 교정하는 데 유용하게 사용될 수 있으며 신앙이 아직 없는 사람들도 기독교적 상담을 할 수 있는 심리학적이며 신학적인 접점이 된다. 결론적으로 말하자면, 대상관계이론은 건강한 신앙과 삶을 세우는 데 중요한 기초이론이다.

몸–영혼을 추동하는 힘으로서 본성

신학적 관점의 본성: 제2본성인 믿음

루이스 벌코프(Louis Berkhof)는 인간 본성을 "원시 상태의 인간", "죄 아래 있는 인간" 그리고 "은혜 언약 안에 있는 인간"의 순서로 설명하는데,[394] 창조에서 타락의 방향으로 설명하는 반면, 아치발트 하지(Archibald A. Hodge)는 타락에서 회복의 방향으로 설명하고 있다.[395] 예컨대, "타락, 인간의 죄성", "율법", "구약과 신약" "중보자로서 그리스도"[396]를 다룬다. 전자와 후자의 다른 두 구조는 『기독교 강요』 1–2권과 구조적으로 유사하다. 제1권은 하나님을 아는 지식에서 우리를 아는 지식으로 진술이 이어지고 제2권은 인간을 아는 지식에서 구속주를 아는 지식으로 전개된다.[397] 개혁신학에서 그 전통에 따라 두 경우가 모두 나타난다. 헤르만 바빙크도 "죄론", "은혜언약과 그리스도", "언약의 유익"의 순서로 설명하는데 『기독교강요』 2권과 유사하다.[398] 인간은 죄로 인해 자유롭지 못한 상태다. 예컨대, 루터는 인간의 의지를 노예의지(*servum arbitrium*)[399]로 보았다. 심지어 칼뱅은 우리가 의를 행할 수 있도록 중생했더라도 은혜가 있어야 가능하다고 하면서 다음과 같이 설명한다. "은총은 의지를 배제시키지 않고 의지는 전적으로 은총에 의존한다. 인간의 의지는 자유에 의해서 은총을 얻는 것이 아니라 은총에 의해서 자유를 얻는다."[400] 인간이해에 관한 이런 진술을 종합해 보면 인간의 상태는 아래의 도표 2와 같다.

도표 2. 인간의 4가지 상태[401]

인간상태 언어	타락 전 인간	타락 후 인간	중생 후 인간	영화된 인간
라틴어	posse peccare, posse non peccare	non posse non peccare	posse non peccare	non posse peccare
영어	able to sin, able not to sin	not able not to sin	able not to sin	unable to sin
한국어	죄를 지을 수도 짓지 않을 수도 있는	죄를 짓지 않을 수 없는	죄를 짓지 않을 수 있는	죄를 지을 수 없는

이처럼 인간은 타락한 상태에 있고 스스로 하나님께 나아가서 구원을 얻을 수도 그에 합당한 영적 선을 행할 수도 없다. 그런 인간이 구원을 얻는 길을 성경이 제시하는데 그것이 바로 믿음이다. 칼뱅에 의하면, 믿음은 하나님과 그리스도를 아는 지식이며[402] 거기서 드러나는 경건한 정서(*pius affectus*)[403]를 지닌 성향(disposition)을[404] 의미하고 이 지식은 이해보다는 마음의 확신에 더 가깝다.[405] 이 믿음을 전통적으로 개혁신학은 주입

된 습관으로 보았다. 믿음의 습관 개념은 개혁파 정통주의의 중요한 특징 중 하나로 여겨졌다.[406] *habitus infusus*[407]는 주입된 습관 또는 기질을 의미한다. 아퀴나스에 의하면, 원래 이 개념은 은총을 이해하는 심리학적 용어로 *habitus*를 선택했고, 이 개념은 하나님에게서 발생하고 인간에게 내재하는, 어떤 확실한 초자연적인 것으로서 영혼의 본질에 속하는 주입된 기질(*habitus infusus*)을 의미했다. 아퀴나스는 자연적 능력에 초자연적 능력을 덧붙이는 방식으로 은혜를 이해했고 이는 트렌트 종교회의의 이해와도 같았다. 아퀴나스와 트렌트신학, 곧 로마 가톨릭교회의 이해는 인간본성의 부패를 종교개혁자들처럼 심각하게 생각하지 않았기 때문에 그저 자연적이며 본성적인 능력에 제2의 초월적인 능력을 부여하는 방식으로 은혜의 주입을 이해했다.[408] 이런 까닭에 종교개혁기 이전에는 은혜의 습관(*habitus gratiae*)[409]으로써 의가 주입된다고 보았다. 그리고 습관개념의 전통적인 용례가 트렌트 종교회의에 의해서도 옹호되었다는 사실[410]을 고려할 때, 이 개념은 주의 깊게 다뤄져야 한다. 로마 가톨릭이 말하는바 주입된 것은 그리스도께서 이루신 원의(original righteousness)로 이는 아담이 타락할 때, 잃어버린[411] 하나님의 형상을 설명하는 용어다.[412] 이렇게 주입된 의에 의해서 믿음이 유지되거나 상실되기 때문에 하나님의 형상과 밀접한 관련이 있을 수밖에 없다. 그런데 로마 가톨릭이 이 개념을 사용해서 어거스틴 시대에 정죄되었던 펠라기우스의 교리를 부활시킨다. 즉, 은혜로 의를 주입받은 신자가 이 기질을 이용해서 순종하면 구원에 이르고 불순종하면 멸망한다는 행위구원론을 형성하게 된 것이다. 트렌트 종교회의는 광범위하게 주입된 은혜라는 용어를 사용했는데, 개혁자들과는 달리 성례라는 공로의 실행(*ex opera operato*)과 선행을 행함으로 유지할 수 있다고 보았지만 의의 주입으로 생긴 믿음의 습관은 상실될 수가 있는 것이었다.[413] 또한 겉보기에는 은혜로 의가 주입되는 전제가 존재하므로 원죄를 부정하고 순종하면 구원, 불순종하면 멸망이라는 행위 중심의 구원론을 펼친 펠라기우스(Pelagius)와는 근본적으로 다른 입장처럼 보이지만 그렇게 주입된 의는 순종할 능력을 부여받는다는 데 의미가 있을 뿐 후에 주어진 구원론의 구조는 펠라기우스가 주장한 순종과 불순종에 의한 행위구원론이 되고 말았다. 그에 비해 종교개혁자들과 그 후예들은 믿음의 습관을 받은 후에 그 은혜의 상태에서 절대 떨어질 수 없다고 봤다. 그래서 개혁신학자들은 이 은혜에 의한 의의 주입이라는 개념을 신경질적으로 싫어했다. 종교개혁의 전통은 이것을 확실하고도 분명하게 거부했는데, 이것을 웨스트민스터 신앙고백서는 이렇게 설명하고 있다.

웨스트민스터 신앙고백서 11. 1.

하나님께서는 효과적으로 부르신 자들에 대하여 값없이 의롭다고 칭하신다.[1] 이 칭의는 그들 속에 의를 주입해 줌으로써가 아니라 그들의 죄를 용서하시고 그들의 인격을 의로 간주하여 용납해 주심으로써 이루어진다. 하나님께서는 그들 안에 무엇이 이루어졌거나 그들이 무엇을 성취했기 때문이 아니라 오직 그리스도로 인해 그렇게 하셨다. 믿음 자체나 믿는 행위 또는 기타 복음적인 순종을 그들의 의로 인정해 주시는 것이 아니라 다만 그리스도의 순종을 통해 성취하신 의와 그의 충분한 속상(贖償)을 그들에게 전가시킴으로써 의롭게 보시는 것이다.[2] 이 점에 있어서 부르심을 입은 성도들은 그리스도와 그의 의를 믿음으로 받아들이고 그를 의지할 때 의롭다함을 받는다. 그 믿음은 저들 자신에게서 난 것이 아니라 하나님의 선물이다.[3]

1) 롬3:24; 8:30 2) 렘23:6; 롬3:22,24,25,27,28; 4:5,6,8; 5:17-19; 고전1:30,31; 고후5:19,21; 엡1:7; 딛3:5,7 3) 엡2:8; 행10:44; 13:38,39,갈2:16; 빌3:9

여기서 웨스트민스터 신앙고백서가 반대하는 의는 하나님의 형상, 곧 원의(original righteousness)를 말한다. 이것은 참지식·의·거룩을 의미하고, 이것이 값없이 주어졌기 때문에 은총이라고 말하는 것이다. 원의가 다시 주어져서 이제 다시 아담처럼 순종의 가능성이 열렸으므로 사람에겐 다시 구원의 길이 열린 것으로 본 것이다. 그러나 원의의 주입 이후, 그리스도에 의한 사죄의 길이 열려 있지만, 모든 것이 결국 사람의 행위에 달렸다는 점에서 중세적인 이 구원론을 절반의 펠라기우스 주의라 부른다. 그래서 종교개혁자들은 이것을 신경질적으로 반대했다. 이유는 오직 믿음으로만 구원받는다는 어거스틴 전통에서 벗어날 뿐만 아니라 이미 당시에 정죄되었던 교리의 부활이기 때문이고 또 이렇게 주입된 기질로 다시 펠라기우스가 추구했던 행위에 의한 구원으로 경도되기 때문이었다.

그래서 종교개혁 신학은 의의 주입을 거부했다. 대신에 다른 개념을 사용했는데, 그게 바로 믿음의 주입(*habitus infusus*)이라는 개념이다. 그런데 리차드 멀러(Richard Muller)는 그의 사전에서, 믿음이라는 이 습관(*habitus*)은 "우리 정신과 의지에 심겨진 새로운 기질"[414], 또는 영적인 것을 담아내는 영혼, 정신, 의지의 심리적 기능, 성향이라고 설명한다.[415] 그런데 우리의 통상적 상식에서 습관이란 일련의 훈련에 의해 획득된 기질이라는 개념을 담고 있다. 그렇게 되면 에베소서 2:8-9에서 말하는 믿음이 하나님의 선물이라는 개념과 충돌을 일으키게 된다. 이를 피하기 위해서 신학자들은 획득한 습관들(*acquired habits*)[416][417]과 주입된 습관들(*infused habits*)[418][419]을 구분하기 시작했고 주입된 습관개념을 동원하게 된다. 믿음, 소망, 사랑은 이렇게 신적이며 초자연적 기원을 가진 주입된 습관으로서 내적 기질이라는 의미로 이해되었고 신학적 습관들(theological habits)이라고 불렸다.

16-17세기에 들어서면서, 심리적 기질이나 성향을 의미하는 *habitus*

개념은 더 세분화되었다. 어떤 것들을 알거나 행하기 위해서 사고 능력을 통해 판단하는 방법으로서 *habitus*는 다음과 같은 것들이 있다. "*insita*(ingrafted)"[420]는 이미 자기 자신에게 내재되어 있지만 외적 자극에 의해서 알게 되고 얻게 되는 것을 의미하는 개념으로 사용되었다. "*innata*(inborn)"[421]는 '태생적으로 가지고 태어난 타고난 심리적 기질을 의미한다. "*acquisita*(acquired)"[422]는 자기 노력이나 어떤 행위로 획득한 기질을 의미한다. "*infusa*(infused)"[423]는 노력에 의해서가 아니라, 밖으로부터 주어져서 자기 것이 된 기질을 의미했다. 그중에서도 믿음을 설명하는 용어로 *habitus infusus*가 사용된 것이다.

개혁신학의 믿음 이해에서 *habitus*의 이해는 중요한 신학적 준거점이어서 *habitus*를 다시 습관과 기질로 구분하기도 했다. 더 상세하게는 잠재적 믿음(*potentia fidei* 혹은 *semen fidei*[424])과 습관적 믿음(*habitus fidei*[425] 혹은 *actus fidei*[426])으로 구분할 수 있다. 이런 용어, 곧 잠재적(*potentia*)이란 표현에서 아리스토텔레스의 운동개념을 떠올리게 하는데 가능태(potentiality)가 현실태(actuality)로 변하는 운동개념을 따라서 잠재적 믿음(*semen fidei*)은 가능태를, 습관적 믿음(*habitus fidei*)은 현실태로서 믿음의 완성이라는 의미를 담고 있다. 이는 아퀴나스의 체계를 개혁신앙으로 끌고 들어오는 전형적인 특징이기도 하다. 그러나 이런 상세한 구분에 대해 실제로 유의미한 개혁신학자들 사이에 공통된 의견은 없다. 다만 이런 대표 학자로서 히스베르투스 푸치우스(Gisbertus Voetius)를 들 수 있다. 그의 책 *Disputation de praxi fidei*에서 신앙의 기질(disposition)과 습관(habit)을 구분하는데 인용해 보면 다음과 같다.

"엄격한 의미에 있어서 습관(habit)은 – 광범위한 의미에서는 기질(disposition)도 습관(habit)이기 때문에 – 확신이 있는 완전히 자란 믿음인데, 이것은 경건의 실행에 의해서 증진되며 고난 가운데서 검증되어서 더욱 쉽게 그리고 더욱 온전하게 믿음의 행위를 수행하게 된다. 성경에서 이런 종류의 믿음은 분명히 믿음의 완성, 확신을 갖는 믿음, 큰 믿음, 그리고 믿음의 습관이라고 불린다.[427]

습관으로서 믿음(*habitus fidei*)은 푸치우스에 의하면 완성된 믿음이다. 그리고 이 완성된 믿음을 표현하는 또 다른 표현이 있는데 행위로서 믿음(*actus fidei*)이며, 거의 같은 개념이다. 조엘 비키(Joel Beeke)에 의하면, 이는 영미 청교도들과 네덜란드의 제2차 종교개혁 전통의 미묘한 차이점이다. 영미 청교도들은 은혜의 표시들(the marks of grace)에 대해서 강조하는 경향을 보였고, 네덜란드 신학자들은 은혜의 단계들(the steps of grace)을 강조하는 경향을 보였다. 구원의 확신에 있어서 청교도들은 엄숙한 의무로 강조하는 반면, 네덜란드 신학자들은 하나님의 주권적 선물임을 강조했다. 이런 차이가 청교도들은 *actus fidei*를 강조하는 것으로, 네덜란드 신학자들은 *habitus fidei*를 강조하는 경향으로 나타났다.[428]

정리하자면, 첫째, 인간의 경향성은 두 가지로 설명할 수 있다. 믿음은 하나님의 선물로서—소망, 사랑도 마찬가지로 초자연적 선물로 이해된다—어떤 상황과 특정한 방식으로 행동하게 되는 어떤 경향성을 의미했다. 그리고 우리는 이 선물인 믿음이란 렌즈로 하나님의 영광을 우리 영혼에 거울처럼 비추게 된다. 칼뱅의 이런 이해를 도널드 맥킨토시(Donald Treat McIntosh)는 하나님의 형상이 택자의 삶에서만 부분적으로 보여질 수 있다고 말함으로 이런 거울의 역할을 설명했다.[429] 믿음이 이처럼 초자연적 제2의 본성을 의미한다면, 자연적 본성에 의한 경향성 또한 인간의 보편적 특성으로 이해될 수 있다. 또 맥킨토시는 "하나님 형상은 완전히 파괴되었거나 근절되지는 않았다. 그러나 그것은 너무나 부패하여 남아 있는 것은 무엇이든지 지독하게 기형적이 되어 버렸다"[430]고 했는데 이는 부패한 인간을 하나님의 형상의 관점에서 이해하는 한 방식으로 이해될 수 있다. 더 직접적으로 제임스 케네디(James M. Kennedy)는 칼뱅에게서 하나님의 형상은 두 가지 관점에서 제시된다고 해석했는데 첫째, 우주적 형상(Universal Image)이라 불리는 피조물과 하나님의 섭리 가운데 발견되는 형상과 둘째, 예수 그리스도 안에서 완전히 발견되고 하나님의 은혜와 성령의 사역을 통해 구원을 받은 자들 속에 형성된 형상으로 구분했다.[431] 결국 인간은 하나님의 형상에 따른 두 가지 종류의 습관이 대립을 이루는 것으로 이해될 수 있다. 둘 다 어떤 상황에서 특별한 방식으로 행동하는 경향성으로써, 하나는 어떤 행동의 결과로 획득된 것으로써 아담이 선악을 알게 하는 열매를 따 먹는 범죄로 말미암아 타락한 결과로 획득된 죄로 기우는 경향성[432]을 의미하고 다른 하나는 하나님의 선물로서 주입된 초자연적 본성인 믿음을 따라 그리스도의 의로 기우는 경향성[433]이다.

둘째, 이 두 가지 경향성은 지·정·의라는 동일한 거처를 중심으로 서로 반대 방향으로 움직이는 특징을 지닌다. 이는 에드워즈가 참된 믿음은 거룩한 감정에 있다고 했을 때, 덧붙여 설명했던 성향(inclination)이나 의지(will)라고 불리기도 하며, 이 기능의 행사와 관련해서는 정신(mind)이나 마음(heart)이라고 불리기도 한다고 했던 것과 같은 의미다. 이는 원의가 거주하는 거처인 지·정·의가 초자연적 본성인 주입된 믿음에 의해서 의의 경향성을 지닐 수도 있고 반대로 아담의 타락으로 말미암아 획득된 자연적인 부패성으로 인해, 지·정·의가 죄의 경향성을 지닐 수도 있다는 의미다. 이것이 인간이해 모델을 세우는 중요한 신학적인 구조다.

셋째, 지·정·의에서 영혼의 기능에 해당하는 지성과 의지가 특정한 경향성으로 활성화된 상태를 감정으로 이해했다는 것이다. 에드워즈에게 있어서 감정이란 바로 거룩을 담는 그릇으로서 이성과 의지가 믿음의 의로 기우는 경향성 때문에 최고조로 활성화되는 것을 의미했다. 참된 믿음은 기본적으로 이런 성질을 지녀야 한다. 게다가 푸치우스에 의하면, 이렇게 주입된 믿음의 습관은 믿음의 완성이라고 불린다는 점이다. 이 습관의 주입으로 우리의 지성과 의지가 활기 있게 되고 활성화되는 것이 바로 에드워즈가 말한 참된 믿음은 대체로 거룩한 감정 안에 있다는 말의 의미다.

결론적으로, 종교개혁기 이전에 은혜의 주입(*habitus gratiae*)[434]은 의의 주입을 의미했다. 인간의 본성은 그다지 문제가 없고 거기에 제2의 초자연적 본성으로써 의를 주입함으로 믿음을 유지하는 기본적인 조건을 만들었다. 그리고 이 믿음은 성사의 지속적인 시행과 선행으로 유지되고 범죄에 의해서 상실될 수 있는 것이었다. 그러나 종교개혁 이후 은혜로 우리가 주입받은 것은 의가 아니라 믿음이라고 설명하기 시작했다. 이것이 칭의와 성화를 구분하지 않던 종교개혁 이전과 달리 칭의와 성화를 구분하는 이유이기도 하다. 본성에 있어서 단순히 하나님의 형상인 원의를 상실한 것만이 아니라 더 부패하고 스스로 구원의 가능성이 없는 무능력의 상태로 이해했으며 주입된 습관으로써 믿음은 상실되거나 잃어버릴 수 있는 성질의 것이 아니라 항구적인 성격을 지니며 이 믿음은 씨앗으로서 믿음(*semen fidei*),[435] 습관으로서 믿음(*habitus fidei*),[436] 행동으로서 믿음(*actus fidei*)[437] 등으로 구분되어 이해되었는데 이는 믿음이 씨가 심겨지고 자라서 완성을 이루는 형태로 이해된 것이다. 이런 이해는 성경 상에 씨 뿌리는 비유와도 그 맥을 같이 한다. 믿음은 성경의 이해를 따르면 자라는 것이다.

심리학적 관점의 본성

인간의 본성의 근간은 영혼과 몸이다. 영혼의 기능은 에드워즈의 주장대로 지성과 의지이며 의지는 일정한 성향을 지닌다. 이성과 의지과 활성화된 상태를 감정이라고 보았다. 다시 감정을 이성의 지배를 받으면서 활성화된 감정(affection)과 본능에 미치는 효과가 더 급작스럽고 더 격렬해서 정신이 더 충동적이고 통제되지 않는 상태의 격정(passions)으로 구분했다.[438] 격정은 자연적 상태에서 인간이 범죄로 획득한 성향이면서 더 생리적이며 신체적인 힘의 영향을 받는 상태를 말한다.

이는 프로이트 이론에서 보면 욕동에 해당한다. 프로이트 저작에서 욕동(Triebe)[439]은 "정신과 신체 사이의 경계를 나타내는 말"[440]로 일반적으로 쓰인다. 신체적·생리적 개념으로서 "심리학보다는 생리학과 더 밀접하게 연관된 인간 유기체의 일반적이고 충동적인 생리적인 힘을 말한다."[441] 즉, 몸이 환경과의 자극−반응기제로 주어진 자극에 대한 몸의 긴장에서 발생하는 생리적 욕구다. 그러나 이것으로 욕동을 모두 설명할 수 없다. 프로이트는 *Instincts and their Vicissitudes*(1915)[442]에서 외부로부터 주어진 것에 반응하는 생리적 자극(stimulus)으로부터 욕동을 분리시키는데, 이는 정신에 주어진 자극 일반과 욕동은 다르기 때문이다. 요점은 3가지다. 첫째, 욕동의 자극은 외부 세계가 아니라 신체 내부에서 발생한다. 둘째, 욕동은 순간적이 아니라 지속적인 자극을 주는 힘으로서 작용한다. 셋째, 따라서 욕동을 회피할 수가 없으며 항구적인 문제다.[443] 그러므로 욕동은 훨씬 불확정적인 내적 힘들의 압력을 의미한다. 욕동으로 인한 행위의 표적이 되는 대상은 우연성에 의해 결정되며 행위 목표는 가변적이다.[444] 이 욕구의 해소가 인간행동의 동기이기 때문에 욕동은 원래 대상이나 환경을 지향하는 것이 아니라 몸의 만족을 추구한다. 그렇기 때문에 대상은 필수적이지 않으며 욕동만족을 위한 수단이다. 프로이트는 동물의 타고난 본능을 가리킬 때만 Instinkt라는 독일어를 사용했다. 인간에게는 본능이란 용어를 사용하지 않았다. 심지어 본능적 욕망의 저장고로 흔히 이해되는 심리적 구조물인 이드조차도 본능이 아니다.[445] 그러므로 욕동은 유전적 요소에 의해 결정된 행위의 본능적 측면과는 구별되는 인간 행위의 특수한 성격을 나타내기 위해 도입된 개념으로 본능에 의해 결정되어 견고하게 고정된 것으로 이해되어서는 안 된다.

그러나 초기 프로이트가 이 욕동의 근간을 생리적인 힘에 두려던 이론적 방향과는 달리 이 욕동개념은 점차 정신적 표상으로 드러나게 된다. 예컨대, 디월트는 "생리적인 힘이 알려져 있지 않은 기전에 의해 마음속에서 정신적 표상으로 결과적으로 나타날 때……이를 충동(drive)라고 한다…… 충동이란 심리적 장치 내에서 나타나는 생리적 욕동[446]의 정신적 표상이다"[447]라고 말하는데 이는 욕동이라는 생리적 힘이 점차 심리적 표상으로 부착되거나 그렇게 이해되는 특징을 드러내 보여 주고 있다. 프로이트에 의하면 이 욕동은 의식 대상이 될 수 없다. 단지 욕동이 부착되는 정신적 표상만이 의식 대상이다. 심지어 무의식에서도 표상하지 않고서는 어떤 욕동도 표현될 수 없으므로 엄밀히 말해 욕동이 부착되는 표상만을 고려할 수 있을 뿐이다.[448] 프로이트의 욕동개념은 욕동 자체로는 무엇도 말할 수 없다. 리비도는 프로이트에게 모든 인간적인 의미 영역이 포함된 하나의 복잡한 은유다.[449] 다만 정신적 표상을 통해서 그 배후에 욕동이 있다는 것을 짐작할 뿐 실제로 생리적 힘으로서 욕동은 무엇으로도 표현되지 못한다. 그것은 결국 정신 내부의 표상으로만 그 정체를 드러내는 것이다. 이런 점을 고려할 때, 이 욕동은 정신적 표상으로만 구체적으로 드러나며 정신적 표상을 지향하고 있다. 그런 점에서 욕동이 완전히 생리적인 힘만을 의미한다고 말하기 어렵다. 욕동은 인간 유기체 내부에서 발생하여 정신에 도달하는 자극의 심리적 대표다. 이것을 프로이트는 표상이라고 불렀다.

프로이트는 이 용어를 대표표상(Vorstellungsrepräsentanz)이라 칭했다.[450] 그러니까 욕동은 인간의 정신적 표상을 향해서 끌리는 생리적 힘인 지속적이고 항구적인 힘을 의미한다. 그리고 이 끌림에는 본능과 구별되는 인간 개체가 갖는 행위의 개별성과 독특성 그리고 의지를 함의하고 있다. 이는 에드워즈가 인간 영혼의 기능으로 사물(대상)에 끌리게 되는 기능[451]을 말하는 데 이 개념과 유사하다. 그는 이끌리는 기능을 성향과 의지로 묘사하고 이는 다양하게 표현되고 행사되며 그 강도도 다양함을 들었다.[452] 다만 프로이트는 욕동을 더 생리적인 힘이라는 데 초점을 두려 했고 인간의 정신이 생리적인 힘으로 규명되기를 바랐다. 그러나 그의 이런 노력에도 불구하고 그의 노력은 그렇게 성공적이지 않은 듯하고 욕동은 정신적 표상과 현상으로만 규명이 된다. 이것은 차라리 영혼에 의한 정신적인 기능이라고 말하는 것이 더 타당해 보인다. 이에 비해 에드워즈는 영혼의 기능이라는 데 더 초점을 두었다.

뿐만 아니라 프로이트는 감정을 욕동의 만족이나 좌절에 따른 이차적 현상으로 이해했지만 도리어 후기 이론으로 갈수록, 그리고 후대 정신분석학파로 내려올수록 감정을 도리어 욕동의 근간으로 설명하는 경향이 나타난다. 프로이트는 이 욕동을 리비도, 곧 성적인 것으로 보았다. 예컨대, "우리가 판단할 수 있는 바로는 여러 관찰들은 이런 병적 부분에 기여하는 흥분이 성적 본능으로부터 생겨난다는 것을 보여 주고 있다"[453]고 말한다. 그러나 엠마누엘 레비나스(Emmanuel Levinas)는 리비도가 단지 자신의 쾌락을 추구하는 것으로 이해될 수 없고 대상과 더불어 하는 경험으로서 대상을 함의하고 있다고 통찰하였다.[454] 대상을 함의한다는 말은 이것이 일련의 정신적 과정이라는 의미다. 리비도의 이런 대상성과 관계성에 대한 함의는 시카고 정신분석학파의 사울의 설명에서 더 분명해진다. 즉, 리비도에 의해서 모든 것이 충분히 설명될 수 없다고 봤다. 오히려 "영아와 어린 아동의 가장 큰 욕구는 어머니의 부드러운 보호와 애정이다. 이들 욕구는 기본적인 것인데, 성적인 요소는 이 기본적인 의존적 사랑의 욕구가 위장된 것"[455]이라고 보았다. 사울은 프로이트의 이와 같은 성적 해석을 빅토리아 시대의 산물이라고 보고 더 보편적인 원리들을 제시하는데, "성 이외의 기능 역시 부모의 위협과 처벌을 유발한다. 흔히 부모들은 아동의 행동 때문이 아니라 그들 자신의 성격문제 때문에 아이들을 처벌하게 되고 이에 따라 아이의 적개심과 두려움을 자극한다"[456]고 말한다. 그러면서 "성적 원인 전체 가운데 일부 요인에 불과하다는 점은 의문의 여지가 없다"[457]고 말한다. 오히려, "매우 빈번하게 문제를 일으키는 성욕은 왜곡된 감정이나 동기 그리고 반응의 결과"[458]로 보았다. 도리어 리비도 이론은 인간을 이해하는 데 적절하지 못하다고 보았다. 후기 프로이트의 관계모형[459]이 더 적절하다고 평가한다.[460] 관계 모형의 구조물인 이드(Id)는 심리적 장치의 일부며, "인간의 생리적 구조에서 일어나는 활력적이고 본능적인 힘에다 내적인 정신적 표상을 부여하는 것"[461]이다.

이는 완전히 무의식적이며 유기체인 인간의 신체가 지닌 욕구를 충족하는 방식, 곧 쾌락원칙[462]을 따라서 일어나며 1차 과정 사고를 통해서 작동한다. 1차 과정이란, 사물이나 정신적 표상에 충동에너지가 쉽게 부착되고 떨어지며 여러 다른 충동들이 어떤 하나의 표상으로 응축(condensantion)하거나 다른 표상으로 전치(displacement)가 쉽게 일어나는 특징을 지닌다. 여기는 합리성, 논리성, 시간의 전후관계나 인과관계 등이 무시된다. 오로지 유기체가 유발한 욕동의 정신적 충동을 내적이며 외적인 대상과 표상들에 부착하고 자신의 쾌락을 관철하는 특징을 보인다.[463] 그 두 유형인 성충동과 공격충동[464]은 이미 설명한 대로 의존적 사랑의 욕구(drive)[465]와 적개심[466]이라는 감정적 구조물로 이해될 수 있다. 사울의 다른 저서에서는 "PRD(Passive, Receptive, Dependent, 수동적–수용적–의존적)" 애정욕구라고 표현되기도 한다.[467]

이는 욕동이 인간 개체가 갖는 행위의 개별성과 독특성 그리고 의지를 함의한다면, 그리고 그 욕동이 이렇게 인간의 감정의 영역으로 해석되고 이해될 수 있다면, 이는 신학적으로는 에드워즈의 끌림의 개념을 부착으로 이해할 수 있다. 에드워즈가 감정을 인간의 영혼을 구성하고 있는 의지와 성향이 지니는 더 활기차고 감지할 수 있는 활동[468]으로 이해한 것처럼 프로이트의 욕동도 역시, 정신적으로 표상될 때만 감지할 수 있다. 그런 점에서 에드워즈가 말하는 감정과 같은 맥락이다. 욕동이 더 생리적인 힘이라서 의식과 관련이 적은 경우는 에드워즈의 격정(passions)개념과 상응한다. 더 나아가서 욕동은 무의식적이며 성적인 언어뿐만 아니라 의식적인 감정인 의존적 사랑의 욕구와 그것이 좌절될 때 경험되는 적개심이라는 정신적이며 감정적인 심리 구조로 이해할 수 있다. 이것을 에드워즈는 의지와 성향이 다양한 표현을 통해서 애착을 갖거나 혐오할 수 있는 것으로 설명한다.[469] 더 나아가 그 방향이 이성의 지배를 받느냐 그렇지 못하냐에 의해 감정을 다시 감정(affection)과 격정(passions)으로 구분한다. 감정은 의지와 성향이 모두 왕성하고 더 생생하게 활동하는 것에 사용되고 격정은 본능에 미치는 효과가 더 급작스럽고 더 격렬해서 정신이 더 충동적이고 통제되지 않는 상태에 대해서 사용한다.[470] 에드워즈의 감정론은 영혼의 관점에서, 프로이트의 욕동이론이 설명하는 바 거의 대부분을 설명한다. 단지, 그 힘의 출발점이 영혼이 아니라 생리적인 힘을 프로이트는 강조했을 뿐이다. 이 역시 신학적 재해석이 가능하다. 신학적 관점에서 보면, 인간의 본성은 영혼과 몸이며 몸이 생리적 힘을 가지는 것은 이상한 일이 아니다. 도리어 바울신학은 이런 해석을 지지하고 있다. 프로이트 체계의 심리 구조물, 곧 이드(Id)의 욕동(Triebe)의 정신적 표상인 의존적 사랑의 욕구와 적개심은 에드워즈의 감정개념과 그 성격이 같다고 할 수 있다. 에드워즈는 "인간의 본질을 창조하신 하나님께서는 그들에게 감정을 주셨을 뿐만 아니라 감정이 그들의 행동의 발원지가 되게 하셨다"[471]고 말한다. 감정은 인식하고 지각하는 대상에게 어떤 식으로든 끌리는 것[472]으로서 정의된다. 이는 프로이트의 대표표상 개념을 연상시킨다. 물론 인식하고 지각한다는 에드워즈의 표현에서 보듯이 욕동개념과 일대일 대응으로 놓을 수 없다. 그러나 이런 구조들을 통해서 프로이트 심리학이 얼마든지 일반계시의 일부로서 하나님의 지식으로 신학과 신앙을 풍성하게 하는 데 재구성의 용도로 사용될 수 있음을 보여 준다.

뿐만 아니라 에드워즈는 의지와 감정은 두 개로 분리된 기능이 아니며 도리어 의지는 감정으로부터 영향을 받은 만큼만 행사된다고 보았다.[473] 즉, 이 감정이 인간 의지와 행위의 동력이라고 본 것이다. 이때 감정은 감정과 격정을 포괄하는 것이다. 다만 에드워즈의 관심사가 믿음에서 비롯되는 거룩한 감정이기 때문에 이에 대한 묘사를 더 자세히 할 뿐이다. 즉, "거룩한 감정은 필연적으로 참된 믿음에 속한 것일 뿐만 아니라 참된 믿음에서도 중요한 부분인 것"[474]이라고 진술한다. 이 감정에 참된 믿음이 깃들어 있는 것이다. 우리가 앞서 살핀 대로 믿음은 초자연적 은사로서 우리에게 주입된 습관[475]이다. 이런 관점에서 보면, 프로이트적인 육체의 생리적 힘을 기저에 두는 욕동과 다른 인간 영혼에 주입된 습관으로서 믿음이 영혼에 미치는 영적 힘을 기저에 두는 영적 추동으로 이해할 수 있다. 에드워즈의 감정개념과 프로이트의 욕동개념은 이런 점에서 두 가지 다른 상태에 있는 인간 행동의 기원을 설명하고 있다. 따라서 프로이트 심리학의 신학적 재구성은 인간을 더 폭넓게이해하는 모델로 제시할 수 있는 단초가 된다. 뿐만 아니라 이런 체계의 재구성은 중생한 인간의 영적 상태와 구도 중인 인간의 육적 상태를 아우르는 인간이해 모델을 가능하게 해 준다. 게다가 프로이트의 욕동개념은 그가 정초하고자 했던 생리학적 힘, 곧 성적 에너지로서 리비도개념은 빅토리아 시대의 특징적 현상으로 보이며 더 넓고 포괄적 개념으로서 이드(Id)라는 심리적 구조물과 두 충동(drive)은 의존적 사랑의 욕구와 저개심이라는 감정으로 재해석되었다. 다시 말해서, 이것은 생리학적 에너지를 인간 정신현상으로 재해석한 것이다. 그런 점에서 이 감정은 에드워즈의 감정 중에 격정과 매우 유사한 특징을 보인다. 단지 에드워즈는 성경의 증거를 따라 영혼의 기능에 정초해서 설명했고, 프로이트는 과학의 관점에서 생리학적 힘에 정초해서 설명하려고 노력했다. 그러나 "뇌에서 일어나는 현상이 어떻게 해서 정신경험으로서 그의 이런 노력에도 정신에 대표되고 반영되게 되는 것인가 하는 문제는 아직도 명백하지 않고 완전히 규명되지 않았다"[476]고 디월트도 자인했다시피 이 생리학적이며 무의식적인 힘은 감정이라는 정신현상으로 이해되었고 이것이 명백히 규명되지 못했다는 점에서 영혼에 기초한 설명이 명백히 자연과학적으로 규명되지 못한 것과 그다지 차이가 있어 보이지 않는다. 뿐만 아니라 신학적으로는 영혼의 기능을 중심한 설명이 더 타당성을 지닌다고 할 것이다.

프로이트 심리학의 전제 중 한 가지는 정신결정론(psychic determinism)이다. 정신결정론이란 "인간의 정신 안에서 일어나는 것은 어떤 것이라도 우연히 일어나는 것이 없고, 정신적 현상이나 심리적 경험이라는 것은 어떤 것이라도 거기에는 반드시 어떤 원인이 있다는 것"[477]을 의미하며 프로이트의 표현처럼 "원인이 멈추면 결과도 멈춘다(*cessante causa cessat effectus*)"[478]라는 명제는 정신분석학적인 정신결정론을 드러내는 명제다. 물론 프로이트의 이런 주장처럼 과연 원인을 멈출 수 있느냐 하는 것은 또 다른 문제다. 그가 히스테리 연구를 하면서 히스테리적 증상을 멈추기 위해서는 무의식적 원인을 멈춰야 한다는 데서 이 주장이 출발했다. 이는 많은 비판을 받아 왔지만 핵심감정은 이런 정신결정의 국면을 그대로 보여 준다. 프로이트가 말하는 원인은 결국 무의식이다. 이 무의식적이며 생리적인 힘은 각 유기체로서 인간이 처한 환경과 적응의 과정에서 특정한 형태의 감정, 곧 핵심감정을 형성하고 이것은 한 사람의 사고, 감정, 행동 등의 패턴을 결정한다. 이 핵심감정으로 구체화된 것을 결론에서 여러 임상적 유형들로 다시설명할 것이다.

그러나 신학적으로 보면, 이 원인은 죄로 말미암아 획득한 습관들(*acquired habits*)[479, 480]의 경향성이며, 루터가 말하는 노예의지(*servum arbitrium*)[481]이다. 그 경향성은 그리스도의 대속과 성령에 의한 오염의 제거 없이는 결코 멈추지 않는다. 뿐만 아니라 우리가 이 땅을 사는 동안 결코 이 세력은 제거되지 않는다. 증상의 원인은 제거할 수 있을지라도 근본적인 죄의 해결은 그리스도의 대속이 필요하고 이렇게 죄로 기울어진 성향과 구분되는 주입된 습관[482]으로서 믿음이 필요하다. 이런 점에서 사실 정신결정론은 가장 신학적인 가설이다. 결국 신학적으로 보면 심리치료 역시 궁극적으로 믿음의 문제로 귀결된다.

제4부

핵심감정과
인간이해
모델

PART 04

핵심감정과 인간이해모델

인간이해모델의 구조와 역동

정신분석의 인간이해모델은 의존적 사랑의 욕구의 좌절로 적개가 유발되고 이것을 억압할 때, 문제행동과 증상이 생기는 것으로 본 역동적인 모델이다. 이것은 프로이트가 말한 이드의 성충동과 공격충동[483]의 임상 모델인 시카고 정신분석학파의 의존적 사랑의 욕구(drive)[484]와 그 좌절로서 적개심[485]을 구조화한 것이다. 아이에 따라 억압과 표현을 달리 선택하는 것은 양육태도[486]의 문제[487]로 보았다. 양육태도가 유발한 6가지 정서의 주요 요소들[488]은 성격을 구성하고, 아동기(6세) 무렵이면 그 핵심 요소가 이미 형성된다고 전제한다.[489] 아동의 내부 변인도 중요하다. 아동은 특정한 선천적인 욕구, 충동, 반응성향을 갖고 태어나며, 아동이 성장함에 따라 이러한 욕구들도 발달한다. 아동의 욕동과 욕구는 투쟁-도피 반응,[490] 신체적 의존, 사랑에 대한 활동 지향적 충동, 감각적 충족, 호기심, 그리고 동일시 능력 등이 있다.[491] 미숙한 자아는 본능적 힘을 제대로 통제할 수 없기 때문에 증상을 발달시켜 적개심을 통제한다. 증상은 성인이라면 다른 선택이 가능하지만 감정적 힘을 통제할 충분한 구조물이 없어서 동원된다.

그림으로 표현하면, 그림 2와 같다.

그림 2. 인간이해모델[492]

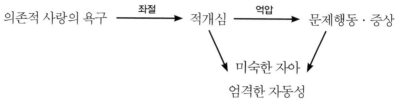

의존적 사랑의 욕구 ──좌절──▶ 적개심 ──억압──▶ 문제행동·증상

미숙한 자아
엄격한 자동성
아동기감정양식(childhood emotional pattern)
핵심감정(nuclear feeling)

인간이해모델의 재구성

개혁신학적인 인간이해모델은 상담을 구조화해 나갈 때, 중생한 사람의 성화를 돕는 목적과 문제행동과 증상의 소거와 복음의 소개를 목적으로 개발했다. 이 모델은 몸–영혼 추동과 믿음 추동을 평가하고 그 역동균형을 밝히는 데 활용될 수 있다. 아울러 그 중심에 핵심감정을 스스로 이해하게 함으로 성화를 촉진하거나 믿음의 초청을 촉진할 수도 있다. 치료개입모델에서는 핵심감정의 파악이 가장 중요한 요인이다. 핵심감정에 따른 행동 패턴의 전형을 제시함으로 핵심감정의 파악이 더 용이하도록 했다. 핵심적인 감정군락(nuclear emotional constellation)"[493]을 파악하기 위해 첫 상담을 구조화하고 핵심감정의 이해를 돕고자 했다. 인간이해의 두 가지 모델을 따라 몸–영혼 추동과 믿음 추동을 평가한다. 중생자라면, 은혜의 방편을 통한 상담, 성령의 인도를 받는 상담[494] 방법을 통해 성화를 촉진하는 상담 전략을 세운다. 오웬은 중생자의 성화는 신자의 노력이 필요하다고

보았는데 이런 그의 신학은 어거스틴과 칼뱅을 그대로 계승한 것이다.[495] 핵심감정은 인간의 부패한 본성을 개별화하는 것이며 이는 인격주체의 개별화로 드러난다. 막연한 부패가 아니라 개별화된 부패성의 확인은 시행착오를 줄이도록 돕는다. 핵심감정을 구체화함으로 성령의 내적 조명이 일어나도록 촉진하는 것이다. 핵심감정 상담 자체가 성화의 수단은 아니다. 구체적인 자신의 부패성의 확인을 통해서 은혜의 수단을 더 의지하도록 도울 뿐이다. 구도자의 경우도 마찬가지다. 오웬은 감정을 죄의 법이 역사하는 거처로서 마음(heart)이라 설명했다.[496] 핵심감정의 이해는 1차적으로는 구도자의 증상과 문제행동을 완화한다. 2차적으로 기회가 주어지면 죄의 좌소인 핵심감정의 통찰을 통해 믿음으로 초청하는 상담과정을 구성할 수도 있다.

주요개념 정리

이 단락은 인간이해모델을 설명하기 위한 핵심 개념들을 제시하는 게 그 목적이다. 기독교적 관점에서 재해석한 핵심감정으로 설명한 인간이해모델을 제시하려 한다. 정신분석은 영적 요인을 고려하지 않았다. 단지 몸의 욕동이 정신에 표상되는 것만을 대상으로 삼았다. 그러나 놀랍게도 프로이트가 인간 내면세계를 영혼이라고 불렀다. 영혼의 세 영역이라는 의미로 사용했던 "그것(it)," "나(I)," "초월적 나(above-I)"[497]를 기본으로 신학적 재해석 작업을 했다. 몸의 욕동을 의미하는 "그것"은 죄의 법의 거처로서 마음(heart),[498] 본유적 죄성(inherent sinfulness)[499]으로 해석했다. 자아를 의미하는 "나"는 기독론의 인격개념으로부터 의식주체로 해석했다. 나와 이웃을 잇는 관계성의 기초로 "초월적 나"는 하나님 형상으로 해석했다. 여기에 하나님과 인간을 잇는 하나님표상 개념을 더했는데, 대상관계이론에서는 이것을 "신과 그리고 다른 사람들과 관계 맺을 수 있는 능력을 인간존재의 정수"[500]로 설명하기도 한다. 언약적 인격주체는 세 가지 표상들에 대한 판단적인 주체다. 이 내적 표상들의 관계는 삼위일체 하나님으로부터 유비한 것이다. 언약적 인격주체는 세 표상의 지향하는 바이다. 우리 안의 타자인 "초월적 나"와 그 대상표상 때문에 타자와의 관계가 가능해진다. 자기표상에 더 가깝지만 타자로 나아가는 중간대상인 하나님표상을 통해서 하나님과의 화해적 관계가 가능해진다. 이런 발달의 근원적 힘이 몸—영혼 추동이며 이런 정신현상의 힘을 설명하는 틀이다. 마지막으로 믿음 추동은 우리 안에 왜곡된 하나님표상을 교정하는 주입된 습관으로 말씀이란 특별계시를 매개한다. 이는 우리로 하나님을 아는 인격적 지식에 이르게 한다. 왜곡된 표상으로서 하나님표상은 누구에게나 있지만 교정적인 정서의 재경험을 통해 표상을 교정하는 일은 중생자만의 특권이다. 구도자의 하나님표상은 우리 욕망이 투영된 우상에 더 가깝다. 그럼에도 하나님과 관계의 근본적 기초다.

몸 추동(drive)

프로이트는 생리학적 힘이[501] 생의 주요한 동력[502]이라고 했다. 이는 대상과 함께 하는 경험으로 대상을 포함하기도 한다.[503] 이와 유사한 신학 개념은 격정(passions)이다. 에드워즈에 의하면 격정은 이성과 무관하고 더 충동적으로 작동한다.[504] 아퀴나스가 말한 하등한 능력(*inferiores vires*)과도 통하는 개념이며[505] 바울이 말하는 육신과 그 생각이다(롬 8:5–8). 대상에게 끌리는 경향을 보이며 이는 성경에서 육체, 육신, 육이라는 표현으로 주로 사용되었다. 이는 원래 하나님의 형상으로 지음을 받은 인간의 몸이 가지는 자연적인 경향성이었으나 타락한 이후에 획득된 성향(*habitus vitious acquisitus*)[506]으로 인해서 죄로 기울어지는 경향성[507]을 보인다. 이를 루터는 노예의지(*servum arbitrium*)[508]로 표현했고, 개혁신학은 우리가 스스로 영적 선을 행할 수 없는 전적 부패의 상태를 부패교리로 표현했다.[509] 성경은 "모든 사람이 죄를 범하였으매 하나님의 영광에 이르지 못하더니"(롬 3:23)라고 표현했다. 하나님의 창조는 보시기에 심히 매우 좋은 것이었고 그렇게 창조하신 하나님 자신이 그 최고 선이시다. 그런 창조주의 목적에 부합하지 못하는 이 부패성의 가장 밑바닥에 바로 몸의 추동이 있다.

몸의 추동은 그 자체가 부적절한 것은 아니다. 우리 몸에는 사랑의 필요, 음식의 필요, 생육의 필요, 돌봄의 필요, 안전의 필요, 성장의 필요 등이 있고 이는 적절히 채워져야 한다. 이 생리학적 힘으로서 욕동을 의존적 사랑의 욕구(drive)[510]로 사울은 정의한 바가 있다. 무기력하게 태어난 인간은 자기 필요를 대상에 의지해서 채울 수밖에 없다. 주요한 양육자의 돌봄이 이런 필요를 적절하고 적당하게 채우면 사람은 건강하게 성장한다. 그러나 지속적이고 반복적인 방식으로 이 욕구가 좌절되게 될 때, 프로이트가 말한 이드의 두 번째 추동인 공격충동, 곧 적개심[511]이 발생한다. 이는 아주 어린 영아도 욕구가 충족되지 않을 때, 엄마 젖을 물어뜯는 행동 등으로 표현된다. 양육 과정에서 지나치게 간섭이 많아 자율성이 떨어지거나 너무 돌보지 않아 필요가 제때 채워지지 않는 경우 모두 적개가 발생하며 이 적개는 극단적으로는 죽이고 싶거나 죽고 싶은 것으로 나타나며 약하게는 지배나 조정하려는 방식으로 나타난다. 양육자가 간섭을 많이 하는 것도 일종의 적개이며 이런 적개는 아직 자기가 제대로 발달하지 않은 아이가 이런 내부적인 힘들을 조정하고 균형을 이룬다는 것은 버거운 일이다. 이런 공격충동이 내사된 것이 죽음의 충동이며, 밖으로 발현된 것이 공격행동이다.

성장기 아동의 추동의 힘은 정신에 부착되고 이렇게 형성된 심리적 자아는 최종적으로 인격주체로 발달한다. 이 자아개념을 신학적으로 재해석하자면, "이성적인 개별적 실체"[512]로서 인격이며 이는 '이성적인 실체'와 '특징적 인격'으로 구성된[513] 언약적인 인격주체 개념이다. 이 인격은 개별화하면서 인격주체의 성격을 띠게 된다. 인격주체는 건강한 사람들에게서는 외부대상과 상호침투적인 특질을 보이지만 병리적일 경우, 외부대상과 엄격하게 분리된다. 이런 병리를 해결하려는 정신분석의 주요 목표는 "개인의 무의식적 아동기 양식의 엄격한 자동성으로부터 개인이 자유로워지도록 도와주는 것"[514]이다. 이 자동성과 엄격한 분리를 신학적 관점에서 보면, 노예의지라 할 수 있다. 물론 정신분석에서는 단지 적응의 문제이지만 신학의 이해는 하나님과의 분리, 곧 죄 문제로 봐야 한다. 현대 심리학은 죄를 그저 행위의 문제, 질병, 공동체로서 보인 무책임성[515] 등으로 해석하지만 이 죄는 보편적 성격을 지닌다.[516] 죄는 하나님에 대한 반역이며 불순종이어서 적응의 문제가 아니라 회개의 문제이다. 종국에 우리는 인간의 죄 문제를 적극적으로 다루지 않으면 안 된다. 다만 언제 어떻게 다룰 것인가 하는 기술적 문제는 남는다. 따라서 몸의 추동과 그 적응 과정에서 생성된 엄격한 자동성과 현실과 분리로서 핵심감정[517]은 죄의 결과로 보아야 한다. 죄책은 언약에 의거해서 모든 인류가 전가받은 것이다.[518] 이 죄책을 형벌적 책임(*reatus poenae*)[519]이라 하며, 이것은 "마땅히 받아야 할 형벌 또는 스스로 결단하여 율법을 범한 데 대한 하나님의 의를 충족시켜야 할 의무"[520]이다. 핵심감정은 죄의 결과임에도 핵심감정 상담의 목표는 죄와 부패성을 개인의 특징으로 개별화해서 자각함으로 믿음으로 초대가 가능하게 하거나 성화의 과정을 효과적이게 할 뿐이다.

페어베언은 리비도가 대상을 향한 추동이자[521] "대상을 추구한다"[522]고 설명하고 리비도의 대상 추구가 외부대상이 심리적 내사(introjection)되도록 하는데 의식 안의 여러 환상과 어울려 내재화되는 방식으로 대상표상이 된다고 보았다. 그러다가 이를 다시 "리비도적 역량을 가진 개인"[523]이라고 수정했는데 이는 인격주체가 이 내사된 대상표상을 통해서 대상을 추구한다고 설명한 셈이다. 인격주체가 대상을 추구하는 특성을 언약이란 신학용어로 설명했다. 인격주체는 그 대상이 이웃이든 하나님이든 관계성을 추구하는 특성을 지니고 이를 언약적이라 표현했다. 페어베언의 개인은 인격주체로 설명 가능하고, 리비도의 대상추구는 몸의 추동으로 설명할 수 있다. 바르트가 자연신학을 구성하는 데 그 결정적인 틀이 된 관계적 유비[524]를 여기서도 사용할 수 있다. 즉, 성부로부터 성자가 나시며 성부와 성자로부터 성령이 나오심으로 관계 맺음과 인격주체가 외부대상을 내사해서 몸-영혼 추동으로 대상을 추구하는 관계 맺음이 관계적으로 유비될 수 있다. 프로이트적 개념에서 충동이란 심리적 장치 내에서 나타나는 생리적 욕동의 정신적 표상[525]이다. 정신은 이렇게 출현하고 마침내 우리 행위의 결정권자로서 인격주체가 출현한다.

리비도의 대상을 향한 추동은 부패성 때문에 죄로 기울어진다. 특히 도덕 발달의 시원이라 할 수 있는 오이디푸스적인 경험은 원래 하나님을 대상으로 하며 하나님의 내사여야 하지만 그 관계가 죄로 인해 끊어짐으로 하나님 형상이 아닌 자기 형상을 닮은 아들을 낳고 거기에 양육태도에 따라 부모원상이 내사됨으로 자아 구조를 더 완고하게 만들며 하나님 관계 경험의 어려움뿐만 아니라 인간관계와 사회적 적응의 어려움을 불러오는 구조를 만든다. 이 구조의 중심에 핵심감정이 있고 이 핵심감정은 인격의 하위개념[526]인 자기표상과 외부대상으로부터 내사된 대상표상이 응집된 형태의 군락을 이루고 있으며, 인격주체가 주관적으로 느끼는 감정이다.[527] 핵심감정은 한 개인의 전체 정신역동의 균형점에 있다. 그 자체로서 현실을 견디는 방식이기 때문에 어떤 특정한 형태의 발달을 유발한다. 핵심감정은 정신 병리와 신경증, 성격장애의 근원이기도 하지만 동시에 그것을 통해서 자신을 지탱하는 근간이기도 하다. 따라서 핵심감정의 변화는 이 핵심감정의 건강한 면과 부정적인 면, 전체를 검토해야만 가능하다. 이 핵심감정에서 계속해서 힘을 공급하는 것이 바로 몸-영혼 추동이다. 이 힘은 여러 방식으로 육체의 필요를 채우려고 한다. 이 과정에서 왜곡이 일어나는데 이것이 로마서 1:29 이하에서 나타나는 21종류의 죄 같은 것들이다. 창조 목적을 바꾸어 육체의 일들을 좇는 현상이다(갈 5:14-24; 롬 1:18-32). 그가 무얼 좋아하는지 어떤 취미가 있는지 애창곡은 뭔지 이런 것들이 어떤 우연적 경험에 의해서 정해지는 것이 아니라 이 몸의 추동이며 그 중심에는 핵심감정이 있고 이것은 한 개인을 이해하는 원천적 자료가 된다.

영혼 추동(drive)

성경은 사람에게 영혼이 있음을 말한다. 영혼은 지성과 의지라는 두 기능이 있고 의지는 대상에 끌리게 된다.[528] 이성의 지배로 활성화된 의지의 끌림을 감정(affection)이라 하고, 본능에 따라 더 급작스럽고 더 격렬하고 더 충동적이고 통제되지 않는 감정을 격정(passions)이라 했다.[529] 영혼의 두 가지 기능에 의한 끌림이 영혼 추동이다. 생리학적 힘인 욕동은 의식-지각에 표상된다. 이렇게 표상된 힘을 추동(drive)이라고 한다. 의식-지각은 몸과 정신의 미묘한 지점이다. 신학자들은 대체로 영혼을 중심으로 한 몸과의 통일체로 설명한다.[530] 신학에서의 통일체에 대한 설명은 대상관계 이론에서 말하는 사람의 의식이 환상에서부터 현실로 이행하는 특징에 대한 기술[531]과 어느 정도 같은 의미인 듯하다. 사실 이 지점이 일반 심리학과 다른 지점이라 할 수 있다. 인간을 몸의 추동으로만 설명한다면 현실 적응을 목적으로 할 수밖에 없다. 여러 사회적 부적응을 중재하는 내적 기구로서 정신현상을 이해할 수밖에 없다. 그러나 오웬은 "하나님께서는 우리 영혼의 거룩한 감정이 없이는 어느 것도 받지 않으신다"[532]고 말하고 이 영적인 감정은 "모든 진지함의 거처"[533]라고 말한다. 즉, 인간은 하나님과 교제하며 하나님께 적응해야 하는 존재라는 점을 신학은 분명히 한다. 그런 점에서 몸 추동과 달리 영혼 추동은 그 방향성이 정반대로 이해되어야 한다. 의지와 지성이 활성화된 것을 에드워즈는 감정이라고 했는데 이것이 바로 영혼 추동이다. 인간은 성장하면서 의식-지각 발달이 이뤄지며 내적 표상을 통합하면서 중간대상[534]을 거쳐서 현실 대상으로 발달한다. 대상관계이론의 이런 설명은 영혼 추동의 성격을 잘 보여 준다.

인간의 의식은 대상을 지향하고 몸 추동은 의식에 표상된다. 이 두 가지는 어느 정도 사실이다. 프로이트가 자아를 이드의 자아이자 육체적 자아[535]이며 외부 세계로부터 자극을 받아들이고 그 자극으로부터 이드를 보호하려는 목적으로 이드의 변형된 한 부분[536]이라고 몸 추동을 설명한다면, 영혼 추동은 이성적 주체로서 인격[537]이 영혼의 기능들을 사용해서 현실세계나 하나님과 관계 맺음으로 나아가는 힘이다. 물론 몸 추동 역시 인격주체를 통해서 표현된다. 단지 영혼과 관련해서 이성적 주체가 아니라는 점에 차별성이 있다. 인간의 정신적 발달은 1차 과정 사고로부터 2차 과정 사고로 발달한다.[538] 1차 과정 사고는 쾌락 원칙에 지배를 받으며, 2차 과정 사고는 현실 원칙에 지배를 받는다. 프로이트는 이 부분을 모두 몸 추동으로 설명했지만, 2차 과정 사고는 영혼 추동으로 설명되는 게 더 적절하다. 이 2차 과정 사고는 지각, 기억, 사고, 지능, 동작, 판단, 현실평가 등이 포함된 정신과정이다.[539] 프로이트는 2차 과정 사고와 그 주체인 자아를 리비도에 귀속된 것으로 보았지만 의식-지각은 정신기관의 표면이면서 동시에 외부 감각과 내부 지각은 처음부터 의식적[540]이기 때문에 자아의 성향은 리비도로 기울어 있지만 의식의 표면에 형성된 자아와 2차 과정의 사고는 영혼 추동이라고 보아야 한다.

핵심감정은 이런 1차 과정 사고나 2차 과정 사고로 형성한 자기표상과 대상표상을 핵이라 할 수 있다. 달리 말하자면, 내외간의 균형점이자 내부의 두 추동의 균형점이 핵심감정이다. 영혼 추동은 자연환경의 현실적 조건들에 제약을 받지 않는 환상 형태의 초기 표상로 나타난다.[541] 영혼 추동은 환상들로 가득 찬 유아의 의식에서 생성된 자기표상과 대상표상이 중간대상과 현실대상으로 이행하면서 2차 과정 사고의 발달로 이성과 의지로 드러난다. 이 과정에서 의식의 완전을 지향하는 여러 요인들로 인해서 하나님표상도 함께 형성되며, 이는 종교의 씨의 발현이다.[542] 그러나 우리의 죄책과 오염이 즉시 이 하나님 지식의 씨를 부패하게 하고 억압하고 흐리게 하고 자라기도 전에 질식하게 했다.[543] 영혼 추동에도 불구하고 우리는 특별계시가 없이는 하나님을 아는 지식에 이르도록 자랄 수가 없다. 영혼 추동은 그 자체로 거룩하고 성결한 추동이 아니며 단지 힘의 근원이 몸이 아니라 영혼이라는 의미다. 하나님표상이 하나님과의 관계의 단초인 종교의 씨이기는 하지만 부패성이 하나님 지식을 왜곡하고 우상으로 바꾼다(롬 1:23).

영혼 추동으로 이성과 의지는 성장과 함께 더 강해지고 스스로 조절할 수 있는 방식으로 발달한다. 그러나 창조의 목적과 영적 선에 이를 수 없고 이 부분에서는 노예의지다. 의지의 자유란 자기 사랑의 발달이다. 코헛은 자기애가 정상적인 발달이라지만 자연 상태의 보편적 발달일 뿐이다. 그리고 자연인은 하나님을 찾지 않는다(롬 3:11). 영혼 추동들은 하나님의 영광에 이르지 못한다(롬 3:23). 이런 영혼 추동이 빚은 모든 사고와 행동의 중심에는 핵심감정이 있다.[544] 영혼 추동이 하나님께 감사와 영광을 드리고 순종으로 나타나지 않는다면 그 추동의 표상들은 참된 자기가 아니다.[545] 핵심감정은 영혼 추동이 만들어 낸 전형적인 가짜다.

영혼 추동도 몸 추동과 마찬가지로 자기 욕망을 실현하는 방향으로 움직인다. 몸 추동이 몸으로부터 정신을 향한다면 영혼 추동은 정신으로부터 현실대상을 향한다는 점이 다를 뿐이다. 영혼 추동이 대상을 추구하면서 오디푸스적인 구조가 발생하는데 그 대상을 자기 안으로 내사하는 것이다.[546] 그리고 이 내사 때문에 타자와의 관계가 가능해진다. 이는 하나님께서 우리 마음에 종교의 씨(semen religionis)[547]를 심으시는 방식이다. 인간이 하나님의 형상으로 지음 받은 것 자체가 하나님 형상의 내사다. 원래 영혼 추동은 하나님 영광을 드러내는 인격주체를 산출하는 것이어야 한다. 이것이 신약의 "성령의 소욕" 혹은 "영"이라는 표현이 의미하는 바이기도 하다(갈 5:17). 하나님과 교제하고 사랑하며 그 뜻을 따라 세상을 다스리는 인격주체의 출현이 영혼 추동의 목표다. 영혼 추동이 핵심감정의 지배를 받는다면 거짓 자기(false self)를 산출할 수밖에 없다. 영혼 추동이 인격주체를 산출하게 되면 그것이 참 자기(real self)다.

믿음 추동(drive)

하나님께서는 인간의 지·정·의 안에 원의(original righteousness)를 더하여 주셨다. 이는 자연적 은사[548]로 지성 속에는 하나님에 관한 지식, 그의 율법에 관한 지식, 그의 피조물에 관한 지식, 자신을 행복하게 하는 만물(all things)에 관한 참지식이 있었고, 인간의 의지 속에는 모든 옳은 것을 집행할 수 있는 능력을 동반한 의지와 하나님과 사람에게 옳은 행동을 할 수 있는 도덕적 의를 담고 있었고, 감정은 고상하고 거룩한 목적을 담고 있었다.[549] 그러나 인류의 범죄로 말미암아 이 원의를 상실하였고[550] 단지 원의의 상실로 그친 것이 아니라 인류의 본성은 오염되고 부패되었다.[551] 그런 인류에게 그리스도를 믿을 수 있는 성향을 주입해 주셨는데[552] 이것이 믿음이다. 에드워즈에 의하면 이는 대체로 거룩한 감정 안에 있다고[553] 했는데 거룩한 감정이란 지성과 의지가 극도로 활성화된 상태[554]로서 그 안에 주입된 새로운 습관으로서 믿음이 담겨 있다.

믿음은 몸—영혼 추동이 그리스도를 향하도록 하며 인격주체가 구현되도록 한다. 믿음은 하나님을 아는 지식이며 그 뜻을 알고 죄로 기우는 데서 돌아서게 한다. 믿음은 종교의 씨[555]처럼 씨의 형태로 우리 영혼에 심겨진다. *semen fidei*[556]는 이렇게 심겨진 믿음의 씨앗이다. 믿음은 몸—영혼이 추동력을 지니고 그것을 인격으로 실현하는 것처럼 그 자체에 추동이 있어서 하나님을 향하며 원래 창조의 목적인 인격주체를 구현하는 힘이다. 믿음 추동은 영혼만 아니라 몸에까지 영향을 미친다. 믿음 추동은 몸—영혼 추동이 원래 방향을 향하도록 한다. 몸에 믿음이 영향을 미친다는 것은 핵심감정이 지워지거나 옅어진다는 것을 의미한다. 그러나 이것은 그 뿌리에서부터 완전히 죄로 기울어진 성향이 사라지는 것을 의미하지 않는다. 건강이 무균 상태를 의미하지 않고 오히려 여러 세균과 바이러스에 대해서 면역을 얻어가는 것이듯 핵심감정의 소거는 죄의 세력을 이길 힘의 생성을 의미한다. 보통 핵심감정의 엄격한 자동성이 치명적인 약점으로 작용한다. 이는 수많은 그리스도인들이 죄와의 싸움에서 지속적으로 실패하고 넘어지는 이유이기도 하다. 알고도 고치기 어렵고 은혜의 수단들을 지속적으로 사용함에도 바울처럼 "오호라 나는 곤고한 사람이로다. 이 사망의 몸에서 누가 나를 건져내라"(롬 7:24)라고 탄식하게 된다.

여기서 벗어나는 길은 믿음으로 은혜의 수단을 사용하고 성령을 따라 사는 것이다. 자기부인이며 죄를 죽이는 것이다. 죄를 죽이려면 자기를 잘 알아야 가능한 일이다. 핵심감정의 소거와 인격주체를 세우는 일은 믿음 추동이 강력해져야만 가능하다. 믿음 추동으로 맺어진 그리스도와의 연합이 공고할수록 핵심감정으로부터 더 자유로울 수 있으며, 성령의 열매를 맺는 인격주체가 더 분명히 나타난다. 믿음 추동은 중생이 일어나야만 가능하다. 이는 인간의 영역이 아니라 하나님의 영역이며, 그런 점에서 자연적인 방식으로 이룰 수 있는 일이 아니다. 다만 치료개입을 통해서 믿음이 일어나는 과정을 도울 수 있고 믿음에 들어선 사람들의 성장을 도울 수 있을 뿐이다. 그 근거가 되는 도구는 바로 하나님표상이다.

하나님표상은 구체적인 종교의 씨이자 오이디푸스적인 문제로부터 우리 안에 내사되어 발생한다. 프로이트에 의하면, 자아이상과 양심의 발달이 오이디푸스적인 문제에서 기인한다고 보았다.[557] 자아이상은 부모가 가진 도덕적 선에 대한 아동의 지각과 이해이며, 양심은 부모가 도덕적 악으로 생각하는 것에 대한 어린이의 개념을 의미한다. 이는 인간 도덕발달의 안팎이라고 할 수 있다.[558] 이렇게 내사된 자아이상은 부모원상으로서 영혼이 의식을 발달시키는 과정에서 다양한 가족관계의 경험을 통해서 하나님표상이 자리 잡는다.[559] 오이디푸스기를 전후로 부모라는 놀라운 존재[560]와의 관계에서 경험하는 사실, 환상, 소망, 희망, 두려움의 모체로[561] 형성된 하나님표상은 아동, 청소년기에 이르러 그 형성과 발달이 완성되며 그 후에는 수정·변형될 뿐 사라지지 않는다.[562]

대상관계이론가들은 하나님표상을 중간대상으로 본다.[563] 대부분 중간대상은 나이가 들면서 의미가 사라지지만 하나님표상은 청소년기까지 지속적으로 발달하며 사라지지 않고 수정, 변화를 거듭하면서 남으며 관계발달에 영향을 미친다.[564] 자아이상은 몸 추동의 결과이며, 하나님표상은 영혼 추동의 결과이다. 전자는 프로이트의 재해석이며 후자는 대상관계이론의 재해석이다. 여기서 하나님표상은 단지 몸 추동의 산물이거나 영혼 추동의 산물이 아니라 몸-영혼 통일체(psychosomatic unity)[565]의 산물이다. 여기에 주입된 믿음 추동은 몸-영혼 추동의 왜곡된 하나님표상을 성경계시를 따라 끊임없이 수정하는 힘이다. 뿐만 아니라 그 교정이 자기표상의 수정도 부른다. 그렇게 도출되는 인격주체가 언약적인 이유가 여기 있다. 자기표상과 하나님표상의 관계는 삼위일체적인 구조의 인격적 반영이다. 성부와 성자가 서로 사랑하시며 성령께서 그 중재자가 되심처럼 인격주체는 하나님표상과 자기표상의 관계로 드러나며, 믿음 추동에 의해 교정되고 은혜의 수단들에 의해 믿음 추동은 강화된다.

하나님표상은 자기표상을 결정짓는다. 나란 존재는 하나님표상과의 관계에서 정의된다. 자기를 잘 알기 위해서는 하나님표상이라는 거울을 들여다 볼 수밖에 없다. 하나님표상의 왜곡은 결국 자기표상의 왜곡과 직결되어 있다. 믿음 추동은 믿음의 대상인 하나님이 자기 안에 어떻게 표상되는가를 결정짓는다. 그리고 이 리트머스 시험지가 믿음 추동의 진위를 구별해 준다. 하나님표상의 왜곡은 결국 하나님을 향한 믿음 추동의 왜곡을 알려 주기 때문이다. 믿음은 내면의 하나님표상을 계시된 성경을 통해 점차 수정해 간다.

그러나 중생 전에 흔히 믿음이라 불리는 것은 원망실현(wish-fulfillment)을 주요 동기로 하며 그에게 종교는 가장 절박한 원망실현의 방편일 뿐이다. 이는 성경이 말하는 참된 믿음이 아니며 참된 종교도 아니다. 믿음 추동은 아니지만 모든 인류의 종교적 접촉점이다. 2010년 통계에 따르면 미국 대중의 78%가 기독교적 하나님에 대한 신앙을 시인한다. 기독교적 신앙이 아니더라도 세계 인구의 2/3가 종교인이다. 종교가 없는 무신론자들도 무신론적인 하나님표상이 있다. 종교적 문제가 아니더라도 하나님표상은 어린 시절 내사된 굴절되고 역기능적 요인을 담고 있기 때문에 자연스럽게 치료개입 과정에서 다룰 수 있게 된다. 설혹 내담자가 참된 종교에 관심을 가지지 않는다고 하더라도 적어도 의식-지각의 정신 내부구조의 균형을 회복하는 데 도움을 줄 수 있다.

뿐만 아니라 중생한 신자라 하더라도 이 하나님표상이 역기능적인 표상으로 자리 잡고 있는 경우, 신앙의 성장뿐만 아니라 신앙생활의 즐거움도 빼앗아 가기도 한다. 어떤 헌신에도 만족하지 않는 하나님, 징벌을 내리시는 하나님 등등의 다양한 왜곡이 존재한다. 신자의 삶에서 이 왜곡은 사실 성경을 통해서 수정되어야 하지만 인간은 문제를 선택적으로 지각하는 경향이 있다. 예컨대, 수없이 자비의 하나님을 말해도 끊임없이 자기를 징벌하는 하나님을 성경에서 그리고 일상에서 발견한다. 회개를 하지만 징벌하시는 하나님은 만족하지 않는 듯하다. 그래서 다시 문제를 꺼내 회개를 반복한다. 이런 신앙생활은 고통이며 왜곡이다. 문제는 중생한 참신자들도 얼마든지 이런 문제에 여전히 노출되어 있을 수 있다는 것이다. 믿음추동은 하나님표상과 자기표상의 관계를 수정하는 힘이며, 성화의 촉진과 행복한 신앙생활을 도울 수 있다.

역동의 이해

신학적 관점에서 역동의 이해는 인격주체의 이해에서부터 시작해야 한다. 인격주체가 주요개념으로 중요한 이유는 앞서 설명한 3가지 추동력, 곧 몸 추동, 영혼 추동, 믿음 추동의 방향성을 결정하는 우리 존재의 "이성적 주체"[566]인 인격주체이기 때문이다. '이성적인 실체'와 '특징적 인격'은[567] 그리스도의 인격에 적용되는 개념이지만 관계의 유비[568]를 통해 인간의 인격에도 적용한다. 몸 추동은 주로 자기표상을, 영혼 추동은 타자표상을 포함한 하나님표상을 결정하며 믿음 추동은 이 둘의 관계를 정의한다. 이는 성부와 성자의 친교와 그 중재자인 성령의 내재적 삼위일체의 구조의 유비다. 하나님과 우리의 교제가 인격적 교제인 점을 고려한다면 더욱 이런 이해는 타당성을 갖는다. 이성적 주체로서 인격주체는 3가지 추동의 결과로 본성이 지향하는 최종 목표(*terminus*)로 드러난다. 인격주체는 몸 추동의 결과인 자기표상, 영혼 추동의 결과인 대상표상, 자기표상과 대상표상을 연결해 주는 믿음 추동의 최종 목표다. 인격주체는 이 힘들의 결과이므로 성령의 개입으로 성령의 열매를 맺고 죄의 개입으로 육체의 열매를 맺는다. 몸 추동과 영혼 추동은 성장과정에서 양육자와 환경의 개입 속에 세상에 내던져진 채로 스스로 적응하면서 성장을 거듭하고 여기에는 필연 굴절이 존재한다. 이 굴절은 삼위일체이신 하나님의 신격(Godhead)과의 교제에 왜곡을 가져오며 성도나 이웃과의 교제에도 왜곡을 가져온다. 이것을 교정하기 위해 주입된 힘이 믿음 추동이다.

정리하면, 본회퍼와 바르트가 사용한 관계의 유비(*analogia relationis*)[569]에서 삼위 하나님의 공존과 협동(coexistence and cooperation)이 인간 간의 관계에서도 복사되듯이 반복된다.[570] 이 반복은 인간 심리의 내적 체계에 기반을 둔 것이다. 언약적인 인격주체 개념은 삼위 하나님의 내향적 사역(*opera ad intra*)[571]에서 제2위격께서 주체적으로 드러나시는 것처럼, 하나님과 이웃과 언약관계 안에 있음을 드래낸 것이다. 인간 본성은 "생리적인 힘"[572]의 추동의 결과로 "정신과 신체 사이의 경계"[573]에서 형성된 "정신적 표상"[574]인 자기표상과 "리비도적 역량을 가진 개인"[575]의 "대상을 추구"[576]하는 것으로서 대상표상이 주입된 믿음으로 관계 맺음이 회복됨으로 언약적인 인격주체로 드러난다.

핵심감정은 "죄를 짓지 않을 수 없는(not able not to sin)"[577] 상태를 의미하고 인간의 자아는 분화와 통합이 이뤄지는 독특한 구조를 가지고 있다.[578] 프로이트는 자아−리비도와 대상−리비도가 서로 배타적이라고 보았지만,[579] 이것은 추동이 하나가 아니라 둘 혹은 그 이상이라는 의미다. 몸 추동인 리비도 에너지[580]와 영혼 추동인 대상추구의 에너지가 존재한다.[581] 이는 인간이 몸과 영혼이라는 서로 다른 국면의 통일체라는 교의신학의 설명을 방증해 주는 증거다. 이 두 힘에 대한 평가와 더불어 믿음 추동을 평가할 수 있어야 한다. 상담으로서의 예배에 대한 인식[582]을 가지고 예배를 통해 우리 안의 3가지 힘에 대한 평가를 할 수 있어야 한다.

치료개입모델은 1. 핵심감정 찾기(naming), 2. 핵심감정 보기(mapping), 3. 핵심감정 지우기(erasing), 4. 주체 세우기(rebuilding)로 제시하고 이를 다시 『기독교 강요』의 구조적 이해를 따라 삼위일체와 교회라는 구조로 재구성했다. 이 과정은 심리학적으로는 무의식을 의식화하는 과정이며 의식의 영역에서 일어나는 과정이다. 신학적으로는 삼위 하나님과의 친교와 은혜의 수단이 베풀어지는 교회적 삶의 과정이다. 잘 기능하는 인간으로 세우는 목표도 있지만 더 근본적으로 획득된 죄의 습관으로부터 벗어나서 믿음을 사용해서 의의 습관에 이르도록 하는 목표를 가진다. 상담의 주요 과제는 1. 인격주체에 대한 통찰, 2. 자기표상의 왜곡을 통찰함, 3. 하나님표상의 왜곡을 통찰함, 4. 3가지 추동에 대한 변별, 5. 은혜의 수단으로 믿음 추동을 증진시키는 실제 과정의 이해, 6. 핵심감정의 찾기, 7. 핵심감정의 보기, 8. 핵심감정의 지우기, 9. 인격주체 세우기 등이다.

핵심감정이 분명하게 보이고 이해되지 않으면 내담자의 어떤 성격과 정서적 문제도 이해될 수 없다는 것이다.[583] 그래서 핵심감정의 지도를 만드는 작업이 필요하다. 그러나 이런 통찰은 고통받는 어른이 아니라 아이로 생각하게끔 조장할 때 해를 부를 수 있다는 점을 기억해야 한다.[584] 이 것을 위해 첫 면접은 표준화된 방식을 사용할 필요가 있다.[585] 핵심 역동을 이해하는 것을 목표로 삼고 살펴야 할 것은 크게 3가지로 1. 회상적 자료, 2. 무의식적 감정 태도, 3. 무의식적인 연상 자료들이다.[586] 모든 사람은 유 아동기 동안 영향을 주는 정서적 힘의 양식이 동기가 되어 그의 성격의 핵 심이 형성된다.[587] 핵심감정이 우리 의식에서 묻혀 버린 한 이유는 심리적 에너지를 얻기 위해서인데 자신과 타인의 삶의 방식에 잘 순응하기 위해 서다.[588] 그래서 주요 대상(key figure)과 어떤 역동인지를 살피고 핵심감정 을 피하기 위해 발생한 파생감정들이 무엇인지를 살핀다. 이 작업은 핵심 감정 찾기에서부터 지속되고 수정되며, 핵심감정을 입체적으로 파악할수 록 핵심감정 지우기 작업이 용이해진다. 지우기는 처음으로 돌아가는 것 (reset)이 아니라 엄격한 자동성에서 더 느슨한 상태로의 변화를 의미한다. 나중에는 이 힘보다 다른 힘이 커지는 방향으로 내적 성장을 이룬다. 자기 표상과 대상표상이 수정되고, 몸-영혼 추동이 믿음 추동에 의해 재해석되 며, 인격주체가 지배력을 회복하는 과정으로 이뤄진다. 이 과정은 성경에 기초한 신학적 지식이 필수적이며 그래야 인격주체 세우기가 가능하다. 변화와 성장은 외상 경험과 현재의 어려움을 가져온 주요한 힘의 이해를 바탕으로 해야 한다.[589] 변화는 기본적인 문제와 힘의 특성을 드러내고 그 것들을 활성화하여 다룰 수 있게 하는데 감정적 문제에 빠져드는 것과 나 오는 것의 차이를 의미한다.[590] 즉, 전이와 현실[591]을 자유롭게 다룰 수 있 어야 한다는 의미다. 이 역동의 명확한 이해가 없이는 심리 치료도, 신학적 관점에서 성화도 어렵다. 말씀으로부터 자기 죄를 깨닫지 못하는 자가 회 개할 수는 없는 일이며 자기 문제를 명확히 보지 못하는 이가 문제를 해결 하고 적응하는 일도 기대하기 어렵다.

인간이해모델

중생자모델

교회에서 우리가 만나게 되는 사람들은 두 부류로 나뉠 수 있다. 이미 거듭났지만 영적 성장에 여러 알 수 없는 이유들로 방해를 받거나 시험이나 시련을 만나 신앙적 위기를 만나는 사람과 아직 참된 믿음이 없이 구도자로서 교회의 여러 활동들에 참여하면서 구원과 신앙의 문제를 모색하는 사람이다. 핵심감정을 중심으로 한 치료개입의 4단계 모델은 이 두 부류의 사람들 모두에게 적용이 가능하다. 오른쪽 그림 3에서와 같이 이미 중생한 사람들의 경우 내부에 하나님께서 심으신 믿음 추동이 존재하지만 여전히 옛 본성도 함께 존재한다. 타락 후 인류는 죄를 짓지 않을 수 없는 상태였는데 그 상태가 그림 3의 하단이다. 바울 신학에서는 흔히 육, 혹은 육체라 불리는 성향이다. 믿음의 초기에 있는 사람이든지, 믿음이 성장 중에 있는 사람이든지, 장성한 후 범죄로 인한 문제를 겪는 사람이든지 문제행동과 증상을 일으키는 억압적인 자기 의와 가짜 나가 무엇인지를 밝히고 믿음 추동이 죄에 대한 애통과 그리스도와 그 말씀에 대한 애착으로 나아갈 수 있도록 조력하는 것이다.

중생자의 상담은 크게 두 가지 영역에서 이뤄질 수 있다. 중생자가 아직 청산되지 못한 옛 습관을 정리하는 영역에 대해서 상담이 이뤄질 수 있고, 신앙의 성장을 위해 믿음 추동으로 복음과 은혜의 수단(*media gratiae*)[595]을 사용하도록 촉진하는 영역에서의 상담이 가능하다. 핵심감정은 신학적으로 보면 우리 삶의 옛 습관들이다. 이 옛 습관은 부모의 양육태도[596]와 개인이 가진 기질[597]에 의해서 형성되었다. 양육태도의 3가지 환경 변인[598]과 자극-반응기제로서 내담자가 가진 3가지 반응[599]이 어우러져 알 수 없는 여

그림 3. 중생자모델

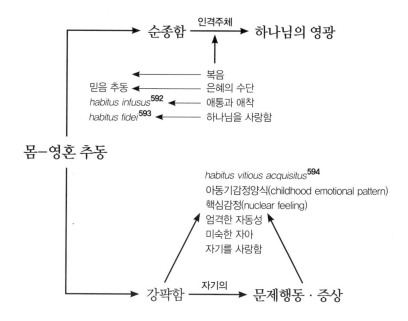

러 요인들에 의해서 형성된다. 이는 타락의 결과이며 원죄로 말미암아 획득된 우리의 부패성이다. 첫 인류의 아담의 범죄로 우리는 아담으로부터 인류의 조상으로서 영혼의 부패(pollution)을 전달(propagation) 받았고, 인류의 대표적 머리로서 죄책(guilty)을 전가(imputation) 받았다. 그렇게 아담의 죄는 인류 모두의 죄가 되었다.[600] 이렇게 원죄 아래 있는 인간은 부패한 본성을 회득했다. 신학적으로 설명된 이 부패성은 심리학적으로는 엄격한 자동성[601]이 있어 특정한 패턴의 행동과 반응 양식으로 묶여 있다.

연하 씨는 신학교의 첫 수련회에서 기도하던 중, 찬양 인도자들이 옥신각신하는 모습을 보고 불안과 타인이 내 생각을 다 알까 불안해하는 강박사고에 시달리게 되었다. 약은 연하 씨의 일상이 되었다. 어린 시절 아버지는 매우 엄했고 부모의 다툼이 잦았다. 연하 씨의 증상이 지닌 의미는 엄한 양육자에게 자기 생각을 들키면 야단을 맞게 되는 상황의 반복과 그에 대한 불안이다. 상담을 시작한 지, 5주만에 내담자는 자신의 증상의 의미를 통찰했고 어린 시절의 감정의 반복이라는 사실을 깨닫고는 증상이 현저하게 줄어들었다. 연하 씨의 자기표상은 미약했고, 타자표상은 거대해졌다. 주변인들과 심지어 길가는 사람들이 자기 마음을 알지도 모른다는 생각이 모든 생활에서 철수하게 했다. 연하 씨는 하나님표상이 아버지의 표상이라는 통찰과 현실과 자기가 처한 감정이 다르다는 것을 깨닫기 시작했다. 비현실적인 가짜 감정으로부터 놓여나는 힘이 생기게 되었다.

이는 공동체의 상호책임(accountability)이 가져다주는 효과다. 데이비드 왓슨(David L. Watson)에 의하면, 행동의 변화는 해체, 변화, 재결합의 3단계 과정을 거치는데, 과정은 상호책임(accountability)이라는 문답의 형식으로 이뤄지며, 질문은 구성원들을 자신의 고백과 함께 삶의 변화로 인도한다고 말한다.[602] 연하 씨는 자기 고백을 하고 상담자는 관심을 가지고 반응하고 질문함으로 인격주체의 통합과 응집이 어느 정도 일어난 것이라 볼수 있다.[603] 오랫동안 고통받던 연하 씨는 이제 비로소 믿음에 집중할 수 있는 토양이 마련되었다.

정진 씨는 신학생이다. 여자 친구를 모텔로 데리고 갔다가 죄책감 때문에 여자 친구를 돌려 보내고 혼자 자위를 했다. 그런 자신이 몰래 카메라에 찍혀서 음란동영상으로 유포되었고 길 가던 여자들이 웃는 것을 보면, 자신의 동영상을 보고 비웃는 것이라는 망상에 사로잡혔다. 정진 씨는 자기 안에 억압된 적개심이 증상을 통해 방출되고 있다는 사실을 지각하지 못했다. 그의 이 적개심은 주요 양육자인 엄마와의 관계에서 형성된 감정양식이다. 그의 이런 감정은 가인의 적개심이 이웃에게 투사되는 과정과 유사하다. "무릇 나를 만나는 자마다 나를 죽이겠나이다"(창 4:14)는 호소는 사실 타인의 적개심이 아니라 가인 자신의 감정이다. 여자가 적개의 단초가 된 이유는 애초의 발병이 여자 친구와 관련이 있기도 하지만 엄마에 대한 감정이며 이 두 감정은 통합이 되지 못했다. 이런 병증의 주요 원인은 사랑에 대한 좌절이다. 그 좌절을 가져다주는 대상 표상은 비웃는 여자들인데 그 원형은 엄마다. 그는 자기가 감당할 수 없던 감정의 억압과 그 억압을 위해서 증상이 동원된 형태라는 것을 확인했다.

*****

원희 씨는 교내 기독 동아리에서 처음 만난 선배와 첫 연애를 시작했다. 그녀는 이 남자를 사랑하는 마음이 커질수록 자기가 버림받을지도 모른다는 두려움이 커졌다. 그런 마음을 진정시키기 위해 여러 사랑을 확인하는 행동들을 하면서 밀려드는 감정을 애써 부인하고 있었다. 그녀는 신앙에서도 매우 열정적이었다. 그녀가 생각하는 하나님은 사랑을 주는 하나님이지만 그분의 마음을 만족케 하려면 온 힘을 다해야 하고 그렇게 하지 않으면 만족하시지 않는 느낌을 늘 받았다. 그녀의 이런 감정은 오이디푸스기의 부모원상의 내사의 결과다. 부모의 애정을 얻기 위해서 수없이 애써야 했고, 그래야 간신히 자기가 원하는 것을 얻었던 어린 시절의 경험의 결과였다. 현실적으로는 부모가 바쁘기 때문에 빚어진 일이지만 그녀의 감정양식은 여전했다. 어린 시절 윗집 오빠들에게 엄마가 주는 용돈을 자주 빼앗기고 그런 일을 하소연했지만 바쁜 부모는 그녀의 말을 듣지 않았다. 결국 그녀의 기억에 수없이 반복되는 이 일은 애쓰다가 겨우 한 번 부모가 윗집 부모를 찾아감으로 일단락이 되었다. 그녀의 이런 감정양식은 그녀의 신앙의 동력이기도 하지만 동시에 그녀의 신앙을 어렵게 만드는 이유이기도 하다. 이 거짓된 자기에서 비롯된 감정을 통찰하고서야 비로소 그녀는 이 거짓된 자기를 부인하고 인격적인 하나님과 인격적인 관계를 맺을 수 있었다.

구도자모델

인간은 몸과 영혼이라는 두 가지 국면으로 이루어져 있다.[604] 몸 추동은 의존적 사랑의 욕구[605]에서부터, 영혼 추동은 리비도적인 역량을 가진 개인의 대상 추동[606]을 심리학적 이론으로 원용하여서 몸-영혼에 관한 추동의 모델로 설정했다. 욕구가 좌절될 때, 양육태도[607] 요인들과 기질적 요인들[608] 때문에 핵심감정이 형성된다. 자기 삶을 얽매고 힘들게 하며 자신이 끊임없이 벗어나고자 했던 세력이 핵심감정이라는 사실과 그것이 다름이 아니라 죄의 결과물이라는 사실을 이해하게 되면 구도자들이 직면하는 죄 인식이 영적 갈등을 현저히 낮추면서 복음에 직면할 기회를 가질 수 있게 된다. 치료동맹(working alliance)이 내담자의 건강한 면과 더불어 형성되면 상담과정에서 드러나는 죄의 비참은 복음을 인식할 기회가 될 수 있다. 이에 따라 개인 맞춤 형태의 복음 제시가 내담자의 요청에 따라 이뤄질 수 있다. 그림 4에서와 같이 생리학적 힘이자 정신에 부착된 에너지인 의존적 사랑의 욕구는 사람마다 다르다. 이를 파악하는 것이 중요하다. 그리고 이것의 좌절로 오는 적개심을 내담자가 어떤 방식으로 다뤘는지, 그리고 비교적 생애 초기 자아의 발달이 미숙할 때 어떤 방식으로 이 힘을 통제하기 위한 내적 균형을 이뤘는지를 이해하는 것이 필수다. 구도자에게서도 두 가지 영역에서 상담이 가능하다. 구도자가 현재 겪는 현저한 내적 성향의 엄격한 자동성을 말미암아 발생하는 적응의 문제를 다루는 상담이 가능하고 동시에 이 문제로부터 내담자가 자기 죄를 깨닫도록 하고 복음으로 내담자를 인도함으로써 일련의 구원 상담이 이뤄지도록 촉진하는 과정이 가능하다.

지원 씨의 첫 기억은 유치원에 가기 싫어서 떼쓰고 울던 기억이다. 이 문제는 전

생애 동안 반복되었다. 대학에 입학하고 교우 관계에 자신이 없어서 자퇴를 했다. 도피처로 외국 유학을 갔지만 어학코스를 하는 동안 게임에 빠졌고 막상 입학 즈음에 사람들과 어울리는 게 힘들어 한국으로 돌아와 버렸다. 초등학교 시절 태권도를 배울 때도 품새를 익혀서 승급을 해야 하는 문제 때문에 결국 중도에 포기했다. 나중에 합기도를 배울 때는 이런 일을 미연에 방지하고자 흰 띠로만 1년여를 다녔다. 나중에 관장님이 그래도 해 봐야 하지 않겠느냐는 말에 그만둬 버렸다. 음악을 좋아해 다닌 여러 학원들도 마찬가지 결과였다. 어울리기를 열망하지만 실패의 두려움이 모든 것을 포기하게 만들었다. 지원 씨의 부모는 과한 기대와 언어폭력이라 느껴지는 환경에 지속적으로 노출되었다. 부모가 지원 씨를 환영하지 않는다는 느낌은 모든 학교생활과 사회생활에서 그대로 반복되었다. 그의 영혼은 아무도 자기를 사랑해 주지 않는다는 느낌에 고통에 허덕인다. 사람들을 만나는 것은 자신의 이 고통을 확인하는 시간이다. 부모의 무시는 고통스런 경험이었고 사람들이 자신을 무시할 것이라는 생각과 감정을 불러와 모든 관계를 꺼린다. 그는 상담 시간 내내 운다. 크게 소리 내어 울지도 못한 채 꺽꺽거리며 운다. 그러나 모든 경험을 뒤로하고 퇴행해 버린 그의 내면에는 정말 잘하고 싶어한다. 이는 대상-리비도로써 부모에 대한 추구이다. 지원 씨는 여전히 부모를 미워하며 그 응어리가 의식수준에서 그를 괴롭히지만 그의 이런 경험들은 상담에서 복음의 접촉점이 될 수 있다.

교회 성도 중 상당수는 여전히 회심하지 못한 채로 있다. 이런 특성이 적응하는 과정에서의 문제를 불러올 수 있다. 여기서 시작해서 영적 문제로 상담의 이행이 가능하다. 예컨대, 예수님은 사마리아 우물가 여인의 삶의 정황으로부터 영적 문제로 발전한 것을 볼 수 있다(요 4:1-30). 현실 적응의 문제는 그가 원래 가졌던 핵심감정의 문제다. 달리 표현하자면, 오이디푸스적인 요인으로 자아–리비도와 대상–리비도의 균형의 문제며, 그 갈등은 대부분 부모 원상이 내사된 형태이며 이는 하나님표상과 관련이 있을 수밖에 없다. 현실 갈등은 곧 영적 기회로 이어져 있다. 내적 갈등은 이 오이디푸스적인 문제며 영적 이행이 가능하다. 영적 인식은 복음이신 그리스도의 소개할 수 있는 기회가 된다. 우리의 비참이 더 드러날수록 지속적으로 기회가 증가하고 복음에 의한 돌봄도 증가한다. 이 과정을 통해 믿음의 씨(*semen fidei*)가 복음의 외적 부르심을 통해서 이들 심령에 심기게 된다.

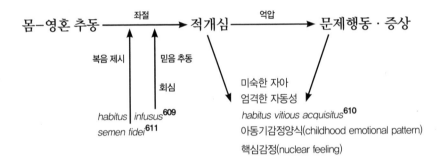

그림 4. 구도자모델

비참의 각성은 죄를 깊이 회개하며 믿음 추동은 하나님표상을 교정하게 되고 구도자가 구원 얻는 신앙을 얻도록 상담자가 치료개입으로 도울 수 있게 된다. 내담자들에게도 고통과 좌절은 피할 수 없다면 새로운 해석이 필요한 과제들이다. 설혹 구도자가 구원 얻는 신앙에 이르지 못한다 할지라도 삶의 질을 개선하고 교회에 호감을 갖도록 하며 이 과정은 잠재적으로 신앙으로 귀의할 수 있게 하는 요인이 된다. 목회자는 긴 시간의 인내로 그들을 참된 신앙의 길로 인도할 연결고리가 된다. 이런 역할은 불신자라 하더라도 가능한 일이며, 그들이 잠재적 신자로서 교회로부터 돌봄을 받도록 목회의 범위 아래 두게 되는 기능을 한다.

경자 씨는 시험 불안으로 고통받고 있다. 그녀의 첫 기억은 6살 즈음 집 앞에 놀이터에서의 기억이다. 이 기억 속의 정서는 '설렘'이다. 어머니는 어려서부터 경자 씨를 나가지 못하도록 했다. 어머니는 어디를 가는지 얼마나 있는지 누구와 있으며 언제 돌아오는지 등을 끊임없이 확인했다. 이런 간섭이 긴장하게 했고, 어머니가 취업 시험에 관해 물어보는 것들이 스트레스로 작용했다. 경자 씨는 서울을 떠나 친구들과 멀리 여행하는 것을 설레했다. 첫 기억과 자신의 선호 사이의 연관에 관한 통찰이 생기자 증상이 줄어들었다. 끊임없는 확인은 압박감으로 다가왔다. 경자 씨는 어린 시절의 감정과 지금의 경험이 닮아 있다는 통찰을 얻었다. 그 긴장은 대상—리비도의 만족을 위한 긴장이며, 설렘은 자아—리비도의 만족이다. 여행의 즐거움 등의 활동이 대상—리비도의 압박을 감소시켰다. 통제하는 어머니로부터 하나님표상이 형성되었다. 경자 씨는 이 대상—리비도의 압박을 '설렘'이라는 감정으로 달래고 중화시킨다. 취업이라는 힘든 도전이 있지만 이 통합은 그녀의 인격주체의 형성에 도움이 될 것이다. 그녀의 신앙 경험에서 하나님표상에도 변화가 생기게 될 것이다. 그녀를 압박하고 늘 감시하시는 하나님에서 설렘을 주시는 하나님으로 변화될 내적 요소를 갖추고 있다. 믿음 추동이 시작되면 이 표상들은 변화되게 될 것이다.

치료개입모델

이동식의 사례 분석을 통해 제시된 치료개입모델[612]을 참고해서 여기에 벤자민 워필드(Benjamin B. Warfield)가 사도신경의 구조에 따라『기독교 강요』를 4개의 구조로 재해석한 신학적 아이디어로[613] 핵심감정의 치료개입을 4단계로 구성했다. 치료개입모델의 목표는 그 과정 자체가 순례자 신학(theologia viatorum)의 모델이 되도록 하는데 있다. 순례자의 신학은 성화의 도정에 있는 자들의 신학을 일컫는다.[614] 순례자의 신학은 2가지 제한이 있다. 첫째, 인간 자체로의 제한, 둘째, 부패성으로 인한 제한이 있다. 구도자는 순례자 신학에 입문하는 과정에 되도록 격려하고 신자에게는 이 과정이 단지 치료자의 개입 모델이 아니라 순례자의 신학여정이 되도록 하려는 데 있다. 위필드는 칼뱅이 전개한『기독교 강요』의 신학 구조가 사도신경 배열을 따라 성부, 성자, 성령과 교회에 대한 논의로 구성되어 있다고 보았다.[615] 1권은 창조주 하나님, 2권은 구속주 하나님, 3권은 성령 하나님, 4권은 교회와 은혜의 방편이라고 보았는데 이는 사도신경의 구조이기도 하다.

칼뱅 신학은 이중적 인식론으로 되어 있다. 하나님과 인간을 아는 지식을 초판인 1536년판부터 1539년 증보판, 1543-1550년까지『기독교 강요』의 맨 앞에 배치했다가 1559년 최종판에서 1권의 첫 머리(1-10장)와 2권의 첫 머리(1-5장)로 배치되었다. 제1권은 창조주 하나님을 다루면서 하나님을 아는 지식에서 인간을 아는 지식으로 진술하고, 제2권은 구속주 하나님을 다루는데 인간을 아는 지식에서 구속주를 아는 지식으로 진술한다.[616] 이런 인식론적 구조는 인간의 인식론적 구조, 곧 몸 추동에 기원을 둔 자기표상, 영혼 추동에 기원을 둔 하나님표상, 양육자로부터 유래된 타자상이 내사된 대상표상과 닮아 있다. 상호적인 인식론 구조에 이어 구원을 얻는 방편에 대해서 제3권과 제4권이 다루는데 3권은 성령의 사역에 따른 믿음의 도리(1-5장)와 신자의 생활(6-10장), 이신칭의(11-19장)를 다루고 4권은 교회의 표지이자 외적 방편인 성례(14-19장)를 다루고 있다. 워필드의 주장대로 사도신경의 구조와 거의 같다.[617] 이는 로마서의 신학적 구조와도 흡사한데, 자연과 양심을 통한 창조주 하나님을 앎(1:18-32), 율법을 통한 구속주 하나님을 앎(2:1-3:31), 믿음을 통한 하나님의 의, 칭의와 성화(4:1-11:36), 교회 안과 밖에서의 신자의 생활(12:1-15:33)에서 보듯이 유사하다.[618]

치료개입모델에서도 유비적인 적용이 가능하다. 예컨대, 1. 찾기, 2. 보기, 3. 지우기, 4. 세우기의 구조는 핵심감정에 관한 것이지만 인식론적으로는 인간을 아는 지식을 담는다. 동시에 레비나스(Levinas)가 통찰한 것처럼 리비도의 욕동은 대상과 함께하는 경험이기에 대상을 함의한다.[619] 따라서 핵심감정의 대상이 되는 대상표상과 하나님표상에 대한 지식을 함의한다고 해석할 수 있다. 그러므로 인간을 아는 지식은 타자에 대한 지식을 함의한다. 이로 인해 핑계하지 못한다(롬 1:20). 이는 자연신학의 출발점이지만 부패성 때문에 열매 맺지 못하며[620] 오히려 그 지식을 "억압하고 흐리게 하며"[621] 그 씨가 자라기 전에 질식시킨다.[622] 『기독교 강요』도 자연과 종교의 씨가 출발점이라는 점을 분명히 했다. 이런 이해를 바탕으로 치료개입모델을 『기독교 강요』와 사도신경의 구조와 대응시켰다. 즉, 찾기는 자연신학으로부터 인간을 아는 지식 구조와 대응시키고, 보기는 율법으로 인간 상태를 깨닫고 구속주 하나님을 알고 나아가는 구조와 대응시켰다. 지우기는 믿음을 따라 성령께서 구원을 적용해 가는 과정과 핵심감정 지우기를 연결시켰다. 세우기는 믿음이 굳세어지려면 교회의 표지인 외적 방편을 사용해 믿음 추동이 강화되어 우리 안의 세 표상들이 인격주체로 드러나 마침내 하나님께 영광을 돌리는 최종목표와 연결시켰다.

칼뱅의 인식론은 근대로부터 외면을 받았다. 데카르트(Descartes)는 의심하는 주체가 대상을 인식하는 주체-대상으로 인식론을 구조화했다. 이 구조의 형이상학적 전제는 참된 지식은 대상과 인식 사이의 일치였다. 이것이 근대성(modernity)이었고 이 시도는 실패로 돌아가고 만다. 그리고 후기-근대성(post-modernity)이 등장한다. 후기-근대는 지식을 상호주관성으로 후퇴시켜 설명했다. 마이클 폴라니(Michael Polanyi)는 모든 지식은 인격적이라고 보았다. 그의 인격개념은 근대적인 객관-주관을 의미하지 않으며 모든 인식은 인격주체의 참여로 이뤄진다. 그에게 지식은 독단적ㆍ수동적이지 않고 보편적인 타당성을 주장하는 인격주체의 책임 있는 행위다. 이는 지식의 한 종류가 아니라, 올바르게 획득되고 사용되는 지식이다. 따라서 지식은 비인격적인 관망이 아니며 그 안에 거하는 것(dwelling)이다.[623] 근대성은 주체-대상을 구분하고 주체성(subjectivity)-객체성(objectivity) 사이의 일치를 다양하게 시도했지만, 주체-대상이 아니라 주체 안에 대상이 내주하는 인식이 인격적 지식이며 주체다.[624] 팔머는 이것을 사랑에서 기원하는 지식이라 했다.[625] 비트겐슈타인은 사적언어가 불가능하다는 것을 통찰하고[626] 우리 진술의 의미를 언어의 사용법에 두어 객관을 대체했다.[627] 이는 언어를 매개로 지식을 형성하려는 시도다. 칼뱅의 인식론은 폴라니와 팔머의 인격적 지식과 사랑의 지식과 유사하며, 비트겐슈타인의 언어로의 회귀처럼 말씀을 매개로 하나님과 인간을 아는 지식을 구성했다. 칼뱅의 이런 인식론 구조는 주체-대상으로 보지 않고 인격주체 내부의 자기표상과 대상표상으로 본 내 생각과도 일치한다.

핵심감정 찾기(naming)

신학적 관점에서 찾기는 하나님을 알 만한 것을 우리 안에 보이신 것(롬 1:19)으로부터 시작한다. 물론 이것은 바울의 말대로 하나님을 알지만 영화롭게도 감사하지도 않을 뿐만 아니라 생각이 허망해지고 미련한 마음이 어두워지고 하나님을 우상으로 바꾸는 결과를 낳을 뿐이다(롬 1:21-23). 자연과 우리 본성의 부패성을 찾는 데서부터 치료개입이 시작된다. 칼뱅은 "일반적으로 거룩한 교리의 총화(*summa doctrinae*)는 하나님에 대한 지식과 우리에 대한 지식(*Cognitio Dei, acnostri*)으로 구성되어 있다"[628]라고 했는데 핵심감정은 이 2가지 면을 모두 담고 있다. 종교의 씨로 인해, 자연과 양심으로 창조주 하나님을 알고 인정하게 된다는 점에서 창조주 하나님을 아는 지식과 연관이 있다. 한 인간으로서 자연적 삶을 전체적으로 돌아보면서 그 가운데 자기이해의 증진으로 핵심감정을 찾아가는 방법이다. 존 맥다그(John McDargh)는 집단 상담을 영성훈련의 일환으로 제시하는데, 주요한 과제로 자기감정의 흐름을 읽고 거기에 이름을 붙이는 과정을 언급한다. "심리적인 성취와 은혜의 선물(297쪽)"의 경험을 강조하면서, 상호간의 소통의 경험이 우리가 그리스도 안에 있음을 깨닫는 경험이 된다고 말한다.[629] 찾기과정은 이처럼 이름을 붙이는 과정이다. 그리고 이 과정은 서로를 이해하게 하고 소통을 경험하게 한다.

심리학적 관점에서 보면, 찾기는 리비도 욕동(Triebe)을 생리학적 힘[630]의 정신적 표상으로서 추동에 더 집중한다. 예컨대, "영유아의 가장 큰 욕구는 어머니의 부드러운 보호와 애정이다. 이들 욕구는 기본적인 것인데, 성적인 요소는 이 기본적인 의존적 사랑의 욕구가 위장된 것"[631]으로 보고 정신적 국면을 더 강조한 몸 추동을 살피는 것이다. 동시에 성격의 역동적 중심이라는 뜻으로 자아를 이해하고[632] 리비도를 자아 내의 힘으로만 파악하고 대상을 향해서만 추동되는 영혼 추동을 살핀다. 이 통찰은 적절한 균형을 이루고 있다. 감정은 몸의 상태에 의해서 변하기도 하지만 대상과의 관계에 따라 감정이 변하기도 한다. 그런 점에서 핵심감정은 몸-영혼 추동의 중심이다.

초기 면접은 제한점이 없지는 않으나 핵심감정을 더 쉽게 찾기 위해서는 구조화하는 게 좋다.[633] 이동식에 의하면, 핵심감정은 주소 및 증상의 시작, 전형적인 24시간의 습관, 수태로부터 현재까지의 정서적 대인관계 및 의학적 병력을 포함하는 기억 가능한 자료들, 과거와 현재의 대인관계 특성과 타인에 대한 태도, 자화상, 미래관, 통상적인 정신 상태와 인격 내의 주된 정서적 힘과 긍정적인 면 등을 포함하는 의식적인 정서적 태도, 초기 기억, 아동기의 반복된 꿈, 치료 시작 전의 꿈, 공상, 백일몽, 무의식적 연상 자료[634] 등에 의해서 발견할 수 있다고 보았다.

훌륭한 초기 상담 태도는 내담자가 자발적으로 이야기하게 하면서 상담을 시작하는 것이다. 중심역동을 식별하는데 필요한 것이 무엇인지를 알 때까지는 자유연상을 요구하지 않는다. 사울은 핵심감정을 발견하는 방식에 대해 임상 경험을 정리했다. 첫째, 내담자의 주된 호소, 발병 시기와 그 경과, 발병 당시 주변 환경을 밝힌다. 둘째, 내담자의 현재 감정양식, 생활 방식, 직업, 취미에 대한 주요 리비도의 투자,[635] 그리고 전형적인 하루 일과를 알아야 한다. 셋째, 일반적인 것에서부터 특수한 내용으로 진행하면서 6-7세까지 공통된 감정은 무엇이었다고 생각하는지, 기억한다면 대략 어떤 감정을 갖고 있는지, 6-7세까지 내담자에게 감정적으로 가장 중요했던 사람들은 누구였는지, 그리고 가족 전체뿐만 아니라 가족 개개인들, 부모와 형제자매에 대해, 다른 구성원, 아주머니나 아저씨, 조부모, 유모, 또는 다른 조력자, 심지어는 애완동물에 대해서까지 질문한다. 넷째, 첫 기억(earliest memories)을 확인하는데 규칙적이거나 지속적인 기억이 아니라 2-3세, 그 이전에까지 거슬러 올라가는 사소하고도 불확실한 기억의 흔적과 단편에 대해 묻고 있다는 점을 명백히 한다. 다섯째, 꿈, 특히 반복되는 꿈, 아동기의 꿈, 현재까지 계속되는 꿈에 대해 질문한다.[636] 이상은 첫 면담에서 내담자를 이해하기 위한 구조화된 방편이며 초기 면담(1-2회)을 통해 내담자의 발생 진단, 임상 진단, 역동 진단이 이뤄져야 한다.[637] 특히 병리적인 역동, 핵심 역동에 초점을 맞추어 진단이 내려져야 한다.[638] 진단이 이뤄지고 나면, 지지치료나 통찰치료의 적응증[639]을 결정하고 이에 따라 상담횟수도 정하여 구조화한다. 이 과정은 대략 30분가량 진행한다.

예컨대, 이 책의 첫 부분에서 다루었던 영은의 사례를 보면, 첫 면접에서 계속 남편과 시댁, 결혼생활 모든 게 다 싫다는 게 주 호소였다. 그녀의 첫 기억은 엄마가 이혼하고 집을 나가던 날 화장대에서 그녀를 귀찮아하고 싫어하며 저리 가라고 밀쳤던 것이다. 이것은 일반적인 것에서 구체화되면서 드러났고 그녀가 원 가족에게서 탈출하듯이 결혼을 선택할 때의 동기도 싫어하는 마음이라는 것이 드러났다. 이는 주요 양육자였던 엄마의 감정이었고 엄마 역시 그런 방식의 도피를 선택했듯이 그녀에게서 결혼은 도피였다. 그러나 자신의 감정으로부터 도피할 수 없다는 사실을 통찰하였다. 동시에 초기 면접임에도 불구하고 자신의 주요한 감정이 주요대상이 자기를 싫어하고 사랑받고 인정받으려는 욕동이 좌절되면서 거기서 밀려오는 슬픔이라는 것을 이해하게 되었다. 영은 씨의 자기이해가 증진되었다. 슬픔이란 자기감정을 이해함과 동시에 대상관계도 이해되었다. 나를 봐 주지 않으며 나를 싫어하는 대상표상에 대한 이해도 생기게 된다. 핵심감정 찾기는 이런 과정을 통해서 이뤄진다.

핵심감정은 자신이 느끼는 주관적 감정이므로 첫 면접의 구조화를 통해 대략적 그림을 그린 후 초기 상담은 핵심감정을 스스로 찾아가는 과정이다. 첫 기억, 초기 기억, 주요 대상과의 관계, 초, 중, 고, 대학시절의 대상관계, 연애관계, 결혼관계, 직장 생활, 반복되는 꿈, 좋아하는 취미, 노래 등을 탐색한다. 이 탐색과정에서 공통된 감정들을 찾으며 주요 장면을 떠올리면서 그 당시에 들었던 감정과 지금 떠올리면서 드는 감정들을 탐색한다. 내담자가 표현하는 것과 표현하지 않고 생략하는 것들도 무엇인지를 살핀다. 자유연상을 요구하지 않고[640] 전이를 발달시키지 않는다. 이 시기는 라포(rapport)형성이 주요한 치료개입의 과제다. 그리고 내담자 스스로가 자기의 핵심감정을 찾아서 거기에 이름을 붙이도록 한다. 주의할 것은 스스로 느끼는 자기감정을 찾아가야 한다는 것이다. 순례자 신학으로 내담자 편에서는 자신이 자주 느끼는 감정과 주변인에 대해서 자주 느끼는 감정에 대해서 살핀다. 내게 하나님은 주로 어떤 분으로 느껴지는지를 돌아보는 시간을 통해서 내 안에 창조주 하나님과 나 자신에 대한 이미지가 무엇인지를 구체화해 본다.

핵심감정 보기(mapping)

신학적 관점에서 보기는 사도신경의 구속주 고백과 율법, 곧 하나님의 말씀이 있어야만 구속주 하나님 그리스도를 알 수 있다는 『기독교 강요』 제2권의 신학과 연결했다.[641] 『기독교 강요』 제2권의 인간이해에는 2가지 다른 자기가 등장한다. 자기만족을 추구하는 본성의 자기와 그런 추구로는 결코 자기 인식이 향상되지 못할 것이라고 말할 때의 자기다.[642] 전자는 거짓 자기며 후자는 참 자기로서 인격주체다. 하나님을 판단의 표준으로 삼는 자와 자기를 판단의 표준으로 삼는 자에게 자기 인식은 차이가 나며 하나님이 판단 표준인 자들은 자기 무기력과 무능함을 발견하게 된다.[643] 핵심감정을 본다는 것은 내가 얼마나 불쌍한 영혼인지를 인식하는 것이다. 핵심감정은 한 사람의 행동과 사고와 정서를 지배하는 중심 감정이며 현재에 살아 있는 과거의 감정으로 끊임없이 반복되며[644] 루터의 노예의지(*servum arbitrium*)[645]와 같은 상태라는 것을 인식하는 것이다. 자신의 무기력은 부패를 목격하는 과정이다. 내가 아동기 부모와 맺었던 감정적 관계가 지금 내 주변 사람들에게서도 반복되는 것을 이해하게 되는 것이다. 찾기가 단지 자신이 이런 감정이 있구나 하는 것을 인식하는 과정이라면 보기의 과정은 이 감정의 역동과 그 힘의 균형을 이해하게 되는 것이다. 멜란히톤(Melanchtone)이 말한 의지 능력은 이 감정 능력에 대해 반대할 능력이 없다[646]는 사실을 정직하게 인정하고 보게 되는 과정이 핵심감정 보기다. 인간의 무능력과 무력함을 통찰하고 확인하는 과정이다. 자기 안에 있는 몸-영혼 추동이 얼마나 강력하게 특정 상황에 반응하도록 자신을 묶어 두었는지를 깨닫는 작업이다. 상담자와의 관계에서 이 관계가 반복되는 것을 보고 현재 내 주변의 관계에서 이 감정이 반복되는 것을 보며 자신의 무기력함과 항거불능의 상태의 비참을 깨닫는 것이다.

심리학적 관점에서 보기는 치료적 분열(therapeutic split)이 일어난 후라야 가능하다.[647] 경험하는 나와 그것을 관찰하는 내가 분리되고 인격의 건강한 면과 관찰하는 내가 상담자와 치료동맹(working alliance)을 형성한다. 이때, 두 가지 추동이 나타나야 한다. 중생자라면 동맹은 믿음 추동과 맺어져야 하고 구도자라면 영혼 추동과 동맹이 맺어진 상태에서 자기 무기력과 불쌍함을 볼 수 있어야 한다. 이때 기독교 상담자의 인격주체가 구도자에게 말씀을 인격적 지식으로 소개하는 것으로 드러나야 한다.[648] 핵심감정은 몸-영혼 추동이 구체화되는 과정에서 내담자에게 의식화되어야 한다.

예컨대, 려은 씨는 상담 초기 자신이 다른 사람의 눈치를 보는 것으로 힘들어했는데 상담 중기에 핵심감정 보기에 들어가면서 눈치를 보는 행동이 대상표상인 아버지와의 관계의 반복이라는 통찰이 생겼다. 폭력적이었던 아버지의 눈치를 보면서 맞추어야만 했다. 사람들이 "화가 났으면 어떻게 하지"라는 걱정을 계속하는 자신을 발견한 것이다. 그리고 거기에 맞추어 화나게 하지 않으려고 전전긍긍하는 자신이 불쌍하게 보였다. 그런 자신을 마음에 들어 하지 않고 거기서부터 놓여나기를 열망했지만 다른 사람에게 의견을 듣지 않으면 힘들어지고 그 의견이 자기 마음이 원하는 것이 아닐 때, 분노를 보이는데 이것이 아버지의 역동이라는 사실을 깨닫게 되었다. 그리고 이렇게 반복할 수밖에 없는 자신에 대해 불쌍하고 비참한 감정을 갖게 되었다. 스스로 원하면서도 벗어날 수 없는 상태에 대한 통찰이 핵심감정 찾기와는 본질적인 면에서 차이가 난다. 자신의 몸―영혼 추동과 역동이 엄격한 자동성을 이루며 균형을 맞추고 있다는 것을 실제로 경험하게 된다. 찾기와의 또 다른 차이점은 보기에서는 핵심감정의 건강한 면이 검토된다는 점이다. 자기 비참과 불쌍함을 자기연민이라고 생각할 수 없는 이유가 여기 있다. 려은 씨는 남을 배려하며 폭넓은 인간관계를 갖고 있다. 그녀의 이런 성향은 상대를 세심히 살피는 그녀의 핵심역동의 결과며 동시에 아버지를 늘 살펴야 했던 자신의 비참이기도 했다. 그렇게 아버지와 이웃과 맺던 관계가 상담자와 반복되고 의식수준에까지 올라왔을 때, 전이와 저항에 대한 해석과 공감이 이뤄진다. 이런 무의식적 세력이 의식화될수록 려은 씨는 고통스런 경험을 했다. 이 고통은 그녀를 다시 이전 삶으로 퇴행하려는 힘을 부추기고 이런 역동의 힘들이 상담 과정을 통해서 드러난다. 자신이 무력한 상태라는 것에 대한 통찰과 새로운 관계에 대한 열망이 싹튼다. 이 지점은 율법으로 죄인임을 깨닫고 그리스도로 위로를 얻는 구조, 곧 『기독교 강요』 제2권의 구조를 반영하기도 한다.

이처럼 상담관계나 일상생활에서 핵심감정을 어떻게 반복하고 있는지 자신의 주요한 역동을 찾아가는 과정이 보기다. 핵심감정은 무엇이며 거기서 파생된 감정은 무엇인지, 주요 대상 중 엄마와의 관계를 반복하는지 아빠와의 관계를 반복하는지, 어떤 경우에 어떤 자극―반응 기제를 보이는지를 탐색한다. 내담자로 하여금 지속적으로 자기 핵심감정을 자각하도록 돕고 매순간, 일거수일투족에 핵심감정의 역동을 이해하도록 돕는다. 이 과정에 내담자는 영혼 추동을 발달시킨다. 경험하는 나를 관찰하는 나의 입장에서 보고 반응하며 자기감정을 일어남과 움직임, 역동의 균형들을 이해하는 과정을 갖는다.

핵심감정 지우기(erasing)

신학적 관점에서 지우기는 사도신경의 성령에 대한 신앙고백과 『기독교 강요』 제3권의 성령의 역사와 믿음에 관한 논의와 연결시켰다. 믿음의 대상은 그리스도시며 믿음의 근거가 무지가 아니라 지식이며[649] 믿음의 근거는 하나님의 말씀임을 분명히 한다.[650] 성령을 통해서만 믿음과 말씀이 효과를 내고 우리를 그리스도께로 인도한다. 성령이 없이는 믿음을 가지는 것이 불가하다.[651] 믿음 추동이 우리 삶에 적용되면 나타나는 것이 바로 죄 죽임(Mortification)이다. 오웬은 중생자만 가능한 일이라는 사실을 분명히 한다.[652] 중생자에게 지우기는 개별화된 죄의 세력인 핵심감정이 약화되는 과정이다. 그러나 구도자에게 지우기는 핵심감정이 현실 적응적이 되도록 하는 과정이다. 믿음 추동이 있기 때문에 거룩한 품성으로서 인격주체가 중생자에게 나타나는 기초가 닦인다. 이 기초는 십자가의 은혜의 각성과 이신칭의를 내면적 경험하는데 기원을 둔다. 십자가는 우리 비참과 하나님의 사랑을 깨닫게 하며 이신칭의는 의롭게 된 자로 자기표상의 변화를 불러온다. 이렇게 자기표상과 타자표상이 믿음 추동에 의해 수정되면서 성령의 열매를 맺는 인격주체의 핵이 형성되는 것이다. 지우기는 하트만(Hartmann)의 자기표상(self-representation)으로서의 자기개념[653]의 확장인 내적 표상체계, 곧 자기표상, 타자표상, 하나님표상의 왜곡을 지우는 작업이다. 만약 구도자가 지우기에 이르렀음에도 불구하고 여전히 중생의 은혜를 입지 못한 상태라면, 단지 현실에 더 효과적으로 적응하게 되었을 뿐 죄죽임의 은혜가 나타날 수 없다. 그러나 주님은 은혜 베푸시기를 잊지 않으신다(마 15:21-28). 핵심감정의 엄격한 자동성에서부터 일부 해방되어서 일상에서의 적응과 불편이 감소하도록 은혜를 베푸신다. 구도자는 핵심감정의 건강한 면이 강화되고 현실 적응이 더 효율적이 되며 자신과 이웃과의 관계에서 더 나은 삶을 살 수 있게 된다. 다만 믿음 추동이 존재하지 않으므로 하나님과의 관계에는 전혀 발전이 없다.

심리학적 관점에서 지우기는 몸-영혼 추동을 제어하는 힘을 인격주체가 갖게 되는 단계를 말한다. 핵심감정의 엄격한 자동성이 완화되거나 다른 선택을 할 수 있게 되는 상태를 말한다. 일반 심리학은 하나님과의 관계를 고려하지 않고 치료를 단지 현실 적응으로 이해하기 때문에 영적 문제를 다룰 수 없다. 믿음 추동이 있어야만 하나님과의 관계까지 고려된 실질적인 지우기가 가능하다. 리주토는 하나님표상을 4가지로 제시했는데[654] 이는 일종의 왜곡이며 우상이다. 양육자의 양육태도와 그것을 인식하던 아동의 미숙한 인식, 그리고 우리의 부패성이 만들어 낸 왜곡이다. 이 왜곡은 성경말씀과 성경에 입각한 기독교 상담자의 직면, 공감 등의 상담자 반응을 통해 교정되어야 한다. 인식자의 하나님을 아는 지식은 성경을 통해서 이 하나님표상이 교정되어야 한다.

그러나 구도자라 하더라도 일정한 정도, 곧 현재 자신의 삶의 갈등을 해결하는 수준의 변화를 유도할 수 있다. 핵심감정의 힘이 작동할 때, 이에 공감적 반응을 함으로 자기 내부의 힘을 단지 전투적으로만 다루지 않고 그 힘이 녹아내릴 수 있도록 한다. 핵심감정의 건강한 면을 검토함으로 그 밝은 면이 인격의 주요한 기능이 되도록 자신의 삶의 해석을 달리한다. 교정적 정서의 재경험(corrective emotional reexperience)이 일어나는 과정이다. 로버트 드니로(Robert De Niro)가 주연한 영화 '애널라이즈 디스(Analyze This)'라는 코미디 영화가 있다. 마피아 보스였던 폴 비티(드니로 분)가 전국 마피아 연합회 지도자 선출을 앞두고 극도의 불안에 시달려 정신과 의사 벤 소볼(Billy Crystal 분)을 찾아다닌다. 비티는 어린 시절 부친의 암살 장면을 직접 목격했다. 마침 아버지와 사이가 좋지 않던 때에 웨이터로 위장한 암살자의 바지가 다른 사람과 다르다는 사실을 인지했으나 아버지에게 말하지 않았다는 것에 대한 죄책감을 억압하고 있었다. 총알이 빗발 치는 마피아와의 전쟁 중에 비티는 이때의 기억이 재연되면서 자신의 죄책감과 아버지에 대한 미안함 등의 감정을 울면서 다 털어놓는다. 의사 소볼의 영화 대사 중에 교정적 정서의 재경험이란 말이 등장하는데 과거 트라우마가 재연되면서 그때의 상처가 치유되는 것을 일컫는 표현이다. 이를 보통 심리치료의 궁극이라고 말하기도 한다.

예컨대, 종현 씨는 초등학교 때 경험했던 외상으로 자기표상의 심각한 손상을 입었고 대상–리비도로부터의 후퇴, 영혼 추동이 대상을 추구하는 부분에 고립이 발생했고 오이디푸스적인 상처는 커졌다. 사람들이 자신을 싫어할 것이라는 상상과 대상표상은 자기표상의 위축과 열등감이라는 핵심감정을 형성하는 힘이 되었다. 이 감정 세력은 매우 강력하고 교류가 없는 까닭에 표상이 수정되지 못하고 자기 상처를 반복 재생산해내고 있었다. 이런 이유로 상담 초기 핵심감정을 찾고 핵심역동을 구체적으로 확인하는 과정을 거치면서도 치료적 전기를 마련하기 어려웠다. 찾기 동안에는 깊은 자책과 죄의식의 감정이 주를 이루었다. 모든 게 자기 잘못이라는 감정 때문에 치료의 예후가 좋지 않았다. 이런 감정을 자기와 지나치게 동일시하고 있기 때문이었다. 그러다가 보기로 들어가면서 자기표상 외에 대상표상이 의식되고 타인이 나를 반기지 않을 것이라는 의식이 주로 표현

205

제4부 | 핵심감정과 인간이해보델

되었는데 이것이 치료가 제대로 전개되고 있음을 반증했다. 결정적 계기는 보기 동안에 역동을 상담 장면 동안 확인을 하면서 이것이 사실이 아니라 자신만의 가짜 감정이라는 것을 확인하는 통찰이 주효한 변화를 이루기 시작했다. 가짜라는 사실을 확인해도 이는 고통스런 경험이다. 그래서 종현 씨는 자꾸 뒷걸음질 친다. 지우기는 공감을 통해서 일어났다. 보통 자기혐오나 낮은 자존감 등으로 고통받는 이에게 당신은 괜찮은 사람이라는 말은 별로 효력이 없는 말이다. 왜냐하면, 자기 내면의 목소리와 너무 상반된 소리이기 때문이다. 이때는 오히려 그렇게 자기가 보잘것없다고 느껴지면 정말 마음이 어렵겠다는 내담자의 심정에 대한 공감이 필요한 때이다. 이 공감은 자연스럽게 내담자와 상담자의 정서적 유대를 증가시키며 공감적 반응은 내담자의 자기혐오의 표면 감정을 넘어 정말 중요한 사람이 되고 싶어하는 내면 감정과 맞닥뜨리게 한다. 이 과정을 거치면서 환청처럼 보이던 증상은 완전히 소거되고 학교 복학 준비를 잘 해나가고 친구관계도 회복되어 여행을 계획하면서 미래에 대해서 스스로 건강한 설계를 할 수 있게 되었다. 상담을 통해서 자기표상과 대상표상의 왜곡이 상당 부분 수정되면서 다른 반응을 할 수 있게 된 것이다. 지우기는 이런 식으로 진행이 된다.

이처럼 핵심감정은 관계 경험에서 공감의 실패에 의하여 생기고, 공감의 실패에 의하여 억압되고, 공감적 이해에 의하여 드러나고, 공감적 응답에 의해서 사라진다.[655] 지우기는 어린 시절 형성된 핵심감정이 재연되고 그때는 생존을 위한 몸부림이었으나 이제는 더 이상 그럴 필요가 없다는 것을 상담 관계에서 각성하게 되는 경험을 말한다. 그리고 이 경험은 공감을 통해서 일어난다. 그러나 지우기의 궁극적 목표는 신자의 삶에서 죄의 세력이 점점 힘을 잃게 되는 것이고 의의 세력이 점차 힘을 얻어서 믿음으로 인해 실질적인 성화의 과정, 곧 죄가 죽고 의에 대해서 살아나는 일들이 일어나는 것을 말한다.

언약적인 인격주체 세우기(rebuilding)

신학적 관점에서 언약적인 인격주체 세우기는 성화의 과정 중 소생 (quickening)과 사도신경의 교회를 믿는다는 고백과 『기독교 강요』는 제4권 교회와 은혜의 수단에서 연결시켰다. 성례는 『기독교 강요』 제4권, 14-19 장에 걸쳐 나온다. 성례는 언약의 표징이자 말씀과 더불어 역사하는 성령 의 외적 방편이다.[656] 성례를 통해 믿음 추동이 강화되며 우리가 머리이 신 그리스도께 더 붙잡히게 된다. 스승으로부터 이미 배운 마음속에서 믿 음을 강하게 하고 키우는 성례를 막을 것은 아무것도 없다.[657] 예배의 예 전을 목회 돌봄과 상담의 요인으로 본 신학자, 윌리엄 윌리몬(William H. Willimon)은 세례와 성찬의 성례의 예전을 목회 돌봄의 일환으로 보았다.[658] 성례와 같은 은혜의 수단을 사용하는 것은 본질적으로 그리스도께 가까이 가도록 믿음을 강화시킨다. 이는 인격주체가 성자의 위격을 닮아 감으로 출 현하는 것이라는 점을 시사한다. 성례전과 기도, 말씀은 은혜의 수단으로 중생자의 믿음을 강화해 믿음 추동의 최종적 목표인 인격주체를 산출한다. 그리스도의 인격개념은 인간 인격에도 적용되며, 이 인격주체는 인간 본성 이 지향하는 최종 목표(terminus)다. 폴라니와 팔머의 인격적 지식과 사랑의 지식을 지닌 인격주체가 믿음 추동과 성례를 통해서 드러나는 과정이다.

원래 삼위일체 하나님의 인격은 내재적 관계성 속에서 인격주체이신 신 격(Godhead)으로 드러난다. 내재적 삼위일체(immanent trinity)의 내향적 사 역(opera ad intra)은 신적 실유 안에 있는 사역들이어서 피조물에 관계하지 않 기 때문에 이렇게 불리는데 이것들은 위격적 사역들이며 삼위가 공동으로 하지 않으며 또한 삼위 사이에 공유가 되지 않는 사역이다. 낳으심은 성부만의 행위, 나심은 독점적으로 성자에게 속하며 또한 나오심은 성령에게만 돌려진다.[659] 삼위 하나님의 위격은 이처럼 위격 간의 관계와 일치 속에서 주체적 위격으로 드러난다. 마찬가지로 인격주체는 하나님을 아는 지식에 대한 비인격적인 관망이 아니라 오히려 그 안에 거하는 것(dwelling)이며[660] 주체성(subjectivity)과 객체성(objectivity)의 통합이다. 주체-대상의 구분이 아니라 주체 내면에서 하나님을 아는 지식이 내주함에서 오는 인격적 지식으로서 인격주체 개념이다.[661] 데카르트가 말한 "Je pense, donc je suis", 즉, "나는 생각한다. 고로 존재한다"라는 명제를 지식의 기초로 놓은 이후로[662] 모든 학문의 기초로 주체인식에 두었다. 그러나 인격주체 개념은 주체-대상을 이중적으로 보지 않고 의식 내부의 자기표상과 대상표상으로 이 책의 구조와도 일치하며 『기독교 강요』가 하나님을 아는 지식과 인간을 아는 지식을 계시를 매개로 해서 구성한 체계와도 통한다.

세우기는 자기표상과 대상표상이 믿음 추동으로 교정되고 이 표상을 사용하여 자기와 이웃과 하나님과 관계 맺는 인격주체를 세우는 과정이다. 지우기가 핵심감정에 의해 왜곡된 자기표상, 대상표상을 교정하는 것이 주된 목표라면 세우기는 교정된 표상을 따라 자기와 이웃과 하나님과의 관계에서 회복된 관계의 열매들이 맺히도록 하는 것이 목표다. 성령의 열매를 자기와 이웃과 하나님과의 관계에서 맺도록 하고 균형 잡히고 하나님의 뜻에 순종하는 윤리적인 인격주체가 서도록 하는 것이다. 이런 점에서 이 과정은 단지 상담 과정만이 아니라 제자훈련의 과정이기도 하다. 그래서 이러한 세우기는 중생자 모델로만 기능한다. 물론 구도자 역시 전보다 낮은 방식으로 자신과 이웃과 관계 맺을 수 있다. 주체로서 이웃과 관계 맺기도 가능하다. 그러나 죄와 부패성이 해결되지 않았고 무엇보다도 하나님과의 관계가 회복되지 않았기 때문에 이 과정은 구도자의 과정일 수는 없다. 핵심감정은 통상적으로 인간이 경험하고 아는 자기 자신이며, 이것이 경험적으로 매우 확실함에도 불구하고 가짜다. 이에 비해 인격주체는 몸-영혼 추동이 산출하고 믿음에 의해서 교정된 후, 하나님의 선하신 뜻에 순종하게 되는 인격과 그 지식의 총아라 할 수 있다. 이것을 폴라니(Polanyi)의 개념으로서 설명하면, 인식 주체와 대상의 일체성을 강조하고 인식 행위에는 대상을 인식하는 인격의 열정적인 참여가 개입됨이야말로 지식의 중대한 구성 요소라 하였다.[663]

심리학적 관점에서 세우기는 자기표상의 응집,[664] 대상표상과 현실대상의 일치, 하나님표상과 말씀의 일치, 몸-영혼 추동과 믿음 추동의 일치된 상태의 개별화된 인격주체를 세우는 과정이다. 핵심감정이 개별화된 부패성을 특정한 것이라면, 인격주체 세우기는 개별화된 인격주체를 특정한 것이다. 인격주체는 내면적 의식이자 자기정체성이며 분노하기도 하고 슬퍼하기도 하며 불안해하기도 하는 개별화된 주체다. 나라는 개체의 고유성이 드러난 것이다. 여전히 개별화된 몸-영혼 추동이 핵심감정에 힘을 공급함에도 불구하고 믿음 추동이 하나님을 향하고, 몸-영혼 추동도 믿음 추동에 의해서 같은 방향으로 조율된다. 믿음이 심긴 후 하나님을 향한 추동으로 실질적인 그리스도와의 연합이 일어나면 믿음으로 의롭게 된 참된 나(real self)를 경험하게 되는데 이것을 인격주체라 한다.

인격주체는 단순히 현실에 적응하는 응집된 자기가 아니며, 내면적 갈등을 중재하는 자아도 아니고 독립된 자아나, 욕망하는 주체도 아니다. 인격주체는 삶에서 하나님의 영광을 드러내고 믿음 추동으로 그리스도 안에 있는 원의가 믿음에 의한 전가로 우리 안에 있는 지·정·의에서 드러나며, 하나님의 뜻에 순종하고 하나님, 이웃, 그리고 자연과 조화로우며, 몸과 영혼이 실제로 지향하는 최종목표로서 주체다. 물론, 성화가 사는 동안 완전할 수 없듯이 주체도 우리가 사는 동안 완전하게 드러날 수 없다. 그럼에도 인격주체는 우리의 지향점이자 목표다. 핵심감정에 휘둘리지 않고 이전과 다른 거룩하고 경건한 삶을 살고 죄의 세력에서 실질적으로 자유할 수 있다면 인격주체로서 세워진 것으로 간주할 수 있다.

이를 잘 설명해주는 모건 프리먼(Morgan Freeman)과 팀 로빈스(Tim Robbins)가 주연한 '쇼생크 탈출'이라는 영화가 있다. 영화의 원제는 *The Shawshank Redemption*이다. 제목에서 유추할 수 있듯이 쇼생크는 이집트 22왕조의 시조며, Redemption은 구속이라는 의미다. 제목에서 짐작되듯이 영화는 두 가지 이야기를 하고 있다. 전형적인 더블 플롯(double plot)의 구성이다. 성경의 구속 이야기의 모티프를 감옥 이야기로 풀어내었다. 영화 예고편의 카피가 "두려움은 너를 죄수로 가두고, 희망은 너를 자유롭게 하리라"이다.

우선 앤디(팀 로빈스 분)는 죄 없이 누명을 쓴 채로 감옥에 들어온 인물로 연약해 보이지만 자유를 추구하며 희망을 갈망한다. 앤디가 여러 번의 편지를 보낸 끝에 받은 후원물품으로 온 레코드 중 모차르트의 아리아를 듣는 장면은 그의 내면적 자유를 묘사해 준다. 그는 감옥에 갇혔으나 갇히지 않은 존재, 죄 없이 이 가짜 세상에 들어온 존재, 곧 예수님을 그리고 있다. 이 감옥이 쇼생크로 불리는 것 역시 출애굽 모티프를 상징으로 가지고 왔기 때문이다. 교도소장인 노튼은 "나는 두 가지만 믿는다. 규율과 성경"이라고 말함으로 율법에 의한 고소와 정죄를 보여 주는 인물이다. 앤디가 교도소를 탈출했을 때, 노튼의 금고에서 꺼낸 성경이 떨어지면서 펼쳐진 페이지가 출애굽기라는 것도 의미심장하다. 앤디의 탈출과 그의 자살은 마치 출애굽과 홍해에서 죽음을 맞는 바로가 오버랩 된다.

레드(모건 프리먼 분)와 앤디는 인연이 깊다. 같이 도서관을 운영했던 브룩스와 앤디에게 리타 헤이워드의 사진을 구해 주었던 사람이 레드이다. 레드와 브룩스는 모두 가석방 된다. 그러나 브룩스는 가석방의 삶을 견디지 못하고 자살하고 만다. 레드 역시 같은 운명이다. 앤디가 모차르트의 아리아를 튼 이유로 독방에 갇혔다가 나와 식사하는 자리에서 레드는 "희망은 위험한 것이다. 그저 현실에 적응해서 살라"고 앤디에게 충고한다. 이 대사는 마치 이 책을 위해서 준비된 것 같다. 이 영화가 말하는 현실 적응과 희망이 전혀 다르듯이 현실 적응과 구원은 차원이 전혀 다른 것이다. 그런 레+드가 가석방되고 브룩스와 같이 죽을 수밖에 없는 운명이었으나 앤디가 탈출 전 자기에게 한 약속을 기억했다. 혹 가석방이 되면 어느 나무 아래를 들춰보라는 것이었다. 그래서 레드는 가석방자가 벗어날 수 없는 지역을 벗어나 앤디가 말했던 나무 아래에서 앤디가 남긴 편지와 앤디가 먼저 가 있겠다고 약속한 파라다이스를 향한 여비를 발견했다. 이 약속이 브룩스와 레드의 운명을 갈랐다. 브룩스나 레드 모두 두려움 때문에 감옥에 갇혀 사는 사람이었으나 희망의 사람 앤디와 약속을 맺은 레드는 두려움을 벗어나 희망의 낙원으로 인도되었다.

이 영화는 원래 스티븐 킹(Stephen King)의 소설 『리타 헤이워드와 쇼생크 탈출』을 영화화한 것이다. 앤디가 자기 감방에 붙여둔 리타 헤이워드의 사진은 앤디의 희망을 은유한다. 출애굽 플롯으로는 신부인 교회를 은유한다. 희망은 위험한 것이라고 말하던 레드는 앤디와의 약속으로 쇼생크라는 물리적 감옥이 아니라 자기 내면의 두려움의 감옥을 떠나 진정한 낙원을 향한 여행을 시작할 수 있었다. 우리를 가두는 것은 감옥이 아니라 우리 내면의 두려움이며 핵심감정이다. 여기서 벗어나는 길은 레드가 앤디와 언약을 맺고 자신의 두려움에서 벗어나 희망할 수 있게 되었던 것과 같다. 내가 언약적인 인격주체를 말하는 이유가 여기 있다. 우리 스스로의 힘으로는 이 두려움과 죄의 세력에서 자유할 수 없다. 희망은 위험한 것이며 기독교는 위험한 것이다. 그러나 쇼생크에 죄 없이 갇힌 앤디를 믿은 레드는 언약으로 인해 자신의 굴레를 벗고 인격주체로 설 수 있었다. 레드가 앤디가 있는 해변으로 향하는 버스에 오르면서 하는 독백은 "나는…희망한다"는 것이었다. 이는 훈습(working through)이며, 이 훈습은 그를 마침내 자유롭게 해서 앤디의 파라다이스로 인도한다. 이처럼 우리를 낙원으로 인도할 이는 그리스도시며 그와의 언약이 우리를 인격주체로 서게 한다.

성훈 씨의 엄마는 뜻대로 되지 않으면 차갑게 구는 방식으로 성훈 씨를 양육했다. 그 결과 그는 늘 거절을 두려워했고, 이는 대상-리비도에서 철수하면서 대상은 비정상적이고 비현실적이 되었고 자아-리비도에 에너지가 집중되면서 자아의 초라함을 감추려 애를 썼다. 그런 까닭에 늘 비교하며 열등감으로 고통받았다. 이것을 회피하기 위해서 사람들과의 관계 자체를 회피했다. 그러던 성훈 씨는 인격주체 세우기의 치료개입을 통해서 자기를 이해하는 힘이 커지고 거기에 에너지를 집중할 필요가 줄어들었다. 대상-리비도가 증가하면서 대상을 더 현실적으로 파악하기 시작했다. 그러면서 자기 내면의 감정보다 성경계시가 자신에게 약속하는 것에 대한 믿음이 더욱 강해졌다. 세우기를 통해서 비교적 자신보다 더 나은 형편에 있는 사람들과도 편안하게 교제할 수 있게 되었고 더 이상 차갑게 구는 엄마의 대상표상으로 사람들과의 관계를 해석하지 않게 되었다.

결론 : 핵심감정에서 놓여나는 훈련을 해야 하는 이유

성경은 예수님이 이 세상에 오신 까닭이, 생명을 얻게 하고 더 풍성히 얻게 하는 것이라고 하였다(요 10:10 참고). 무엇이 생명을 풍성히 얻는 것인가? 생명을 얻는 일은 우리를 묶는 죄의 세력과 그 두려움에서 해방되어 그리스도에게 속하는 것이다. 많은 그리스도인들이 성경의 이런 약속에도 불구하고 형식적인 신앙생활과 죄의 세력에 여전히 묶인 채로 사는 일들이 다반사다. 기독교 신앙의 참된 비밀을 모른 채 살고 있다. 왜 그런가? 많은 그리스도인들이 같은 죄를 반복하는 경우가 많다. 자신도 알지만 연약함 때문에 계속 무너지는 것이다. 신앙생활의 초기에는 거듭 회개를 하지만 계속 죄를 반복하다 보면 회개하는 일도 어려워진다. '이렇게 지속적이고 반복적인 죄도 용서하실까?'라고 생각하며 사죄의 은혜에 대한 불신앙이 싹트기도 한다. 뿐만 아니라 로마서 7:14 이하의 본문으로 자신의 거듭된 죄를 합리화하기도 한다. 더러는 구원파적인 자기 합리화에 빠지기도 한다. 이런 일의 반복은 견디기 힘든 일이다. 그러다 보면 죄의 세력을 끊지 못하고 이런 불신앙과 타협이 반복되면서 명목상의 그리스도인으로 살게 된다. 이런 삶은 자기가 짓는 죄가 무엇인지 몰라서 벌어지는 것이 아니다. 알고도 반복하게 되는 무력함이 신앙을 무기력하게 만든다. 왜 그렇게 하나님과 이웃과 자신에 대해서 무기력하게 아는 잘못을 반복하게 될까? 첫째, 죄를 이길 힘이 없다는 사실을 인지하지 못하기 때문이다. 그래서 은혜의 수단을 게을리 한다. 둘째, 죄의 세력의 규모와 범위를 제대로 알지 못하기 때문이다. 핵심감정 공부는 믿음과 은혜의 수단을 더 효과적으로 사용할 수 있도록 돕는 수단이다. 내 몸-영혼의 추동의 힘을 무시해서는 자연적 균형을 이룰 수 없다. 예컨대, 용수철을 누를수록 반발력이 커지고 그 힘의 크기만큼 다른 곳에 쓸 힘이 줄어들 수밖에 없다. 사단은 우리의 이런 약점을 파고든다. 그러므로 자연적인 균형을 1차적으로 이루는 것이 중요하고 믿음으로 영적 힘을 공급받아 영적 균형을 이루는 것이 2차적으로 중요하다. 자기를 알아야 자기를 부인하고 예수님으로부터 오는 풍성한 삶을 경험할 수 있다.

핵심감정은 개별화되고 타인과 구별된 자기로부터 나오는 부패성의 결과다. 환경에 적응하여 그럴 수밖에 없는 살기 위한 선택이기도 하지만 그와 같은 요인들이 하나님, 이웃, 자신과의 갈등을 만든다. 효율적이지도 않으며 많은 에너지를 사용하면서 고통스러운 것을 반복하고 있는 비참한 상태다. 그러하기에 변화를 위해서라도 꼭 알아야 하고 현실에 효과적으로 대처하며 영적 성장에 더 효율적인 내면세계의 질서를 위해서 핵심감정을 공부해야 한다. 핵심감정에서 놓여나는 훈련의 목적은 행복하고 평안한 삶과 영적 성장이다. 그 행복은 하나님과의 교제가 회복될 때 궁극적으로 오는 것이다. 교제의 회복은 하나님을 아는 지식과 인간을 아는 지식으로부터 온다. 그런데 핵심감정은 매우 불합리하고 미숙한 형태의 자기에 대한 지식이며, 그 한계로부터 하나님에 대한 지식의 왜곡이 생긴다. 그 지식들의 집합체가 내적 표상들이다. 그리고 이 내적 표상은 성경을 배운다고 쉽게 수정되지 않는다. 그래서 성경의 메시지가 체화하기 위해서도 자신의 핵심감정을 통해 내가 누구인지를 돌아봐야 한다. 핵심감정은 이 표상들이 생성하는 내외적인 힘들의 균형이다. 그래서 핵심감정의 공부는 처음에 시작하기가 어렵지 일단 시작되면 전보다 훨씬 성숙한 구조로 나아가는 공부이기 때문에 쉽다. 물론, 자연인이 가진 사랑받고 인정받으려는 욕구는 자기만족을 향해 있다. 오히려 공부가 자기만족적이기 때문에 누구나 쉽게 시작 할 수 있다. 보편적인 삶의 자리에서 시작하는 것이다.

그러나 핵심감정 공부가 진행되면서 자신의 불쌍함과 비참함을 목격하게 된다. 모든 상담 과정이 그렇지만 진정한 변화에는 고통이 동원되기 마련이다. 비참과 불쌍함을 있는 그대로 받아들이고 공감할 때, 복음으로 초대하는 일이 가능해진다. 구도자라도 시작할 수 있으며 유익을 누릴 수 있고 나아가 중생으로 초대받을 기회도 주어진다. 명목상의 그리스도인은 형식적이던 신앙생활을 되돌아보는 계기가 된다. 불쌍함과 비참함을 있는 그대로 받아들이는 과정에서 참신자에게는 회개와 믿음이 일어난다. 그래서 자기만족적인 사랑받고 인정받으려는 욕구는 방향을 바꾸어서 하나님의 영광을 구하며 하나님의 사랑과 인정을 추구하는 경향이 나타난다. 자기만족에서 하나님을 기쁘시게 하는 것으로 추동의 방향이 바뀌는 것이다. 이때 작용하는 것이 제2의 본성인 믿음이다. 핵심감정에 휘둘려서 '순환적 부적응 패턴(Cyclical Maladaptive Pattern)'으로 살면 살아도 사는 게 아닌 게 된다. 특정 상황이 되면 과민반응을 반복하게 되고 그 반복은 삶을 깨뜨리고 무너뜨린다. 핵심감정 공부는 핵심감정을 찾고 보고 지우고 언약적인 인격주체를 세우는 것이다. 몸-영혼 추동은 믿음 추동으로 교정되고 이 추동의 최종적 목표는 인격주체다. 건강한 인격주체는 성령의 열매를 맺는다. 이 일은 은혜 없이 일어나지 않는다.

자기만족을 추동하는 힘은 무의식이라 자신은 잘 모른다. 그런데 의식화되면 이렇게 사는 삶이 고생이며 비참이라는 것을 자각한다. 이런 과정에 고통이 동원되고 퇴행하고 피하려는 힘이 작용하지만 일단 구조의 변화를 경험하고 나면 핵심감정 공부가 진행될수록 자신, 이웃, 하나님과의 관계가 이전보다 더 조화로움을 경험하기 때문에 집단 상담을 지도하다 보면 쉬는 시간에도 핵심감정 공부를 안 하면 안 되게 진행되는 경우가 많다. 왜냐하면, 부정적 힘을 통기(ventilation)시키면서 부적응의 상태를 유지하는 데 사용되는 에너지에 비해 적은 에너지를 써도 되도록 내면의 구조가 바뀌고 심리적으로 편하기 때문이다. 공부가 깊어질수록 영적인 평안에까지 이르기 때문에 이 공부가 시작되면 중간에 멈추지 않고 훈련이 지속되는 장점이 있다. 원래 자연적이든 영적이든 생명은 태어나면 성장을 멈추지 않는다. 아이가 자라면서 수없이 넘어지지만 마침내 걸을 수밖에 없고, 말을 배우는 일도 수없이 틀리지만 말을 배우지 않을 수 없는 것처럼 믿음이 주입되고 이 영적 훈련이 진행되면 마침내 이기기까지 승리의 전투를 멈추지 않게 된다. 핵심감정에서 놓여나는 공부는 이 과정을 더 촉진적이고 더 효과적으로 만들어서 시행착오를 줄여준다.

핵심감정은 자신을 힘들게 하고 가까운 사람들에게도 고통을 준다. 특히 부모, 부부, 자녀관계에서 핵심감정이 더욱 노골적으로 표현된다. 그러니 가정이 행복할 수가 없다. 우리가 건강하게 살려면 이 핵심감정이 해결되어야만 행복해질 수 있다. 회피한다고 해결되지 않는다. 부모와 자식 간에 식습관이 비슷할 수밖에 없는 것처럼 핵심감정은 대물림된다. 예컨대, 엄마로부터 늘 비난받던 딸은 자신은 결코 엄마처럼 살지 않겠다고 결심하지만 그 역시 엄마를 향한 비난이며 엄마의 비난에 직면하여서 적응 기제로 비난을 적게 당하기 위해 높은 수준의 만족 체계를 형성하게 된다. 그리고 자신이 딸을 낳고 나서 자녀를 양육하는 과정에서 이 만족 체계에 부합하지 않는 딸이 못마땅하게 되고 엄마로부터 비난을 학습했고 그 비난으로부터 자기 방어의 방식으로 엄마를 비난해 온 것을 이제 자신의 딸을 향해서 반복하게 된다. 핵심감정은 이처럼 윗대로부터 양식을 달리해서 대물림된다. 이처럼 핵심감정 공부는 이 대물림을 끊고 후세대에 행복을 선물하는 공부다.

핵심감정에서 놓여나는 훈련을 하지 않으면 자녀와 배우자에게 그대로 드러난다. 대물림하지 않으려면 내가 건강해져야 한다. 믿음과 순종이 핵심감정에서 벗어나는 원천적인 힘이지만 믿음과 순종을 방해하는 몸에 배인 생활습관이 핵심감정이기 때문에 건강한 가정에서 잘 양육된 경우가 아니라면 믿음의 여정이 가시밭길일 수밖에 없다. 그러므로 자신의 핵심감정을 발견하고 이 감정으로부터 놓여나는 공부를 해야 한다. 어떻게 보면 우리는 끊임없이 은혜 가운데 성화될 수밖에 없다. 왜냐하면 중생한 내 안에 회복된 하나님의 형상(참지식, 의, 거룩)은 성장하고 열매를 맺을 수밖에 없기 때문이다. 자연적 과정이라면 수없이 고생하고 힘들여서 할 것이다. 왜냐하면 이것은 무의식이고 무의식 안에서 이유도 모른 채 고통 가운데 그 삶을 반복하기 때문이다. 그러나 이 핵심감정에서 놓여나는 훈련은 이 길을 비교적 지혜롭게 만들어 준다. 무의식을 의식화하는 과정을 거치기 때문에 일만 번의 시행착오를 거쳐야 깨달을 것을 기백 번의 시행착오 끝에 하나님의 레슨을 통과하게 해 준다. 모든 관계에서 핵심감정이 작용하므로 이 핵심감정을 잘 지켜보고 있으면 옛사람이 아닌 새사람에 중심을 두고 살 수 있다. 핵심감정이 가짜임을 알고 이제는 더 이상 속지 말고 살아야 할 것이다. 그런데 핵심감정에 휘둘리게 되면 현실에서 느끼는 핵심감정이 진짜이고 현실이라고 착각하게 된다. 이 감정이 현실이 아님을 자각할 때에 핵심감정으로부터 서서히 놓여나게 된다.

"두려움은 너를 죄수로 가두고 희망은 너를 자유롭게 하리라."

영화 '쇼생크 탈출'의 카피에서

BIBLIOGRAPHY
참고문헌

강응섭. "아우구스티누스의 intentio와 라깡의 pulsion." 「라깡과 현대정신분석」 제8
　　권 2호. (2006): 7-35.
김경민. "핵심감정." 「한국재활심리학회연수회」 (2008): 1-10.
_____. "핵심감정과 정신역동치료." 「한국재활심리학회연수회」 (2010): 1-8
김용준. "칼바르트의 신적 위격개념 'Seinsweise'에 대한 개혁주의적 비평." 「개혁논
　　총」 21권 (2012): 71-96.
김종기. "큰 이성으로서의 몸과 니체의 유물론. '차라투스트라는 이렇게 말했다.'를
　　중심으로", 「고기토」 부산대학교 인문학연구소 제68집 (2010): 341-375
김진영. "정신분석적 관점에서 본 주체와 객체의 문제." 「목회와 상담」 가을호,
　　(2003): 71-94.
김필진. 「Adler의 사회적 관심과 상담」. 서울: 학지사, 2007.
김학모. 편 「개혁주의 신앙고백」. 서울: 부흥과 개혁사, 2015.
김희정. "한일 유행가의 그리움을 나타내는 어휘의 비교고찰: 1925년부터 1960년까
　　지를 중심으로." 「일본근대학연구」 제25집, (2007): 37-49.
남경희. 「비트겐슈타인과 현대 철학의 언어적 전회」. 서울: 이화여자대학교출판부,
　　2005.
노승수. "용서프로그램이 대학생의 부모에 대한 태도에 미치는 효과," 교육학석사
　　학위논문, 창원대학교, 1997.
동서심리상담연구소. 「대물림되는 핵심감정」. 서울: 동서심리상담연구소, 2013.
목창균. "자연신학논쟁: 바르트와 부룬너를 중심으로." 「목회와 신학」 5월호, (1993):
　　210-265.
_____. 「현대신학논쟁」. 서울: 두란노서원, 1995.
문병호. 「기독론, 중보자 그리스도의 인격과 사역」. 서울: 생명말씀사, 2016.
박상도. "스트레스와 가족부담감 관계 연구: 알콜올중독자 가족을 중심으로." 「청소
　　년보호지도정구」 제14집 (2009): 49-73.
박승억. 「찰리의 철학공장: 위기와 희망으로 그려보는 현대 철학의 자화상」. 서울:

프로네시스, 2008.

박인오. "자연신학논쟁과 오늘날의 자연신학연구." 신학석사학위논문, 장로회신학 대학원, 1998.

박형용. 『교의신학: 인죄론』. 서울: 은성문화사, 1968.

신재은, 박준성. "유아의 분노관리를 위한 분노대상과 원인 및 표현방식에 관한 연 구."『Korean Review of Crisis & Emergency Management』, Vol. 11 No 10 (2015): 289-308.

신지연, 김향숙. "우울을 동반하거나 동반하지 않은 강박증상군과 우울증상군의 변별: 자의식, 예방초점 및 자기비난을 중심으로."『Cognitive Behavior Therapy in Korea』, Vol. 14 No. 2 (2014): 267-284.

오은정. "청소년의 소외감 정도에 따른 온-오프라인 친구관계 및 대인관계성향." 상담심리학석사학위논문, 가톨릭대학교상담심리대학원, 2008.

오윤선. 『기독교상담심리학의 이해』. 서울: 예영B&P, 2007.

이동식. 『현대인과 스트레스』. 서울: 한강수, 1991.

＿＿＿. "한국심리학회 특별공로상을 받고"『한국정신치료학회보』제30권 제5호 (2004).

이문희. "소암 이동식 선생의 치료개입 특성에 대한 질적 사례 연구." 심리학박사학 위논문, 이화여자대학교, 2009.

＿＿＿. 유성경, "소암 이동식 선생의 치료개입모형에 대한 질적 사례 연구"『The Korea Journal of Counseling』, Vol. 10, No. 2, (2009): 741-768.

이승연. "억울함의 정서적 구성요소 탐색." 상담학석사학위논문, 한국상담대학원 대학교, 2015.

이용미. "중년여성의 분노경험에 관한연구." 간호학박사학위논문, 고려대학교, 2002.

이은선. "멜랑히톤의 Loci communes초판의 주의주의 비판과 감정의 관계."『한국 교회사학회지』제13호 (2003): 287-309.

이형기. 『종교개혁신학사상』. 서울: 장로회신학대학출판부, 1984.

임영택. "웨슬리 초기 공동체형성과 성격에 관한 연구."『기독교교육정보』제38권 (2013): 39-65.

임효덕. "첫 면담과 핵심감정_전공의를 위한 정신치료워크샵. "『한국정신치료학 회』(2004): 3-25.

장미혜, 정연득. "목회상담학의 최근 연구동향: '목회와 상담' 게재논문 분석 (2001-2016). "『목회와 상담』제28권 (2017): 269-300.

장수민. 『Calvin의 기독교강요 분석 I』. 서울: Calvin아카데미, 2006.

전경연. "노예의지론과 루터의 하나님 이해."『루터신학』제3권 (1966): 1-11.

＿＿＿. 『아날로기아와 해석학』. 서울: 대한기독교출판사, 1970.

전요섭. 『기독교상담의 실제』. 서울: 한국복음문서간행회, 2001.

정재홍. "상담학계 원로를 찾아서-김기석, 대학상담 및 생리심리학의 공헌자", 「청소년상담소식」 6월호 (2003): https://www.kyci.or.kr/kyci/news/2003_08/sub_04.htm

지용원 편. 『루터선집: 교회의 개혁자』. 제5권 서울: 컨콜디아사, 1986.

최윤배. "베르까우어의 인간론: '하나님의 형상' (imago Dei)을 중심으로." 「한국기독교신학논총」 제21권 (2001): 137-161.

최홍석. 『인간론』. 서울: 개혁주의신행협회, 2006.

한국대학생선교회. 『사영리에 대하여 들어보셨습니까?』.

한병수. "칼빈의 신학적 구조: Cognitio Dei et nostri in duplice cognitione Dei cum symbolo apostolico." 「한국조직신학논총」 제41집 (2015): 51-86.

한철희. "신앙교육을 위한 '지식의 암묵적 내주성' 고찰: 마이클 폴라니의 인식론과 파커 J. 팔머의 영성 교육을 중심으로." 「한국기독교신학논총」 제31권 (2004): 399-428.

현은수. "앎의 패러다임 전환과 기독교 학교 교육과정에의 함의." 신학박사학위논문, 총신대학교, 2007.

Augustine. 『신망애 편람』. 김광채 역. 서울: 에세이퍼블리싱, 2014.

_____. 『하나님의 도성』. 조호연, 김종흡 역. 고양: 크리스찬다이제스트 1989.

Bavinck, 『개혁교의학』. 제3권 박태현 역. 서울: 부흥과 개혁사, 2011.

Berkhof, Louis. 『벌코프조직신학』. 권수경 역. 고양: 크리스찬다이제스트, 1991.

Bromiley, Geoffrey W. 『역사신학』. 서원모 역. 서울: 크리스챤다이제스트, 1992.

Brunner, Emil & Barth, Karl. 『자연신학』. 김동건 역 서울: 한국장로교출판사, 1997.

Clair, Michael St. 『인간의 관계경험과 하나님 경험』. 이재훈 역 서울: 한국심리치료연구소, 1998.

Comenius, Jan Amos. 『대교수학』. 정일웅 역. 서울: 창지사, 2002.

Davis, Madeleine. & Wallbridge, David. 『울타리와 공간』. 이재훈 역. 서울: 한국심리치료연구소, 1997.

Dewald, Paul A. 『정신치료의 이론과 실제』. 2d ed. 김기석 역. 서울: 고대출판부, 2010.

_____. 『정신치료의 역동요법』. 이근후, 박영숙 역. 서울: 하나의학사, 1985.

Dobson, James. "형제간의 경쟁심." 「새가정」 (1980): 58-61.

Edwards, Jonathan. 『신앙감정론』. 정성욱 역. 서울: 부흥과 개혁사, 2008.

Fairbairn, Ronald. 『성격에 대한 정신분석학적 연구』. 이재훈 역. 서울: 한국심리치료연구소, 2003.

Gabbard, Glen O. 『장기 역동정신치료의 이해』 노경선, 김창기 역. 서울: 학지사, 2007.

Gerkin, Charles Y. 『살아있는 인간 문서』. 안석모 역. 서울: 한국심리치료연구소,

1998.

Greedberg, Jay R. & Mitchell, Stephen R. 『정신분석학적 대상관계이론』. 이재훈 역. 서울: 한국심리치료연구소, 1999.

Hagglund, Bengt. 『신학사』. 박희석 역. 서울: 성광문화사, 1989.

Hoekema, Anthony. 『개혁주의 인간론』. 류호준 역. 서울: 기독교문서선교회, 1990.

Hodge, Archibald Alexander. 『하지조직신학』. 제2권, 고영민 역. 서울: 기독교문사, 1981.

Hunsinger, Deborah Van Deusen. 『신학과 목회상담』. 이재훈, 신현복 역. 서울: 한국심리치료연구소, 2000.

Jones, James William. 『전환기의 종교와 심리학』. 이재훈 역. 서울: 한국심리치료연구소, 2004.

Jones Stanton L. & Butman, Richard E. . 『현대심리치료법』. 이관직 역. 서울: 총신대학출판부, 1995.

LaCugna, Catherine Mowry. 『우리를 위한 하나님: 삼위일체와 그리스도인의 삶』. 이세형 역. 서울: 대한기독교서회, 2008.

Lamprecht, Sterling P. 『서양철학사』. 김태길 외 역. 서울: 을유문화사, 1994.

Laplanche, Jean & Pontalis. Jean−Bertrand. 『정신분석사전』. 임진수 역. 서울: 열린책들, 2005.

Mackintosh, Hugh Ross. 『현대 신학의 선구자들』. 서울: 대한기독교서회, 1973.

Mahler, Margaret S. 『유아의 심리적 탄생』. 이재훈 역. 서울: 한국심리치료연구소, 1997.

Masterson, James F. 『참자기』. 임혜련 역. 서울: 한국심리치료연구소, 2000.

Mcgrath, Alister E. 『종교개혁사상입문』. 박종숙 역. 서울: 성광문화사, 1992.

_____. 『신학의 역사』. 이달 외 역. 서울: 지와 사랑, 2013.

McMinn, Mark R. & 채규만. 『심리학, 신학, 영성이 하나 된 기독교상담』. 서 울: 두란노서원, 2004.

Miller, William R. & Harold D. Delaney. eds., 『심리학에서의 유대−기독교 관점: 인간본성, 동기 그리고 변화』. 김용태 역. 서울: 학지사, 2015.

Mitchell Stephen A. & Black, Magaret J. 『프로이트 이후』. 이재훈, 이해리 역. 서울: 한국심리치료연구소, 2000.

Niesel, Wilhelm. 『Calvin의 신학』. 이종성 역. 서울: 대한기독교서회, 1983.

Nietzsche, Friedrich W. 『니체전집 13: 차라투스트라는 이렇게 말했다』정동호 역. 서울: 책세상, 2002.

O'Connor, Joseph. 『두려움 극복을 위한 NLP 전략 : 불안과 두려움으로부터의 자유』. 설기문, 오규영 역. 서울: 학지사, 2008.

Oden, Thomas C. 『목회상담과 기독교 신학 : 바르트 신학과 로저스 심리학의 대화』. 이기춘, 김성민 역. 서울: 다산글방, 1999.

Owen, John. 『죄죽이기』. 서문강 역. 서울: SFC, 2004.

Palmer, Paker J. 『가르침과 배움의 영성 : 공동체, 사랑, 실천을 회복하는 교육』. 이종태 역. 서울: IVP, 2006.

Rizzuto, Ana-Miria. 『살아있는 신의 탄생-정신분석학적 연구』. 이제훈 외 역, 서울: 한국심리치료연구소, 2000.

Roudinesco, Elisabeth & Plon, Michel. 『정신분석대사전』. 강응섭 외 역. 서울: 백의, 2005.

Saul, Leon J. 『인격형성에 미치는 아동기 감정양식』. 이근후, 박영숙, 문홍세 역. 서울: 하나의학사, 1988.

_____. 『정신역동적 정신치료』. 이근후, 최종진, 박영숙 역 서울: 하나의학사, 1992.

_____. 『결혼과 소아기 감정양식』. 최수호 역 서울: 하나의학사, 1997.

_____. 『아동기 감정양식과 성숙』. 천성문 외역. 서울: 시그마프레스, 2006.

Seeberg, Reinhold. 『기독교교리사 중 · 근세편』. 김영배 역 서울: 엠마오, 1987.

Segal, Hanna. 『멜라니 클라인 : 멜라니 클라인의 정신분석학』. 이재훈 역 서울: 한국심리치료연구소, 2003.

Van Til, Cornelius. 『신현대주의 : 바르트와 부루너 신학의 평가』. 김해연 역 서울: 성광문화사, 1990.

Vincent, Thomas. 『성경소요리문답해설』. 홍병창 역. 서울: 여수룬, 1988.

Watson, Peter. 『생각의 역사2 : 사람이 알아야 할 모든 것, 20세기 지성사』. 이광일 역 파주: 들녘, 2009.

Weischedel, Wilhelm. 『철학자들의 신』. 최상욱 역, 서울: 동문선, 2003.

Winnicott, Donald W. 『놀이와 현실』. 이재훈 역, 서울: 한국심리치료연구소, 1997.

Adams, Jay E. *The Christian counselor's manuel*. Grand Rapid: Baker 1973.

_____. *What about nouthetic couseling?*, Grand Rapid: Baker 1977.

_____. *A Theology of Christian Counseling: More Than Redemption*, Grand Rapids, MI: Zondervan, 1979.

Ainsworth, M. D. S. "Attachments and Other Affectional Bonds Across the Life Cycle." In *Attachment Across the Life Cycle*. Ed. C. M. Parkes, J. Stevenson-Hinde & P. Marris. London: Routledge, 1991: 35-51.

APA. Ed. *Diagnostic and Statistical Manual of Mental Disorders*. 4th.

Applewhite, Barry. *Feeling good about your feelings*. Wheaton: Victor, 1980

Asselt W. J. van & E. Dekker Eds. *De scholastieke Voetius. Een luisteroefening aan de hand van Voetius' Disputationes Selectae*. Zoetermeer: Boekencentrum, 1995.

Aquinas, Thomas. *Summa Thologia*, In *Nature and Grace*, Vol. 11 of the *Library of Christian Classics*, trans. A. M. Fairweather, Philadelphia: Westminster, 1954.

Augustine, Confessions, *The Confessions of Saint Augustione*, Nicene and Post—Nicene Church Fathers, Vol. 1 Ed. Philip Schaff. New York: Christian Literature Publishing Co. 1886.

_____. *De civitate Dei contra paganos, Nicene and Post-Nicene Church Fathers*, Vol. 3—4. in City of God, ed. Philip Schaff New York: Christian Literature Publishing Co. 1886.

_____. *De correptione et gratia : On Rebuke and Grace*, ed. Philip Schaff, Benjamin Breckinridge Warfield, trans. Robert Ernest Wallis, Peter Holmes Colorado: Create Space Independent Publishing, 2015.

_____. *Enchiridion. : Handbook on faith, hope and love.*

_____. *Freedom of the Will.*

_____. *On Christian Doctrine.*

_____. *On Nature and Grace.*

_____. *On the Trinity.*

_____. *Reply to Faustus the Manichean.*

Bakan, David. *Sigmund Freud and the Jewish Mystical Tradition*, London: Free Association Books, 1990.

Baker, Kenneth ed. *The NIV Study Bible*. Grand Rapids: Zondervan, 1985.

Barth, Karl. *Church Dogmatics*, III. ed. Helmut Gollwitzer. Westminster John Knox Press: 1994.

Bavinck, Herman. *Reformed Dogmatics*. ed. John Bolt. Grand Rapids: Baker Academic, 2011.

Basch, Michael F. "The Concept of Self: An Operational Definition." in *Developmental Approaches th the Self*. eds. Benjamin Lee & Gel G. Noam. New York & Lodon: Plenum Press, 1983.

Beeke, Joel R. "Assurance of Faith: Calvin, English Puritanism, and the Dutch Second Reformation." in *American University Studies*. Series 7, Theology and religion 89. New York: Peter Lang, 1991: 368—370.

Bellarmine, Robert. *De Gratia primi hominis*, Heidelberg: J. Lancellot, 1612.

Bergin, Allen E. & Jensen, Jay P. "Religiosity of Psychotherapists: A National Survey." Psychotherapy: Theory, Research, Practice, Training 27(1) (1990): 3—7.

Berkouwer, G. C. *Man: The Image of God*, trans. Dirk W. Jeliema. Grand Rapids: Eerdnans, 1962.

Bettelheim, Bruno. *Freud and man's soul*. New York: Alfred a Knopf Inc, 1983.

Bonhoeffer, Dietrich. *Creation and Temptation*. London: SCM, 1966.

Bouma—Prediger, Steven "The Task of Integration: A Modest Proposal." in *Journal of Psychology and Theology* 18 (1990): 21—31.

Brandon, Owen R. "Heart." In *Baker's dictionary of Theology*. ed. E. F. Harrison. Grand Rapids: Baker, 1966.

Bray, John. S. *Theodore Beza's Doctrine of Predestination*, Bibliotheca Humanistica & Reformatorica 12. Nieuwkoop: De Graaf, 1975.

Bretherton I. & Munholland, K. A. "Internal Working Models in Attachment Relationships: A Construct Revisited." in *Handbook of Attachment: Theory, Research, and Clinical Applications*. ed. J. Cassidy and P. R. Shaver, New York: Guilford, 1999: 89—111.

Brunner, Emil. *The Christian Doctrine of Creation and Redemption: Dogmatics*, Vol. 2. London: Lutterworth, 1952.

Burns, William E. *The Scientific Revolution: An Encyclopedia, History of Science*. California: ABC—CLIO, 2001.

Calvin, John. *Institutes of the Christian Religion*, ed. John T. McNeil, trans. Ford Lewis Battles. Philadelphia: Westminster, 1960.

_____. *Calvin's Commentaries: The Epistles of Paul to the Romans and to the Thessalonians*, trans. R. Mackenzie, Grand Rapids Eerdmans Publishing House, 1973.

_____. *Commentaries on the Epistles to the Philippians, Colossians, and Thessalonians*.

Cairns, David. *The Image of God in man*, Cleveland, Ohio: Fontana/Collins, 1973.

Carter, John D. "Adams' Theory of nouthetic counseling." Jounal of Psychology and Theology 3(1975): 143—155.

Carter John D. & Mohline, R. J. "The Integrated Models Approach." in *Journal of Psychology & Theology* 4(1976): 3—14.

Cassidy, J. "The Nature of the Child's Ties." in *Handbook of Attachment: Theory, Research, and Clinical Applications*, ed. J. Cassidy and P. R. Shaver, New York, NY.: Guilford, 1999.

Cocks, Goffrey. ed. *The Curve of Life: Correspondence of Heinz Hobut 1923-1981*. Chicago: The University of Chicago Press, 1994.

Collins, Garry R. ed. *Helping People Grow: Practical Approach to Christian Counseling*. Ventura: Vision House, 1982.

Daniel, Dennett, "Ludwig Wittgenstein: Philosopher." in *Time Magazine*. 29 March 1999. reprinted in People of the Century. New York: Simon & Schuster, 1999: 145—149

Ellis, Henry Havelock. "Autoerotism: A Psychological Study." in *The Alienist and Neurologist* 19 (1898): 260–299.

Enns, Paul. *The Moody Handbook of Theology*. Chicago: Moody Press, 1989.

Erikson, Erik. *Young Man Luther*. New York: Norton, 1958.

Freud, Anna. "The Ego and the Mechanisms of Defense(1936)." in *The Writings of Anna Freud*, Vol. 2d ed. New York: International Universities Press, 1966.

Freud Sigmund & Breuer. "Studies on Hysteria(1893–1895)." in *The Standard Edition of the Complete Psychological Works of Sigmund Freud*, Vol. 2, trans. James Strachey. London: The Hogarth Press, 1955.

Freud, Sigmund. "Formulations on the Two Principles of Mental Functioning(1911)." in *The Standard Edition of the Complete Psychological Works of Sigmund Freud*, Vol. 12, trans. James Strachey. London: The Hogarth Press, 1964.

_____. "Instincts and their Vicissitudes(1915)." in *The Standard Edition of the Complete Psychological Works of Sigmund Freud*, Vol. 14, trans. James Strachey. London: The Hogarth Press, 1957.

_____. "On Narcissism: An Introduction." in *The Standard Edition of the Complete Psychological Works of Sigmund Freud*, Vol. 14, trans. James Strachey. London: The Hogarth Press, 1957.

_____. "The Unconscious(1915)." in *The Standard Edition of the Complete Psychological Works of Sigmund Freud*, Vol. 14, trans. James Strachey. London: The Hogarth Press, 1957.

_____. "Instincts and their Vicissitudes(1915)." in *The Standard Edition of the Complete Psychological Works of Sigmund Freud*, Vol. 14, trans. James Strachey. London: The Hogarth Press, 1957.

_____. "some Thoughts on Development and Regression Aetiology." in *The Standard Edition of the Complete Psychological Works of Sigmund Freud*, Vol. 16, trans. James Strachey. London: The Hogarth Press, 1963.

_____. "The Ego and The Id(1923)." in *The Standard Edition of the Complete Psychological Works of Sigmund Freud*, Vol. 19, trans. James Strachey. London: The Hogarth Press, 1961.

_____. "Economic Problem of Masochism." in *The Standard Edition of the Complete Psychological Works of Sigmund Freud*, Vol. 19, trans. James Strachey. London: The Hogarth Press, 1961.

_____. "An Autobiographical Study Inhibition, Symptoms and Anxiety." in *The Standard Edition of the Complete Psychological Works of Sigmund Freud*, Vol. 20 trans. James Strachey. London: The Hogarth Press, 1959.

_____. "New Introductory Lectures on Psycho–Analysis(1932)." in *The Standard*

Edition of the Complete Psychological Works of Sigmund Freud, Vol. 22 trans. James Strachey. London: The Hogarth Press, 1971.

_____. *An Outline of Psychoanalysis*. New York: Norton, 1940.

Gabbard, Glen O. ed. *Psycho dynamic Psychiatry in Clinical Practice*. 4th American Psychiatry Publishing, 2002.

Garrett, Brian. *What Is This Thing Called Metaphysics?*. 2d ed. NY: Routledge, Taylor & Francis Group, 2016.

George, Timothy. *Theology of the Reformers*. Leicester: Apollos, 1988.

Goold, William H. ed. "The Nature, Power, Deceit, and Prevalency of the Remainders of Indwelling Sin in Believers."in *Works of John Owen*, Vol. 6 Rio: Ages Software, Inc, 2000.

_____. ed. "The Grace and Duty of being Spiritually—minded." in *Works of John Owen*, Vol.7 Edinburgh: The Banner of Truth, 1965.

Gregory of Nyssa. "On not Three God." in *Chiristology of the Later Fathers*. ed. Edward Rochie Hardy. Philadelphia: Westminster Press. 1954.

Greedberg, Jay R. & Mitchell, Stephen R. *Object Relations in Psychoanalytic Theory*. MA: Harvard University Press, 1983.

Grudem, Wayne. *Systematic Theology: An Introduction to Biblical Doctrine*. Grand Rapids: Zondervan Publishing House, 1994.

Guntrip, Harry. *Personality structure and human interaction: the developing synthesis of Psychodynamic theory*. New York: International Universities Press, 1995.

Hall, Calvin S. A Primer of Freudian Psychology. New York: Haper & Row Publishers, 1999.

Hartmann, Heinz. "Ego psychology and the problem of adaptation." in *Journal of the American Psychoanalytic Association monograph series*, Vol 1 trans. David, Rapaport. 1939.

_____. "Essays on Ego Psychology: Selected Problems." in *Psychoanalytic Theory*. New York: International Universities Press, 1964.

_____. "Comments on the Psychoanalytic Theory of the Ego." in *The Psychoanalytic Study of the Child* 5 (1950): 74—96.

_____. "Contribution to the Metapsychology of Schizophrenia." in *The Psychoanalytic Study of fhe Child* 8 (1953): 177—198.

_____. "Notes on the Theory of Sublimation." in *The Psychoanalytic Study of the Child* 10 (1955): 9—29.

Heppe, *Heinrich Reformed Dogmatics: set our and illustrated from the Sources*. Grand Rapids: Baker Book, 1950.

Jacobson, Edith. *The Self and the Object World*. New York: International University,

1964.

Kennedy, James M. "A brief study of Calvin's concept of the Image of God." in *Master of Theology in Columbia Theological Seminary*, 1969.

King, Peter. "Ockham's Ethical Theory." in *The Cambridge Companion to Ockham*, Cambridge University Press, 2001.

Klein, Melanie "The Development of a Child." in *Love, Guilt and Reparation*, ed. Roger Money Kyrle. New York: The Free Press, 1975.

Kohut, Heinz. *The Analysis of the Self.* Madison: International Universities Press, 1971.

_____. *The Restoration of the Self.* Madison: International Universities Press, 1977.

_____. "Forms and Transformations of Narcissism(1966)." in *The Search for the Self*, Vol. 1 ed. Paul Ornstein. Madison: International Universities Press, 1978.

_____. "Thoughts on Narcissism and Narcissistic Rage." in *the Search for the Self*, Vol. 2 ed. Paul Omstein, Madison: International Universities Press, 1978.

_____. "Reflections on Advances in Self Psychology." in *Advances in Sief Psychology*. ed. Arnold Goldberg. New York: International Universities Press, 1980.

_____. "On Courage(early 1970s)." in *Self Psychology and the Humanities: Reflections on a New Psychoanalytic Approach*. ed. Charles B. Strozier. New York: W, W, Norton, 1985.

_____. *The Search for the Self: Selected Writings of Heinz Kohut, 1950-1981*, Vol. 1 ed. Paul H. Ornstein Madison: International Universities Press, 1991.

Lake, Donald M. ed., by M. C. Tenney. *Mind. In Zondervan pictorial encyclopedia of the Bible*, Vol 4 Grand Rapid: Zondervan, 1975.

Lane, A. N. S. "Christology Beyond Chalcedo." in *Christ the Lord*, ed. H. Rowdon, Leicester: IVP, 1982.

Lewis, Gordon R. & Bruce A. Demarest, *Integrative Theology*, Vol. 2 Grand Rapids: Zondervan Publishing House, 1996.

Levinas, Emmanuel. *Le Temps et l'Autre*. trans. R. A. Cohen. Time and The Other. Pittsburgh, Pennsylvania: Duquesne University Press, 2004.

Levine Frederic J. & Robert Kravis. "Psychoanalytic Theories of the Self: Contrasting Clinical Approaches to the New Narcissism." in *The Book of the Self: Person, Pretext, and Process*, ed. Polly Yong—Eisendrath & James A, Hall. New York: New York University Press, 1987.

Lindemann, Erich. "Symptomatology and Mangement of Acute Grieg." in *American Journal of Psychiatry* 101(1944): 141—148.

Ludin, Roger. *The Culture of Interpretation*. Grand Rapids: Eerdmans, 1993.

MacLeod, Donald. *The Person of Christ*. Downers Grove IL: IVP, 1998.

Main, M. & Kaplan N. & Cassidy, J. "Security in Infancy, Childhood, and Adulthood: A Move to the Level of Representation." In *Growing Points of Attachment Theory and Research*, ed. I. Bretherton & E. Waters. *Monographs of the Society for Research in Child Development*. 50, 209(1985): 66–104.

Martin, Robert M. *The Meaning of Language*. Massachusettes, The MIT Press Cambridge, 1993.

McDargh, John "Group Psychotherapy as Spiritual Discipline: From Oz to the Kingdom of God." in *Journal of Psychology and Theology* 22(1994): 290–299.

Mcgrath, Alister E. *The Intellectual Origins of the European Reformation*. Oxford: Baker, 1987.

_____. *Christian Theology: An Introduction*. Oxford: Blackwell, 1994.

McGuire, William. ed. *The Freud/Jung Letters: The Correspondence between Sigmund Freud and C. G, Jung*, trans. by R Manheim and R. Hull, Princeton: PUP, 1974.

McIntosh, Donald Treat. "The Doctrine of man in Calvin's Institutes." in *Doctoral dissertation*. Westminster Theological Seminary, 1947.

Mehdizadeh, S. "Self-presentation 2.0: Narcissism and self-esteem on facebook." in *Cyber-psychology, Behavior & Social Networking*, 13(2010): 357–364.

Meissner, William W. P*sychoanalysis and Religious Experience*. New Haven and London: Yale University Press, 1984.

Menninger, A. Karl. *Whatever Became of Sin?*. NY: Hawthorn Books, 1973.

Mitchell Stephen A. & Black. Margaret J. *Freud and Beyond-A History of Modern Psychoanalytic Thought*. New York: Basic Books, 1996.

Muller, Richard. *Dictionary of Latin and Greek Theological Term*. Grand Rapids: Baker Book House, 1996.

Oberman, Heiko Augustinus. *Master of the Reformation: The Emergence of a New Intellectual Climate in Europe*. Cambridge: Cambridge Univ., 1981.

_____. ed. O'Malley John W. "The Pursuit of Happiness: Calvin Between Humanism and Reformation." In Humanity and Divinity in Renaissance and Reformation: Essays in Honor of Charles Trinkaus. *Studies in the History of Christian Though*, Vol. 51, New York: E.J. Brill, 1993.

Ockham, William. *Quodlibetal Questions*, trans. A. J. Fredoso & F. E. Kelly, New Haven: Yale U. P, 1991.

Oden, Thomas C. "Recovering Lost Identity." in *The Journal of Pastoral Care*, 34/1(march 1980): 4–19.

Preacher, Kristopher J. Rucker, Derek D. Hayes, Andrew F. "Addressing moderated mediation hypotheses: Theory, methods, and prescriptions," in

Multivariate Behavioral Research. 42/1(2007): 185−227.

Pulver, Sydney E. "Narcissism: The Term and the Concept." in *Essential Papers on Narcissism,* ed. Andrew P Morrison, New York : New York University Press, 1986.

Sanderson, John W. *Epistemology.* Chattanooga: Signal, 1972.

Sandler J. & Rosenblatt, B. "The Concept of the Representational World." in *Psychoanalytic Study of the Child* 17. New York: International University Press, 1962.

Scharff, Jill S. & Scharff, David E. *The Primer of Object Relations Therapy.* Northvale: Jason Aronson Inc., 1997.

Shafranke, Elizabeth & Maloney, Henry N. "Clinical Psychologists Religious and Spiritual Orientations and Their Practice of Psychotherapy." in *Psychotherapy* Vol. 27 1990.

Sproul, R. C. *The psychology of atheism.* Minneapolis: Bethany Fellowship, 1974.

Strozier, Charles B. *Heinz Kohut: The Making of a Psychoanalyst.* New York: Farrar, Straus and Giroux, 2001.

_____. "Glimpses of a Life: Heinz Kohut(1913−1981)." in *Progress in Self Psychology,* Vol 1 ed. Arnold Goldberg. New York: The Guilford Press, 1985

Stuermann, Walter E. "The image of man. The perspectives of Calvin and   Freud." in *Interpretation: A Journal of Bible and Theology,* Vol. 14 Issue 1 January, 1960.

Torrance, T. F. *Calvin's Doctrine of Man.* London: Lutterworth Press, 1952.

Voetius, Gisbertus. Disputationes Selectae. Ultrajecti: 1648.

Waterworth. J. ed. *The Council of Trent: Canons and Decrees.* London: Burns and Oates, 1848.

Wawrykow, Joseph P. *God's Grace and Human Action: 'Merit' in the Theology of Thomas Aquinas.* Notre Dame, IN: University of Notre Dame Press, 1995.

White, Robert. *Ego and Reality in Psychoanalytic Theory: A Proposal Regarding Independent Ego Energies.* New York: International Universities Press, 1963.

Wiersbe, Warren W. *The Bible exposition commentary,* Vol. 1 Wheaton, IL: Victor Books, 1996.

Willimon, William H. *Worship as Pastoral Care.* Nashville: Abingdon Press, 1982.

Wisse, Maarten "Habitus fidei: an essay on the history of a concept." in *Scottish Journal of Theology,* Vol. 56 no 594 (2, 2003): 172−189.

Zilboorg, Gregory. *Freud and religion; a restatement of an old controversy.* Westville, FL: Newman Press, 1961.

ENDNOTES

미주

1 전경연, 『아날로기아와 해석학』(서울 : 대한기독교출판사, 1970), 151.

2 Richard A. Muller, *Dictionary of Latin and Greek Theological Term* (Grand Rapids: Baker Book House, 1996), 32-33.

3 목창균, "자연신학논쟁: 바르트와 부룬너를 중심으로", 『목회와 신학』 5월호 (1993): 215.

4 Hugh Ross Mackintosh, *Types of modern theology*, 김재준 역, 『현대 신학의 선구자들』(서울: 대한기독교서회, 1973), 260.

5 Brunner와 Barth의 책은 Natural Theology이란 제목으로 묶어서 출간되었다. 영문판은 Emil Brunner & Karl Barth, *Natural Theology*, trans. by Peter Fraenkel (London : The Centenary Press, 1946)이며 한글판은 Emil Brunner & Karl Barth, *Natural Theology*, 김동건 역, 『자연신학』(서울: 한국장로교출판사, 1997)이다. 자세한 논의는 이 책을 참고하라.

6 목창균, 『현대신학논쟁』(서울: 두란노, 1995), 163.

7 Cornelius Van Til, *The New modernism*, 김해연 역, 『신현대주의: 바르트와 부루너 신학의 평가』(서울: 성광문화사, 1990), 7.

8 목창균, Ibid(1995). 163.

9 박인오, "자연신학논쟁과 오늘날의 자연신학연구" (장로회신학대학원, 신학석사학위 논문, 1998), 14-17.

10 목창균, Ibid(1995). 215.

11 전경연, Ibid(1970). 155.

12 목창균, Ibid(1993). 213.

13 John Calvin, Institutes *of the Christian Religion*, ed. John T. McNeil, trans. by Ford Lewis Battles (Philadelphia: Westm*Inst*er, 1960), 1. 5. 15. 이하 *Inst.*로 표기함.

14 John Calvin, *Calvin's Commentaries: The Epistles of Paul to the Romans and to the Thessalonians*, trans. R. Mackenzie (Grand Rapids Eerdmans Publishing House, 1973) 31.

15 John Calvin, Ibid(1973). 30.

16 John Calvin, Ibid(1973). 33.

17 Mark R. McMinn, 채규만, *Psychology, Theology & Spirituality in Christian Counselling*, 채규만 역, 『심리학, 신학, 영성이 하나 된 기독교상담』(서울: 두란노, 2004), 27-28.

18 Steven Bouma-Prediger, "The Task of Integration: A Modest Proposal," *Journal of Psychology and Theology*, 18(1990): 21-31. 4가지 모델로 학문 간 통합(inter-disciplinary integration), 학문 내 통합(intra-disciplinary integration), 믿음과 실제의 통합(faith praxis integration), 경험적 통합(experiential integration)을 제시한다.

19 John D. Carter & Richard J. Mohline, "The Integrated Models Approach," *Journal of Psychology & Theology*, 4(1976): 3-14.

20 Garry R. Collins, ed. *Helping People Grow: Practical Approach to Christian Counseling* (Ventura: Vision House, 1982), 227-231. 1) 동등모델(Separate but Equal), 2) 병행모델(Tossed Salad), 3) 배타적 성경(Nothing Butterists), 4) 성경중심의 활용모델(Spoiling the Egyptians)

21 Charles Y. Gerkin, *The living human document*, 안석모 역, 『살아있는 인간문서』(서울: 한국심리치료연구소, 1998), 17.

22 오윤선, 『기독교상담심리학의 이해』(서울: 예영B&P, 2007), 73.

23 Thomas C. Oden, "Recovering Lost Identity," *The Journal of Pastoral Care*, 34, no 1 (march 1980): 15.

24 John D. Carter & Richard. J. Mohline, "The Integrated Models Approach," *Journal of Psychology & Theology*, 4(1976): 3-14.

25 R. C. Sproul., *The psychology of atheism* (Minneapolis: Bethany Fellowship, 1974), 73-74.

26 Thomas C. Oden, *Kerygma and counseling : toward a covenant ontology for secular psychotherapy*, 이기춘, 김성민 역, 『목회상담과 기독교 신학 : 바르트 신학과 로저스 심리학의 대화』(서울: 다산글방, 1999), 22. 참조. Oden도 연구자와 같은 입장이다.

27 김경민, "핵심감정", 『한국재활심리학회 연수회』(2008): 1.

28 childhood emotional pattern, nuclear dynamics, main central dynamics, basic dynamics, central emotional force, nuclear emotional constellation, deficiency motivation, major motivations, central issue 등의 매우 다양한 용어로 설명하기도 한다.

29 이문희, "소암 이동식 선생의 치료개입 특성에 대한 질적 사례 연구" (심리학박사학위논문, 이화여자대학교 2009) 186. 재인용.

30 이문희, Ibid. 186. 재인용.

31 이동식, 한국정신치료학회보, 제30권 제5호 (2004)
정재흥, 상담학계 원로를 찾아서-김기석, 대학상담 및 생리심리학의 공헌자, 청소년 상담소식 6월호 (2003): https://www.kyci.or.kr/kyci/news/2003_08/sub_04.htm

32 김경민, Ibid(2008). 1.

33 김경민, "핵심감정과 정신역동치료", 『한국재활심리학회연수회』(2010). 1-3.

34 김경민, Ibid(2010). 5-7.

35 노승수, "용서프로그램이 대학생의 부모에 대한 태도에 미치는 효과" (교육학석사학위논문, 창원대학교, 1997), 23-24. 재인용.

36 이문희, 유성경, "소암 이동식 선생의 치료개입모형에 대한 질적 사례 연구" 『The Korea Journal of Counseling』 Vol. 10, No. 2 (2009): 741-768.

37 이동식, 『현대인과 스트레스』(서울: 한강수, 1991), 35.

38 Paul Enns, *The Moody Handbook of Theology* (Chicago: Moody Press, 1989), 301, 310.

39 Wayne Grudem, *Systematic Theology : An Introduction to Biblical Doctrine* (Grand Rapids: Zondervan Publishing House. 1994), 490.

40 Karl Augustus Menninger, *Whatever Became of Sin* (New York: Hawthorn Books, 1973), 74.

41 서론에서 다루었던 자연신학은 아퀴나스와 19-20세기 맥락에서의 자연신학이다. 개혁신학자들은 다른 관점에서 자연신학이 가능하다고 보았다. 그 대표적인 예가 바로 종교의 씨앗이다.

42 어거스틴의 Enchiridion(*Handbook on faith, hope, and love*)의 구조를 따라 루터의 소요리 문답, 칼빈의 기독교 강요와 문답서들, 자카리아스 우르시누스(Zacharias Ursinus)의 하이델베르크 요리문답 등이 작성되었다. 이처럼 종교개혁 전통의 많은 요리문답서와 신앙고백서들이 사도신경, 주기도문, 십계명의 구조를 가진 것은 어거스틴에서 기원한 것으로 볼 수 있다.

43 John R. W. Stott, *The Message of Galatians*, 정옥배 역, 『갈라디아서 강해』(서울: IVP, 2007), 185-

186.

44 Michael Reeves, *The Good God: Enjoying Father, Son and Spirit*, 장호준 역, 『선하신 하나님』(서울: 복 있는 사람, 2017), 40.

45 Gregory Zilboorg, *Freud and religion : a restatement of an old controversy* (Westville, FL: Newman Press, 1961), 16.

46 Roger Ludin, *The Culture of Interpretation* (Grand Rapids: Eerdmans, 1993), 6.

47 Leon J. saul, *The childhood emotional pattern : the key to personality, its disorders and therapy*, 이근후, 박 영숙, 문홍세 역, 『인격형성에 미치는 아동기 감정양식』(서울: 하나의학사, 1988), 45–46.

48 이문희, Ibid.

49 동서심리상담연구소의 미공개자료를 일부 참고했다.

50 Leon J. Saul, Ibid(1988)., 36.

51 임효덕, "첫 면담과 핵심감정_전공의를 위한 정신치료워크샵", 「한국정신치료학회」(2004): 6.

52 유아의 성장발달에 있어 심각한 폭력을 제외하고 어떤 경험 하나가 부정적 영향을 주는 것은 아니 다. 궁극적으로 해로운 것은 유아기에 지속적으로 겪는 정서적 외상으로 이 지속적 경험은 양육자 의 태도다.

53 Leon J. Saul. *The Childhood Emotional Pattern in Marriage*, 최수호 역, 『결혼과 소아기 감정양식』(서 울: 하나의학사, 1997), 340.

54 Leon J. Saul. *Psychodynamically based psychotherapy*, 이근후, 최종진, 박영숙 역, 『정신역동적 정신치 료』(서울: 하나의학사, 1992), 596–600.

55 Leon J. Saul. Ibid(1992). 47.

56 Leon J. Saul. *The childhood emotional pattern and maturity*, 천성문 외역, 『아동기 감정양식과 성숙』(서 울: 시그마프레스, 2006), 385–409.

57 Leon J. Saul. Ibid(2006). 247.

58 Leon J. Saul. Ibid(2006). 109.

59 박상도, "스트레스와 가족부담감 관계 연구: 알콜올중독자 가족을 중심으로", 「청소년보호지도연 구」제14집 (2009. 8.): 55. 재인용

60 Leon J. Saul. Ibid(1992). 559. 재인용

61 이에 대한 자세한 내용은 EBS 다큐 "학교란 무엇인가" 제6부, 칭찬의 역효과(2010년 11월 23일 방 영)편을 참고하라. 방송은 다음 링크에서 볼 수 있다. http://www.ebs.co.kr/tv/show?prodId=75 03&lectId=3062242

62 김희정, "한일 유행가의 그리움을 나타내는 어휘의 비교고찰: 1925년부터 1960년까지를 중심으 로", 「일본근대학연구」제25집 (2007): 47.

63 M. D. S. Ainsworth, "Attachments and Other Affectional Bonds Across the Life Cycle," In *Attachment Across the Life Cycle*, ed. C. M. Parkes, J. Stevenson–Hinde & P. Marris (London: Routledge, 1991), 38–39.

64 Sigmund Freud, "New Introductory Lectures on Psycho–Analysis(1932)," Ibid. vol. 22. trans. James Strachey (London: The Hogarth Press, 1964), 62.

65 Glen O. Gabbard, *Long-term psychodynamic psychotherapy : a basic text*, 노경선, 김창기 역, 『장기 역동 정신치료의 이해』(서울: 학지사, 2007), 211–215. 참조. 투사적 동일시란 두 가지 단계로 진행된다. 정서를 동반하는 자기 표상이나 타자 표상이 자기 안에서 무의식적인 동기에 의해서 부인되고 상 대에게 투사한 후, 상대로 하여금 투사한 것을 받아들이도록 무의식적인 압력을 가하는 것이다. 전 자는 전이, 후자는 역전이로 간주되지만 불러일으킨 감정이라는 점에서 전이에 대한 프로이트적인 이해의 변화로도 이해된다. 예컨대, 야단맞는 것을 두려워하는 핵심감정을 가진 성은 씨는 직장에

서 늘 소심하고 위축되어 있고 제대로 물어보지도 않고 일을 진행한다. 이런 태도 때문에 그의 직장 상사 지숙 씨는 답답함을 느끼고 성은 씨를 야단치는 역할을 부여받는다. 성은은 늘 위축감과 긴장 속에 있다가 야단맞고나 면 오히려 올 것이 왔다는 느낌과 함께 일정한 정서적 해방감을 느낀다.

66 Saul은 이 리비도의 욕동을 성적인 문제만이 아니라 의존적 사랑의 욕구로 해석했고 오이디푸스적인 문제를 성적 문제로 빚어진 갈등이 아니라 부모의 양육태도 때문에 빚어진 문제로 보았다.

67 Freud는 자아─리비도와 대상─리비도가 서로 배타적이라고 보았다. 그러나 Kohut은 응집된 자기개념으로 통합이 일어나야 한다고 설명했다. 이에 관해서는 Heinz Kohut, "On Courage(early 1970s)" in *Self Psychology and the Humanities : Reflections on a New Psychoanalytic Approach*, ed. Charles B. Strozier (New York: W. W. Norton, 1985), 10. 참고.

68 Sydney E. Pulver, "Narcissism: The Term and the Concept," in *Essential Papers on Narcissism*, ed. by Andrew P. Morrison (New York : New York Universiry Press, 1986), 97.

69 Leon J. Saul, Ibid(2006). 293.

70 James Dobson, "형제간의 경쟁심", 「새가정」 2월호 (1980): 59.

71 Leon J. Saul, Ibid(2006)., 293.

72 이승연, "억울함의 정서적 구성요소 탐색" (상담학석사학위논문, 한국상담대학원대학교, 2015), 9. 재인용.

73 이승연, Ibid. 53.

74 이희백, "억울함의 핵심감정에 대한 질적 사례연구", 「한국동서정신과학회지」, vol. 18, No. 1 (2015): 15-33. 그 외 2) 현재 가족에 대한 심리적 반응, 3) 감정적 반응, 4) 행동적 특징, 5) 일 또는 학업에 대한 반응 등을 소개하는데 본 연구자의 견해와 대체로 일치한다.

75 Paul A. Dewald, *The Theory and Practice of Individual Psychotherapy*, 2d ed. 김기석 역, 「정신치료의 이론과 실제」(서울: 고대출판부, 2010), 121.

76 Leon J. Saul, Ibid(2006). 173-176.

77 Leon J. Saul, Ibid(2006). 58.

78 이 표현은 시편 58:4에서 따왔다. 본문에서는 하나님께서 듣지 않는 백성을 향해서 하는 표현이다. 자신의 듣지 않음을 하나님께로 투영하게 된다는 점에서 이 표현을 따왔다.

79 Glen O. Gabbard, ed. *Psychodynamic Psychiatry in Clinical Practice*, 4th (American Psychiatry Publishing, 2002), 249.

80 Sigmund Freud, "Introductory Lectures on Psycho─Analysis(1932)," Ibid. vol. 16, trans. James Strachey (London: The Hogarth Press, 1959), 393.

81 Leon J. Saul, Ibid(2006). 39.

82 Leon J. Saul, Ibid(2006). 201.

83 Leon, J. Saul, Ibid(2006). 150.

84 Joseph O'Connor, *Free yourself from fears: overcoming anxiety and living without worry*, 설기문, 오규영 역, 「두려움 극복을 위한 NLP 전략 : 불안과 두려움으로부터의 자유」(서울: 학지사, 2008), 26-27.

85 이희백, "공포감정을 핵심감정으로 가진 사람들의 특성에 대한 질적사례연구", 「교육치료연구」vol 6, No 2 (2014): 193-211.

86 Leon J. Saul, Ibid(2006). 110.

87 김필진, 「Adler의 사회적 관심과 상담」(서울: 학지사, 2007), 5.

88 Leon J. Saul, Ibid(2006). 107-108.

89 Leon J. Saul, Ibid(2006). 154.

90 Leon J. Saul, Ibid(2006). 391.

91 Leon J. Saul, Ibid(2006). 462.

92 Erich Lindemann, "Symptomatology and Mangement of Acute Grieg," in *American Journal of Psychiatry*, 101(1944): 141-148.

93 Paul. A. Dewald, Ibid(2010), 223.

94 Sigmund Freud, "Mourning and Melancholia(1917)," The Standard Edition of the Complete Psychological Works of Sigmund Freud, vol. 14, 239-258. 위인용한 Freud 표준판 전집 24권은 영역본 중 가장 유명하다. 영국의 정신분석학자 James Strachey가 Freud의 딸 Anna Freud와 협력 하에 책임편집을 맡았다. Peter Watson, *Terrible Beauty : the people and ideas that shaped the modern mind*, 이광일 역, 『생각의 역사2 : 사람이 알아야 할 모든 것, 20세기 지성사』(파주: 들녘, 2009), 1188. 인용.

95 J. Cassidy, "The Nature of the Child's Ties,"In *Handbook of Attachment: Theory, Research, and Clinical Applications*, ed, J. Cassidy and P. R. Shaver (NY. : Guilford, 1999), 12.

96 Elisabeth Roudinesco & Michel Plon, *Dictionnaire de la psychanalyse*, 강응섭 역, 『정신분석대사전』(서울: 백의, 2005), 83-84.

97 Kristopher J. Preacher, Derek D. Rucker, Andrew F. Hayes, "Addressing moderated mediation hypotheses: Theory, methods, and prescriptions," in *Multivariate Behavioral Research*, 2007, 42(1):185-227. http://dx.doi.org/10.1080/00273170701341316

98 신지연, 김향숙, "우울을 동반하거나 동반하지 않은 강박증상군과 우울증상군의 변별: 자의식, 예방초점 및 자기비난을 중심으로", 『Cognitive Behavior Therapy in Korea』 제14권 2호 (2014): 267-284.

99 Wilhelm Weischedel, *Der Gott der Philosopen*, 최상욱 역, 『철학자들의 신』(서울: 동문선, 2003), 622

100 I. Bretherton & K. A. Munholland, "Internal Working Models in Attachment Relationships: A Construct Revisited," in *Handbook of Attachment: Theory, Research, and Clinical Applications*, ed. J. Cassidy and P. R. Shaver (New York: Guilford, 1999), 89-111.

101 M. Main, N. Kaplan & J. Cassidy, "Security in Infancy, Childhood, and Adulthood: A Move to the Level of Representation," In *Growing Points of Attachment Theory and Research*, ed. I. Bretherton & E. Waters, *Monographs of the Society for Research in Child Development*, 50 No. 209(1985): 66-104.

102 오은정, "청소년의 소외감 정도에 따른 온-오프라인 친구관계 및 대인관계성향" (상담심리학석사 학위논문, 가톨릭대학교상담심리대학원, 2008) 6. 재인용.

103 Sydney E. Pulver, Ibid. 97

104 Anderman, E. M., & Anderman, L. H. Egocentrism. In *Psychology of Classroom Learning: An Encyclopedia* 1 (MI: Macmillan Reference USA, Gale Cengage Learning, 2009), 355-357.

105 S. Mehdizadeh, "Self-presentation 2.0: Narcissism and self-esteem on facebook," *Cyberpsychology, Behavior, & Social Networking*, 13 (2010): 357-364.

106 이용미, "중년여성의 분노경험에 관한연구" (간호학박사학위논문, 고려대학교, 2002) 3. 재인용.

107 신재은, 박준성, "유아의 분노관리를 위한 분노대상과 원인 및 표현방식에 관한 연구", 『Korean Review of Crisis & Emergency Management』 제11권 10호 (2015): 290, 295.

108 이희백, "적개심을 핵심감정으로 가진 내담자에 대한 질적 사례연구", 『한국동서정신과학회지』, vol 19, No 1, (2016): 137-159 (1) 심한 부부싸움 : 어머니와 아버지의 사이가 좋지 않아 아주 어린 시절부터 싸움을 자주하였다. 부부싸움에서 어머니의 편을 들다가 대신 맞는 경우가 많았으며 아버지를 아주 싫어하게 되었다. (2) 이혼 또는 별거와 자녀 방치 : 부모의 사이가 좋지 않아 어린 시절부터 별거하거나 이혼하였다. 이로 인해 혼자 집에 방치해 있는 경우가 많았다. (3) 내담자의 적개 반응이 아동초기부터 시작 : 어릴 때부터 엄마에게 화를 많이 내고 엄마를 때리기도 하였다. 그리고 동생에게도 화를 자주내고 동생이 조금이라도 흐트러뜨리면 엄마나 동생에게 잠들 때 까

지 화를 많이 내었다. (4) 부모의 폭발적 화 반응 및 폭력 : 엄마는 화를 낼 때 엄하게 무섭게 낸다. 개 패듯이 팰 때도 있다. (5) 주변 또는 교사의 왕따 또는 폭력 지각 : 학교에서 친구 및 선생님으로부터 심한 왕따나 폭력을 당했다. (6) 부모의 공부에 대한 집착과 인정욕구의 좌절 : 부모의 공부에 대한 열의가 너무 심하고 못한다고 혼만 내었다.

109 Augustine, *De civitate Dei contra paganos*, 1. 4. 28.; 14. 13.

110 William R. Miller, Harold D. Delaney, eds. *Judeo-Christian perspectives on psychology: human nature, motivation, and change*, 김용태 역, 『심리학에서의 유대-기독교 관점: 인간본성, 동기 그리고 변화』(서울: 학지사, 2015), 87.

첫째는 반성적 의식(reflective consciousness)이다. 인간은 자신의 환경을 자각할 수 있으며, 또한 환경의 근원에 초점을 맞추기 위해서 자신의 자각을 돌릴 수 있다. 이렇게 해서 인간은 자의식을 갖게 되고, 개인적 지기(지기개념)에 대한 일단의 지식으로 자의식을 발달시킬 수 있다. 자기이해(self-knowledge) 또는 자기인식이 없으면 자기라는 개념은 이해할 수 없게 된다. 유대-기독교적 전통에서 반성적 의식은 인류의 특성을 정의하는 요인 중 하나다. 아담과 하와가 하나님께 불순종하고 선악과를 먹었을 때, 그들은 낙원에서 추방당하였으며 벌거벗음과 수치감을 느끼고 이를 감추려 하였다. 둘째는 관계적 존재다. 최소한의 가까운 상호적 관계를 만들고 유지하기 위해 깊게 동기화되어 있다는 점에서 인간은 "소속하려는" 강력하고 근원적인 "필요"를 가지고 있다(Baumeister & Leary, 1990). 자기는 이를 성취할 수 있는 중요한 도구다. 인간은 자기를 만들고 변형시킬 것이다. 이는 타인에게 보이는 자기매력을 높이고, 사회적 수용을 위한 기회를 증가시킬 것이다. 다른 종교와 마찬가지로 유대교와 기독교는 가족과 공동체에 대해여 많이 강조한다. 셋째는 현상학인 측면인 자기의 실행적 기능이다. 이는 자기규제뿐만 아니라 선택, 통제, 주도권을 포함하기 때문에…의지와 가장 관련되어 있다.

111 John Calvin, *Inst*. 2, 12, 6.

112 John Calvin, *Inst*. 2, 20, 12.

113 Richard A. Muller, Ibid. 313, 316 unio personalis 참조.

114 John Calvin, *Inst*. 2, 14, 5.

115 Richard A. Muller, Ibid. 35.

116 Heinrich Heppe, *Reformed Dogmatics : set our and illustrated from the Sources* (Grand Rapids: Baker Book, 1950), 416.

117 A. N. S. Lane, "Christology Beyond Chalcedo," in *Christ the Lord*, ed. H. Rowdon (Leicester: IVP, 1982) 272f.

118 Alister E. Mcgrath, *Historical Theology*, 이달 외 역, 『신학의 역사』(서울: 지와 사랑, 2013 개정판), 93.

119 문병호, 『기독론, 중보자 그리스도의 인격과 사역』(서울: 생명말씀사, 2016), 370 재인용, Bavinck, *Reformed Dogmatics*, 3. 306. 참조, Hodge, Systematic Theology, 2. 387, 391.

120 문병호, Ibid. 430.

121 Richard A. Muller, Ibid. 224. *persona est naturae rationalis individua substantia*.

122 Alister E. McGrath, *Christian Theology : An Introduction* (Oxford: Blackwell, 1994), 209.

123 Donald MacLeod, *The Person of Christ* (Downers Grove IL: IVP, 1998), 189.

124 김학모, ed., 『개혁주의 신앙고백』(서울: 부흥과 개혁사, 2015), 356. 웨스트민스터 신앙고백서 2. 1. "유일하시고 살아 계시고 참되신 하나님은 오직 한 분만이 계신다. 그는 존재와 완전성에서 무한하시고, 지극히 순결한 영으로서 볼 수 없고, 몸과 지체가 없으시며, 성정(passions)도 없으시고, 변치 않으시고(immutable), 광대하시고, 영원하시고, 측량할 수 없으시고, 전능하시고, 지극

히 지혜로우시며, 거룩하시고, 자유로우시고 절대적이시다.…"에서 수정 번역함.

125 Jonathan Edwards, *Religious Affections*, 정성욱 역, 「신앙감정론」(서울: 부흥과 개혁사, 2008), 151.

126 Heinrich Heppe, Ibid. 114–115.

127 Gregory of Nyssa, "On not Three God," in *Chiristology of the Later Fathers* (Philadelphia: Westm*Inst*er Press. 1954), ed. Edward Rochie Hardy, 261. (Patrologia Graeca. 45. 126).

128 김종기, "큰 이성으로서의 몸과 니체의 유물론. 차라투스트라는 이렇게 말했다를 중심으로", 「고기토」부산대학교 인문학연구소 제68집 (2010): 363.

129 Friedrich W. Nietzsche, *Also sprach Zarathustra: Ein Buch für Alle und Keinen*, 정동호 역, 『니체전집 13: 차라투스트라는 이렇게 말했다』(서울: 책세상, 2002), 53.

130 http://news.chosun.com/site/data/html_dir/2011/06/26/2011062600471.html 참조

131 Dennett, Daniel, "Ludwig Wittgenstein : Philosopher," *Time*, 29 March 1999.

132 Brian Garrett, *What Is This Thing Called Metaphysics?*, 2d ed. (NY: Routledge, Taylor & Francis Group, 2016), 54.

133 Robert M. Martin, *The Meaning of Language* (Massachusettes: The MIT Press Cambridge, 1993). 46.

134 남경희, 『비트겐슈타인과 현대 철학의 언어적 전회』(서울: 이화여자대학교출판부, 2005), 147.

135 박승억, 『찰리의 철학공장: 위기와 희망으로 그려보는 현대 철학의 자화상』(서울: 프로네시스, 2008), 148–149.

136 한철희, "신앙교육을 위한 '지식의 암묵적 내주성' 고찰: 마이클 폴라니의 인식론과 파커 J. 팔머의 영성 교육을 중심으로", 「한국기독교신학논총」제31권(2004): 402–406. 참조.

137 현은수, "앎의 패러다임 전환과 기독교 학교 교육과정에의 함의" (서울: 총신대학교 박사학위논문, 2007), 28–34. 참조.

138 Sigmund Freud, "New Introductory Lectures on Psycho-Analysis(1932)," In Ibid. vol. 22, trans. James Strachey (London: The Hogarth Press, 1964), 209–210.

139 Paul A. Dewald, Ibid(2010)., 26–27.

140 Leon J. Saul, Ibid(1992)., 69.

141 Leon J. Saul, Ibid(1992)., 69.

142 Frederic J. Levine & Robert Kravis, "Psychoanalytic Theories of the Self: Contrasting Clinical Approaches to the New Narcissism," in *The Book of the Self: Person, Pretext, and Process*, ed. Polly Yong-Eisendrath and James A. Hall (New York: New York University Press, 1987), 308–311.

143 Sigmund Freud, "The Ego and The Id(1923)," In Ibid. vol. 19, trans. James Strachey (London: The Hogarth Press, 1961) 27.

144 Sigmund Freud, "The Ego and The Id(1923)," In Ibid. vol. 19, trans. James Strachey (London: The Hogarth Press, 1961)27.

145 Paul A. Dewald, *Psychotherapy a Dynamic Approach*, 이근후, 박영숙 역, 『정신치료의 역동요법』(서울: 하나의학사, 1985), 35.

146 Paul A. Dewald, Ibid(1985). 27.

147 강응섭, "아우구스티누스의 intentio와 라깡의 pulsion", 「라깡과 현대정신분석」제8권 2호 (2006.12): 7–35. 독일어 Triebe는 Lecan에게서 불어로 pulsion으로 번역된다.

148 Paul A. Dewald, Ibid(1985). 27.

149 Paul A. Dewald, Ibid(1985). 35.

150 Paul A. Dewald, Ibid(1985). 35.

151 Sigmund Freud, "some Thoughts on Development and Regression Aetiology," In Ibid. vol. 16,

trans. James Strachey (London: The Hogarth Press, 1963.), 347.

152 Calvin S. *Hall A Primer of Freudian Psychology* (New York: Haper & Row Publishers, 1999) 28-29.

153 Paul A. Dewald, Ibid(1985). 34.

154 Paul A. Dewald, Ibid(2010). 27-28.

155 Sigmund Freud, "The Ego and The Id(1923)," in Ibid. vol. 19. trans. James Strachey (London: The Hogarth Press, 1961), 26.

156 Harry Guntrip, *Personality structure and human interaction: the developing synthesis of Psychodynamic theory* (New York: International Universities Press, 1995) 276.

157 Sigmund Freud, "The Ego and The Id(1923)," in Ibid. vol. 19, trans. by James Strachey (London: The Hogarth Press, 1961), 19.

158 Sigmund Freud, "New Introductory Lectures on Psycho-Analysis(1932)," in Ibid. vol. 22,, trans. James Strachey (London: The Hogarth Press, 1964), 75.

159 Sigmund Freud, "New Introductory Lectures on Psycho-Analysis(1932)," in Ibid. vol. 22,, trans. James Strachey (London: The Hogarth Press, 1964), 76-77.

160 Sigmund Freud, "New Introductory Lectures on Psycho-Analysis(1932)," in Ibid. vol. 22,, trans. James Strachey (London: The Hogarth Press, 1964), 58.

161 Elisabeth Roudinesco & Michel Plon, *Dictionnaire de la psychanalyse*, 강응섭 역, 『정신분석대사전』 (서울 : 백의, 2005), 83-84.

162 Stephen A. Mitchell & Margaret J. Black, *Freud and Beyond: A History of Modern Psychoanalytic Thought*, 이재훈, 이해리 역, 『프로이트 이후』(서울: 한국심리치료연구소, 2000), 64-66.

163 Paul A. Dewald, Ibid(1985). 35.

164 Anna Freud, 'The Ego and the Mechanisms of Defense(1936)," in *The Writings of Anna Freud*, vol. 2, Revised Edition (New York: International Universities Press, 1966) 참조. Anna Freud가 제시한 10가지 방어기제로는 억압(repression), 반동형성(reaction formation), 퇴행(regression), 취소(undoing), 함입(introjection), 동일시(identification), 투사(projection), 자기로의 전향(turning against the self), 전도(reversal), 승화(sublimation)가 있다.

165 Paul A. Dewald, Ibid(1985). 49-61. 참조.

166 1894년 11월 4일, Vienna의 저명한 역사학자 집안에서 태어났다. Vienna 대학을 졸업한 후 Sandor Rado에게 처음 정신분석을 받았고 1927년 정신분석의 기본이라는 책을 출판하였는데 이 분야의 고전이 되었다. 1937년 Vienna 정신분석학회에서 "Me"라는 논문을 발표하는데 이것이 1958년 영역되어 "The Ego and the Problem of Adaptation"이라는 제목으로 출간되었는데 자아심리학의 장을 여는 논문이 되었다. 1932년부터 1941년까지 Rado와 Internationale Zeitschrift fur Psychoanlysis를 편집, 1945년에는 Anna Freud와 Ernist Kris와 The Psychoanalytic Study of the Child를 창간 및 편집장이 되었다. 1970년 5월 17일 뉴욕에서 75세에 지병이었던 동맥혈전증으로 갑자기 사망했다

167 Heinz Hartmann, "Ego psychology and the problem of adaptation," *Journal of the American Psychoanalytic Association monograph series*, Vol 1, trans. David Rapaport, 1939.

168 Heinz Hartmann, *Essays on Ego Psychology: Selected Problems in Psychoanalytic Theory* (New York: International Universities Press, 1964), 116-117.

169 Heinz Hartmann, Ibid(1964). 24.

170 Robert White, *Ego and Reality in Psychoanalytic Theory: A Proposal Regarding Independent Ego Energies* (NY: International Universities Press, 1963), 참조.

171 Heinz Hartmann, Ibid(1964). 114.

172 Heinz Hartmann, "Comments on the Psychoanalytic Theory of the Ego," in *The Psychoanalytic Study of the Child* 5 (1950), 84–85.

173 Heinz Hartmann, "Contribution to the Metapsychology of Schizophrenia," in *The Psychoanalytic Study of fhe Child* 8 (1953), 185 참조; Heinz Hartmann, "Notes on the Theory of Sublimation," in *The Psychoanalytic Study of the Child* 10 (1955), 21 참조

174 Kohut은 1913년 Vienna에서 출생했고 1938년, Vienna 의과대학을 졸업한 후, 1940년 미국으로 이주해서 Chicago 정신분석연구소에서 전문가로서 훈련을 받고 1950년 졸업을 했다.—Kohut도 Chicago 정신분석학파로 정신분석에 입문했다. Alexander의 역전이 이해가 대상관계이론의 발전의 발단이 된 것으로 보인다.—"Mr. Psychoanalysis"라는 별명을 얻을 정도로 최고의 상담자로 평가받았다. 그러나 1968년까지 3년간 국제정신분석협회 부회장을 지낸 후부터 주변의 냉대에도 불구하고 독자적 길을 걷기 시작한다. 1978년, 마침내 자기심리학회를 처음으로 Chicago에서 열었고 1981년 지병인 림프종으로 사망했다. Charles B. Strozier, *Heinz Kohut: The Making of a Psychoanalyst* (New York: Farrar, Straus and Giroux, 2001); "Glimpses of a Life: Heinz Kohut(1913–1981)" in *Progress in Self Psychology*, vol 1, ed. by Arnold Goldberg (New York: The Guilford Press, 1985), 3–12.; *The Curve of Life: Correspondence of Heinz Hobut 1923-1981.* ed. by Goffrey Cocks (Chicago The University of Chicago Press, 1994), 참조.

175 Heinz Kohut, "Reflections on Advances in Self Psychology," in *Advances in Seif Psychology*, ed. Arnold Goldberg (New York: International Universities Press, 1980), 543–546.

176 Stephen A. Mitchell & Margaret J. Black, Ibid(2000), 260.

177 Heinz Kohut, "Forms and Transformations of Narcissism(1966)," in *The Search for the Self*, vol. 1, ed. P. Ornstein (Madison: International Universities Press, 1978), 446.

178 Henry Havelock Ellis, "Autoerotism: A Psychological Study," in *Alienist and Neurologist* 19 (1898), 280.

179 Sigmund Freud, "On Narcissism: An Introduction," in Ibid. vol 14, trans. James Strachey (London: The Hogarth Press, 1957), 73.

180 Sigmund Freud, "On Narcissism: An Introduction," in Ibid. vol. 14, trans. James Strachey (London: The Hogarth Press, 1957), 74.

181 Sigmund Freud, "On Narcissism: An Introduction," in Ibid. vol. 14, trans. James Strachey (London: The Hogarth Press, 1957), 100.

182 Sydney E. Pulver, Ibid. 97.

183 Heinz Kohut, "Thoughts on Narcissism and Narcissistic Rage," in *The Search for the Self*, vol. 2. ed. P. Omstein (Madison: International Universities Press, 1978), 618

184 Heinz Kohut, *The Search for the Self: Selected Writings of Heinz Kohut, 1950-1981*, vol. 1, ed. Paul H. Ornstein (Madison: International Universities Press, 1991), 617.

185 Sigmund Freud, "On Narcissism: An Introduction," in Ibid. vol. 14, trans. James Strachey (London: The Hogarth Press, 1957), 100.

186 Saul은 이 리비도의 욕동을 성적인 문제만이 아니라 의존적 사랑의 욕구로 해석했고 오이디푸스적인 문제를 성적 문제로 빚어진 갈등이 아니라 부모의 양육태도 때문에 빚어진 문제로 보았다.

187 Heinz Kohut, Ibid(1977). 223–247

188 Heinz Kohut, *The Restoration of the Self* (Madison: International Universities Press, 1977), 171–191.

189 Heinz Kohut, Ibid(1985). 10.

190 Heinz Kohut, *The Restoration of the Self* (Madison: International Universities Press, 1977), 99.

191 Heinz Kohut, Ibid(1977). 98–101.

192 Heinz Kohut, *The Analysis of the Self* (Madison: International Universities Press, 1971), 14-15.

193 Heinz Kohut, Ibid(1971). 15. "the center of the psychological universe"

194 Jill S. Scharff & David E. Scharff, *The Primer of Object Relations Therapy* (Northvale: Jason Aronson Inc., 1997), 7.

195 Michael F. Basch, "The Concept of Self: An Operational Definition," in *Developmental Approaches th the Self*, eds. Benjamin Lee & Gel G. Noam (New York and Lodon: Plenum Press, 1983), 53.

196 Heinz Kohut, Ibid(1977). 63-83.

197 Harry Guntrip, Ibid. 276.

198 Harry Guntrip, Ibid. 93.

199 Sigmund Freud, "New Introductory Lectures on Psycho-Analysis(1932)," in Ibid. vol. 22. trans. James Strachey (London: The Hogarth Press, 1964) 58.

200 Jay R. Greenberg & Stephen R. Mitchell, *Object Relations in Psychoanalytic Theory*, 이재훈 역, 『정신분석학적 대상관계이론』(서울: 한국심리치료연구소, 1999), 266..

201 Freud 전집을 최초로 영어로 번역한 James Strachey가 Triebe를 *Instinct*로 번역한 후 Triebe는 본능으로 번역되었지만 이는 격렬한 논쟁을 불러왔다. 왜냐하면, 정신분석에서 욕동(Triebe)은 정신분석의 근본개념으로 무엇보다 Freud 스스로 욕동을 본능과 구분하고 있기 때문이다. 그의 본능개념은 동물을 포함한 모든 유기체의 고유한 조직화되고 선천적인 행동방식으로 행위의 목표와 대상은 한정적이다. 개체에 따라 행동 패턴에 편차가 거의 없다. 예컨대, 야행성이라는 하는 동물의 습성 같은 것이 본능이다. 이는 개별 야행성 동물에 따라 차이가 나지 않고 시간의 흐른다고 달라지지도 않는다.

202 Bruno Bettelheim, *Freud and man's soul* (Alfred a Knop fInc, 1983), 104-106. 참조. James F. Masterson, *The Search for The Real Self*, 임혜련 역, 『참자기』(서울: 한국심리치료연구소, 2000), 41.

203 Sigmund Freud, "The Ego and The Id(1923)," In Ibid. vol. 19. trans. James Strachey (London: The Hogarth Press, 1961), 19.

204 Richard A. Muller, Ibid. 35.

205 William R. Miller, Ibid. ed. by Harold D. Delaney, 87.

206 Jay E. Adams, *A Theology of Christian Counseling : More Than Redemption* (Grand Rapids, MI: Zondervan, 1979), 118-126.

207 William R. Miller & Harold D. Delaney eds. Ibid. 74.

208 Allen E. Bergin, & Jay P. Jensen. "Religiosity of Psychotherapists: A National Survey," in *Psychotherapy: Theory, Research, Practice*, Training 27(1) (1990): 3-7.

209 William R. Miller, Harold D. Delaney eds. Ibid. 73. 재인용.

210 Elizabeth Shafranke & Henry N. Maloney, "Clinical Psychologists Religious and Spiritual Orientations and Their Practice of Psychotherapy," in *Psychotherapy* Vo1. 27 (1990): 72-78.

211 "Proposal for a New Z Code. Psychoreligious or Psychospiritual Problems." 이것은 1991년 12월에 Robert Turner, Francis Lu, and David Lukoff에 의해 APA의 DSM-IV Task Force 팀에 제출됨.

212 김학모, ed., 『개혁주의 신앙고백』(서울: 부흥과 개혁사, 2015), 370-371. 수정 번역함

213 김학모, Ibid. 856. 수정 번역함.

214 김학모, Ibid. 861-862. 수정 번역함.

215 김학모, Ibid. 134. 수정 번역함.

216 John Calvin, *Inst.* 1. 15. 3.

217 John Calvin, *Inst.* 1. 15. 4.

218 Kenneth Baker, ed. *The NIV Study Bible* (Grand Rapids: Zondervan, 1985), 7.

219 원의는 Aquinas 이전 교부들에게도 주제가 되었다. 예컨대, Augustine은 "아담과 하와가 창조될 때부터 원의를 부여받았고 이 원의를 유지하기 위해서는 부가적 은사가 있어야 했고 이 부가적 은사는 표현 그대로 인간의 존재론적 구성요소(original constitution)가 아니라 창조 후에 하나님께서 덧붙여주신 것으로 생각했다. Richard A. Muller, Ibid. 54. "Auxilium sine quo non" 참조.

220 Aquinas는 인간은 "이성"과 "하등한 능력(inferiores vires)"로 창조되었다고 생각했다. 이때, 초자연적 은사(supernaturalis donum gratiae)가 주어지면 "이성"이 "하등한 능력"을 지배(suppress)하는 상태가 되는데, 이것이 "은혜 안에 창조"된 것이요, 이것을 이상적인 상태 또는 "조화"된 상태라고 생각했다.

221 Reinhold Seeberg, *Lehrbuch der Dogmengeschichte*, 김영배 역, 『기독교교리사 : 중·근세편』(서울: 엠마오, 1987), 164.

222 Reinhold Seeberg, Ibid. 166.

223 Thomas Aquinas, *Summa Thologia*, Ⅰ. 95. 1. trans. A. M. Fairweather, in *Nature and Grace*, vol. 11 of *the Library of Christian Classics* (Philadelphia: WestmInster, 1954), 139.

224 Herman Bavinck, *Reformed Dogmatics*, ed. John Bolt (Grand Rapids: Baker Academic, 2011), 323-324.

225 Richard A. Muller, Ibid. 96.

226 Reinhold Seeberg, Ibid. 166. Thomas Aquinas는 인간이 타락했을 때, 하나님께서 주신 원의를 유지하는 능력으로서 부가적 은사가 상실했다고 보고 Duns Scotus는 인간이 의지를 불순종에게 주어 타락했을 때, 의지를 순종에게 주었을 때 주시기로 한 부가적 은사로서 능력을 상실했다고 보았다. 216. 참조.

227 Thomas Aquinas, Ibid. Ⅰ. 95. 1.

228 T. F. Torrance, *Calvin's Doctrine of Man* (London: LUtterworth: 1949), 64-65.

229 Augustine, *De civitate Dei contra paganos*, 14. 27.

230 John Calvin, *Inst*. 1. 15. 4.; 2. 2. 12.

231 김학모, Ibid. 861-862. 각주 158번의 본문을 참고하라.

232 John Calvin, *Inst*. 2. 2. 12.

233 G. C. Berkouwer, *Man : The Image of God*, trans. Dirk W. Jeliema (Grand Rapids: Eerdnans, 1962), 29.

234 Thomas Vincent, *The Shorter catechism explained from scripture*, 홍병창 역, 『성경소요리문답해설』(서울: 여수룬, 1988), 83-84.

235 Robert Bellarmine, *De Gratia primi hominis* (Heidelberg: J. Lancellot, 1612), 5.

236 Herman Bavinck, Ibid(2011)., 322-323.

237 John Calvin, *Commentaries on the Epistles to the Philippians, Colossians, and Thessalonians*, 212.

238 Augustine, *On Nature and Grace*, 3. 3; 19. 21; 20. 22.

239 John Calvin, *Inst*. 1. 15. 4.

240 John Calvin, *Inst*. 1. 15. 4.; 2. 2. 12.

241 Herman Bavinck, Ibid(2011). 323-324.

242 최홍석, 『인간론』(서울: 개혁주의신행협회, 2006), 136-140 요약.

243 Wilhelm Niesel, *Die Theologie Calvins*,; T. F. Torrance, *Calvin's Doctrine of Man* (London: Lutterworth Press, 1952), 35-82. trans. 이종성, 『Calvin의 신학』(서울: 대한기독교서회, 1983): 63-65, 76.

244 Emil Brunner, *The Christian Doctrine of Creation and Redemption: Dogmatics*, Vol. 2 (London: Lutterworth, 1952), 62.

245 David Cairns, *The Image of God in man* (Cleveland, Ohio: Fontana/Collins, 1973), 128.

246 Heiko Augustinus Oberman, "The Pursuit of Happiness: Calvin Between Huma- nism and Reformation," In Humanity and Divinity in Renaissance and Reformation: Essays in Honor of Charles Trinkaus. *Studies in the History of Christian Thought*, Vol. 51. ed. John W. O'Malley (New York: E.J. Brill, 1993), 253-83.

247 T. F. Torrance, Ibid. 58.

248 Richard A. Muller, Ibid. 32-33.

249 Dietrich Bonhoeffer, *Creation and Temptation* (London: SCM, 1966), 37.

250 Karl Barth, *Church Dogmatics*, 3. 185.

251 바르트는 전통적인 삼위일체론에서 위격개념을 삼신론으로 파악하고 존재의 양태(Seinsweise)라는 개념으로 대체하려고 시도한다. 자세한 논의는 김용준의 "칼 바르트의 신적 위격개념 'Seinsweise'에 대한 개혁주의적 비평", 「개혁논총」21권 (2012): 71-96을 참조하라.

252 Gordon R. Lewis & Bruce A. Demarest, *Integrative Theology*, vol. 2 (Grand Rapids: Zondervan Publishing House, 1996), 123-134.

253 Emil Brunner, Ibid. 56-57.

254 Augustine, *Freedom of the Will*, 2.16.

255 Augustine, 11. 36. Cf *On the Trinity*, 15. 7. 11; *Reply to Faustus the Manichean*, 24. 2.

256 Augustine, *On Christian Doctrine*, 1.22.

257 Augustine, *Confessions*, 13. 9. 10.

258 Gordon R. Lewis & Bruce A. Demarest, Ibid. 133.

259 Augustine, *On the Trinity*, 10. 11. 18.; cf. Letter, 169.

260 Augustine의 이 아이디어는 본 연구의 인격주체개념으로 발전될 것이다.

261 Anthony Hoekema, *Created in God's image*, 류호준 역.『개혁주의 인간론』(서울: 기독교문서선교회, 1990) 23-60.

262 최태영,"Karl Barth의 자연신학", 「신학과 목회」(영남신학대학교, 1998): 5. 참조. Barth는 초기 신앙의 유비로 신학을 전개하다가, Brunner와의 논쟁 후, 관계의 유비에 착안해 신학을 발전시켰다. 관계의 유비는 바르트의 자연신학의 틀을 형성하는 기초가 된다.

263 삼위일체를 기독교 신앙의 실천적 교리로 해석한 가톨릭 페미니스트 신학자다. 그녀는 시애틀 대학의 학부 과정을 거쳐 포담 대학에서 석사와 박사학위를 받았다. 1981년 노틀담 대학의 교수가 되어 조직신학을 가르쳤고 신학과 학장을 역임하였다. 저서로는『우리를 위한 하나님: 삼위일체와 그리스도인의 삶(God for Us)과 신학, 그 막힘과 트임: 여성신학개론』이 있다.

264 Catherine Mowry LaCugna, *God for Us: The Trinity and Christian Life*, 이세형 역, 『우리를 위한 하나님: 삼위일체와 그리스도인의 삶』(서울: 대한기독교서회, 2008), 385. 재인용, N. Cross, *Christian Feminism* (Front Royal, VA: Christendom Publication, 1984) preface.

265 노승수, Ibid. 2-3.

266 Walter E. Stuermann, "The image of man. The perspectives of Calvin and Freud," in *Interpretation: A Journal of Bible and Theology*, vol. 14 (1960): 28-42.

267 Augustine, De civitate Dei contra paganos 14. 27.

268 Donald M. Lake, *Mind. In Zondervan pictorial encyclopedia of the Bible*, Vol 4. ed. M. C. Tenney (Grand Rapid: Zondervan, 1975), 229.

269 Paker J. Palmer, *To know as we are known : Education as a Spiritual Journey*, 이종태 역, 『가르침과 배움의 영성 : 공동체, 사랑, 실천을 회복하는 교육』(서울: IVP, 2006), 5.

270 Paker J. Palmer, Ibid. 92.

271 John W. Sanderson, *Epistemology* (Chattanooga: Signal, 1972), 12.

272 John W. Sanderson, Ibid. 13.

273 Jay E. Adams, *The Christian counselor's manuel* (Grand Rapid: Baker 1973), 118.

274 Jay E. Adams, What about nouthetic couseling? (Grand Rapid: Baker 1977), 23.

275 John D. Carter, "Adams' Theory of nouthetic counseling,"in *Journal of Psychology and Theology* 3 (1975): 146.

276 한국대학생선교회, 『사영리에 대해 들어보셨습니까?』

277 Barry Applewhite, *Feeling good about your feelings* (Wheaton: Victor, 1980) 11.

278 장수민, 『Calvin의 기독교강요 분석 1』(서울: Calvin아카데미, 2006), 57. 재인용.

279 이은선, "멜랑히톤의 Loci communes초판의 주의주의 비판과 감정의 관계", 「한국교회사학회지」 제13권 (2003): 295-296.

280 이은선, Ibid.: 304.

281 John Calvin, *Inst.* 1. 15. 4.

282 John Calvin, *Inst.* 1. 17. 8.

283 Jonathan Edwards, Ibid. 146.

284 이은선, Ibid.: 293-294. 인용문을 논문의 문맥에 따라 "정서"를 "감정"으로 수정함.

285 Richard A. Muller, Ibid. 'habitus infusus' 참조 134-145.

286 Jonathan Edwards, Ibid. 148.

287 Jonathan Edwards, Ibid. 148.

288 Jonathan Edwards, Ibid. 148.

289 Jonathan Edwards, Ibid. 179.

290 Owen R. Brandon, "Heart." In *Baker's dictionary of Theology*, ed. E. F. Harrison. (Grand Rapids: Baker, 1966), 262.

291 Jonathan Edwards, Ibid. 151.

292 Jonathan Edwards, Ibid. 151.

293 William H. Goold. ed. "The Nature, Power, Deceit, and Prevalency of the Remainders of Indwelling Sin in Believers," in *Works of John Owen*, vol. 6, (Rio: Ages Software, Inc, 2000), 217.

294 William H. Goold. ed. "The Grace and Duty of being Spiritually-minded," Ibid. vol. 7. (Edinburgh: The Banner of Truth, 1965), 506-507.

295 William H. Goold. ed. "The Grace and Duty of being Spiritually-minded," Ibid. vol 7. (Edinburgh: The Banner of Truth, 1965), 483.

296 Thomas Vincent, Ibid. 84.

297 Thomas Vincent, Ibid. 84.

298 William R. Miller, Harold D. Delaney, eds. Ibid. 93. 재인용.

299 이은선, Ibid.: 293-294.

300 Sterling P. Lamprecht, *Our philosophical traditions: a brief history of philosophy in Western civilization*, 김태길 외 역, 『서양철학사』(서울: 을유문화사, 1994), 276-277.

301 Sterling P. Lamprecht, Ibid. 278-279.

302 William of Ockham, *Quodlibetal Questions*, trans. A. J. Fredoso & F. E. Kelly, New Haven : Yale U. P, 1991, 491-492; Peter King, "Ockham's Ethical Theory", *The Cambridge Companion to Ockham* (Cambridge University Press, 2001), 231-235.

303 Bengt Hagglund, *History of Theology*, 박희석 역, 『신학사』(서울: 성광문화사, 1989), 277-78.

304 이형기, 『종교개혁신학사상』(서울: 장로회신학대학출판부, 1984), 84.

305 Alister E. Mcgrath, *The Intellectual Origins of the European Reformation* (Oxford, 1987), 70–85. 전기 스콜라 신학 Thomas Aquinas를 중심으로 하는 실재론을 주장하는 via antiqua와 후기 William of Ockham을 중심으로 하는 유명론을 주장하는 via moderna로 구분된다.

306 후기 스콜라주의와 종교개혁의 연속성에 관한 두 가지 가설에 관해서는, Alister E. Mcgrath, *Reformation thought*, 『종교개혁사상입문』(서울: 성광문화사, 1992), 87–108. 참고

307 Heiko A. Oberman, *Master of the Reformation: The Emergence of a New Intellectual Climate in Europe* (Cambridge, 1981), 64–110; Alister E. Mcgrath, Ibid(1992). 103. 재인용.

308 Alister E. Mcgrath, Ibid(1992). 103.

309 김학모, ed. Ibid. 417. 웨스트민스터 신앙고백 11. 1.

310 이은선, Ibid.: 288.

311 지용원 편, 『루터선집: 교회의 개혁자』제5권 (서울: 컨콜디아사, 1986), 247–248.

312 최홍석, Ibid. 128.

313 전경연, "노예의지론과 루터의 하나님 이해", 「루터신학」제3권 (1966): 3

314 Bengt Hagglund, Ibid. 321.

315 Geoffrey W. Bromiley, *Historical Theology : An Introduction*, 서원모 역, 『역사신학』(서울 : 크리스챤 다이제스트, 1992), 318.

316 최홍석, Ibid. 153.

317 John Calvin, *Inst.* 2. 2. 17.

318 Calvin S. Hall, Ibid. 31.

319 Jay R. Greenberg & Stephen R. Mitchell, Ibid. 35f.

320 시카고 정신분석학교 학장인, 프란츠 알렉산더(Franz Alexander)를 중심으로 한 시카고 정신분석학교 교수들로 이뤄진 시카고 정신분석학파이다. 알렉산더는 초기에 정신분석학계에서 거의 이단처럼 취급되었는데 정통 정신분석학에서 역전이는 분석자 내부적 문제로 이해되었다. 그러나 알렉산더는 역전이를 내담자가 분석자의 마음에 불러일으키는 것으로 이해했다. 이것이 나중에 대상관계이론의 단초가 되었다. 시카고 정신분석학교를 중심으로 시카고학파를 이룬 대표적인 인물들은 알렉산더, 레온 사울(Leon J. Saul), 폴 디월트(Paul A. Dewald), 토마스 프렌치(Thomas French), 로이 크린커(Roy Grinker), 마우라이스 레빈(Maurice Levine), 윌리엄 메닝거(William Menninger), 칼 메닝거(Karl Menninger) 등 그 외 다수가 있다.

321 William McGuire, ed. *The Freud/Jung Letters: The Correspondence between Sigmund Freud and C. G. Jung*, trans. R Manheim and R. Hull (Princeton: PUP, 1974), 120–140. 1910년 1월 7일에 융에게 보낸 편지 중에서..

322 Sigmund Freud, "The Ego and The Id(1923)," Ibid. vol. 19. trans. James Strachey (London: The Hogarth Press, 1961) 31–32.

323 Sigmund Freud, "New Introductory Lectures on Psycho–Analysis(1932)," In Ibid. vol. 22,, trans. James Strachey (London: The Hogarth Press, 1964), 62.

324 Sigmund Freud, "New Introductory Lectures on Psycho–Analysis(1932)," In Ibid. vol. 22. trans. James Strachey (London: The Hogarth Press, 1964), 64–65.

325 Sigmund Freud, "An Autobiographical Study Inhibition, Symptoms and Anxiety," In Ibid. vol. 20. 223.

326 Sigmund Freud, "Economic Problem of Masochism," In Ibid. vol. 19. trans. James Strachey (London: The Hogarth Press, 1959), 167.

327 Calvin S. Hall, Ibid. 34–35.

328 Sigmund Freud, "New Introductory Lectures on Psycho–Analysis(1932)," in Ibid. vol. 22,, trans.

James Strachey (London: The Hogarth Press, 1964), 58.

329 Ronald Fairbairn, *Psychoanalytic studies of the personality*, 이재훈 역, 『성격에 대한 정신분석학적 연구』(서울: 한국심리치료연구소, 2003), 119-123.

330 J. Sandler & B. Rosenblatt, "The Concept of the Representational World," in *Psychoanalytic Study of the Child* 17. (New York: International University Press, 1962), 131-133.

331 Ana-Maria Rizzuto, *The birth of the living God : a psychoanalytic study*, 이재훈 외 역, 『살아있는 신의 탄생-정신분석학적 연구』(서울: 한국심리치료연구소, 2000), 164-165.

332 *Young Man Luther*라는 책은 루터가 청소년기의 정신적인 위기를 어떻게 주체적으로 극복하는지를 살피면서 소심한 청년 루터가 어떻게 의연한 16세기 종교개혁 지도자로 성장하는지를 다룬다. 이처럼 개인적인 경험이 어떻게 중요한 역사적 사건으로 승화되는지 분석했다. 인용부분은 고린도전서 13:12에 "우리가 지금은 거울로 보는 것 같이 희미하나 그 때에는 얼굴과 얼굴을 대하여 볼 것이요"라는 본문에서 유래한 것으로 보이며 루터의 상태를 세 번째 경우로 보는 듯하다.

333 Erik Erikson, *Young Man Luther* (New York: Norton, 1958), 264.

334 Ana-Maria Rizzuto, Ibid. 134.

335 Ana-Maria Rizzuto, Ibid. 109-111.

336 Margaret S. Mahler, *Fred Pine, and Anny Bergman*, 이재훈 역, 『유아의 심리적 탄생』(서울: 한국심리치료연구소, 1997), 64-77, 78-94.

337 정상적 자폐단계와 정상적 공생단계

338 분리-개별화단계, Mahler는 이를 "부화(hatching)"라는 비유로 설명했다.

339 분리-개별화 연습단계

340 Edith Jacobson, *The Self and the Object World* (New York: International University, 1964), 18-22.

341 Ana-Maria Rizzuto, Ibid. 65.

342 Hanna Segal, *Melanie Klein*, 이재훈 역, 『멜라니 클라인: 멜라니 클라인의 정신분석학』(서울: 한국심리치료연구소, 2003), 187.

343 Jay R. Greenberg & Stephen R. Mitchell, Ibid. 31.

344 김진영, "정신분석적 관점에서 본 주체와 객체의 문제", 『목회와 상담』가을호 (2003): 77.

345 Richard A. Muller, 'cognitio insita' in Ibid. 참조. 70.

346 John Calvin, *Inst.* 1. 3. 1.

347 Stanton L. Jones & Richard E. Butman, *Modern Psychotherapies*, 이관직 역, 『현대심리치료법』(서울: 총신대학출판부,1995), 143.

348 James William Jones, *Religion and psychology in transition: psychoanalysis, feminism and theology*, 이재훈 역, 『전환기의 종교와 심리학』(서울: 한국심리치료연구소, 2004), 52.

349 Ronald Fairbairn, Ibid. 44.

350 James William Jones, Ibid(2004). 52.

351 Ronald Fairbairn, Ibid. 46.

352 Ronald Fairbairn, Ibid. 112-113.

353 Jay R. Greenberg & Stephen R. Mitchell, Ibid. 258.

354 김진영, Ibid. 77.

355 Stanton L. Jones & Richard E. Butman, Ibid. 143.

356 John Calvin, *Inst.* 1. 15. 3.

357 Hanna Segal, Ibid. 187.

358 Leon J. Saul, Ibid(1992). 69.

359 Leon J. Saul, Ibid(1992). 69.

360 최윤배, "베르까우어의 인간론: '하나님의 형상'(imago Dei)을 중심으로", 「한국기독교신학논총」 21(2001): 140.

361 Herman Bavinck, ,Ibid(2011)., ed. by John Bolt, 324.

362 J. A. Comenius, *Didactica Magna*, 정일웅 역, 『대교수학』(서울: 창지사, 2002), 77.

363 최홍석. Ibid. 136-140. 요약.

364 Jay R. Greenberg & Stephen R. Mitchell, Ibid. 252-254.

365 Jay R. Greenberg & Stephen R. Mitchell, Ibid. 31.

366 Margaret S. Mahler, Ibid. 138-146. Donald W. Winnicott, *Playing & Reality*, 이재훈 역, 『놀이와 현실』(서울: 한국심리치료연구소, 1997), 14-20.

367 Donald W. Winnicott, Ibid. 33-49.

368 Jay R. Greenberg & Stephen R. Mitchell, Ibid. 259-260.

369 Stanton L. Jones & Richard E. Butman, Ibid. 143.

370 Ana-Maria Rizzuto, Ibid. 65.

371 Ana-Maria Rizzuto, Ibid. 94-95.

372 Michael St. Clair, *Human Relationships and Experience of God*, 이재훈 역, 『인간의 관계경험과 하나님 경험』(서울: 한국심리치료연구소, 1998), 22-23.

373 Ana-Maria Rizzuto, Ibid. 328.

374 Ana-Maria Rizzuto, Ibid. 24.

375 Ana-Maria Rizzuto, Ibid. 87.

376 Michael St. Clair, Ibid. 36-37.

377 Ana-Maria Rizzuto, Ibid. 329.

378 Margaret S. Mahler, Ibid. 64-94.

379 Donald W. Winnicott, Ibid. 14-20.

380 Ana-Maria Rizzuto, Ibid. 357.

381 Madeleine Davis & David Wallbridge, *Boundary and Space*, 이재훈 역, 『울타리와 공간』(서울: 한국심리치료연구소, 1997), 131-140.

382 Melanie Klein, "The Development of a Child," in *Love, Guilt and Reparation*, ed. Roger Money Kyrle (New York: The Free Press, 1975), 1-53.

383 John Calvin, *Inst.* 1. 3. 1.

384 Richard A. Muller, 'cognitio insita' in Ibid. 참조. 70.

385 Ana-Maria Rizzuto, Ibid. 89, 199, 202.

386 William W. Meissner, *Psychoanalysis and Religious Experience* (New Haven and London: Yale University Press, 1984), 141.

387 William W. Meissner, Ibid. 25.

388 Deborah Van Deusen Hunsinger, *Theology and pastoral counseling*, 이재훈, 신현복 역, 『신학과 목회상담』(서울: 한국심리치료연구소, 2000), 185. 210.

389 Ana-Maria Rizzuto, Ibid. 176.

390 Ana-Maria Rizzuto, Ibid. 178-206

391 Ana-Maria Rizzuto, Ibid. 208-246.

392 Ana-Maria Rizzuto, Ibid. 246-277.

393 Ana-Maria Rizzuto, Ibid. 278-324

394 Louis Berkhof, *Systematic Theology*, 권수경, 이상원 역, 『벌코프 조직신학』(고양: 크리스챤다이제스트, 2001), 참조.

395 Archibald Alexander Hodge, *Anthropology*, 고영민 역, 『하지 조직신학』 제2권 (서울: 기독교문사, 1981) 참조. 한글 번역본에는 "인간론, 기독론"이라는 부제가 붙어있으나 원서에는 Anthropology 라는 제목을 붙여두었다.

396 Timothy George, *Theology of the Reformers* (Leicester: Apollos, 1988), 213–219.

397 한병수, "칼빈의 신학적 구조: Cognitio Dei et nostri in duplice cognitione Dei cum symbolo apostolico," 『한국조직신학논총』 제41집 6호 (2015): 51–86.

398 Herman Bavinck, *Reformed Dogmatics*, 박태현 역, 『개혁교의학』 제3권 (서울: 부흥과 개혁사, 2011), 참조.

399 Richard A. Muller, Ibid. 281, 176.

400 John Calvin, *Inst.* 2, 3, 14.

401 Richard A. Muller, Ibid. 176. 본성의 자유(libertas naturae)는 존재의 특정한 본성에 따른 자유를 뜻하는데 다음과 같이 본성의 상태에 따라 4가지의 단계로 구분된다. 1) 아담의 자유(libertas Adami) 이것은 타락 이전에 죄를 짓지 않을 수 있었던 능력을 의미한다. 2) 죄인의 자유(libertas peccatorum): 이것은 타락한 본성의 한계에 부합하고 그런 한계 안에서의 자유로서 죄인이 어떠한 선도 행하지 못하는 절대적인 무능력을 의미한다. 3) 신자의 자유(libertas fidelium):이것은 성령으로 중생된 자들의 거듭난 본성에 고유한 자유로서 죄를 지을 수도 있고 선을 행할 수도 있는 능력이 특징이다. 4) 영화의 자유(libertas gloriae):하늘의 축복된 상태에 있는 성도의 완전하게 구속된 본성에 고유한 자유로서 죄를 짓지 못하는 절대적인 무능력을 의미한다.

402 John Calvin, *Inst.* 3, 2, 3.

403 John Calvin, *Inst.* 3, 2, 4.

404 John Calvin, *Inst.* 3, 2, 8.

405 John Calvin, *Inst.* 3, 2, 14.

406 John Bray, *Theodore Beza's Doctrine of Predestination* (Bibliotheca Humanistica & Reformatorica 12; Nieuwkoop: De Graaf, 1975), 15.

407 Richard A. Muller, Ibid. 134.

408 Joseph P. Wawrykow, *God's Grace and Human Action: 'Merit' in the Theology of Thomas Aquinas* (Notre Dame, IN: University of Notre Dame Press, 1995), 1–59.

409 Richard A. Muller, Ibid. 134.

410 J. Waterworth ed., Council of Trent, 'Decree on Justification', in *The Council of Trent: Canons and Decrees* (London: Burns and Oates, 1848), URL: http://history.handover.edu/early/trent.htm cap.6 and 7; Edurd Stakemeir, Glaube und Rechtfertigung: Das Mysterium der christlichen Rechtfertigung aus dem Glauben dargestellt nach den Verhandlungen und Lehrbestimmungen des Konzils von Trient (Freiburg im Breisgau: Herde, 1937), 196–220.

411 Aquinas나 중세신학자들은 인간의 타락을 그저 하나님의 형상의 상실이나 부재로 설명하려고 했다. 그에 비해 Calvin을 비롯한 종교개혁자들은 원의의 상실뿐만 아니라 우리 본성의 부패를 명확히 규정했다.

412 Richard A. Muller, Ibid. 134.

413 Council of Trent, "Decree on Justification," cap. 7.

414 Richard A. Muller, Ibid. 134

415 Richard A. Muller, Ibid. 134

416 Richard A. Muller, Ibid. 'habitus vitiosus acquisitus' 참조 135.

417 Maarten Wisse, "Habitus fidei: an essay on the history of a concept," in *Scottish Journal of Theology*, vol. 56, no 594 (2, 2003): 175.

418 Richard A. Muller, Ibid. 134.

419 Maarten Wisse, Ibid. 175.

420 Richard A. Muller, Ibid. 'cognitio insita' 참조. 70.

421 Richard A. Muller, Ibid. 'cognitio insita' 참조. 70.

422 Richard A. Muller, Ibid. 'habitus vitiosus acquisitus' 참조 135.

423 Richard A. Muller, Ibid. 'habitus infusus' 참조 134-145.

424 Richard A. Muller, Ibid. 278.

425 Richard A. Muller, Ibid. 134.

426 Richard A. Muller, Ibid. 21.

427 Gisbertus Voetius, *Disputationes Selectae* (Ultrajecti, 1648), 2.499; W. J. van Asselt and E. Dekker eds., *De scholastieke Voetius. Een luisteroefening aan de hand van Voetius' Disputationes Selectae* (Zoetermeer: Boekencentrum, 1995), 121.

428 Joel R. Beeke, *Assurance of Faith: Calvin, English Puritanism, and the Dutch Second Reformation* (American University Studies. Series 7, Theology and religion 89: New York: Peter Lang, 1991) 368-370.

429 Donald Treat McIntosh, "The Doctrine of man in Calvin's Institutes," (Diss. Westm*Inst*er Theological Seminary, 1947), 16.

430 Donald Treat McIntosh, Ibid. 15.

431 James M. Kennedy, "A brief study of Calvin's concept of the Image of God," (Master of Theology, Columbia Theological Seminary 1969), 25.

432 Richard A. Muller, Ibid. 'habitus vitiosus acquisitus' 참조 135. 'peccatum habituale acquisitum' 참조 220-221

433 Richard A. Muller, Ibid. 134

434 Richard A. Muller, Ibid. 134

435 Richard A. Muller, Ibid. 278.

436 Richard A. Muller, Ibid. 134.

437 Richard A. Muller, Ibid. 21.

438 Jonathan Edwards, Ibid. 151.

439 Freud 전집을 최초로 영어로 번역한 James Strachey가 Triebe를 *Instinct*로 번역한 후 Triebe는 본능으로 번역되었지만 이는 격렬한 논쟁을 불러왔다. 왜냐하면, 정신분석에서 욕동(Triebe)은 정신분석의 근본개념으로 무엇보다 Freud 스스로 욕동을 본능과 구분하고 있기 때문이다. 그의 본능개념은 동물을 포함한 모든 유기체의 고유한 조직화되고 선천적인 행동방식으로 행위의 목표와 대상은 한정적이다. 개체에 따라 행동 패턴에 편차가 거의 없다. 예컨대, 야행성이라는 하는 동물의 습성 같은 것이 본능이다. 이는 개별 야행성 동물에 따라 차이가 나지 않고 시간의 흐른다고 달라지지도 않는다.

440 Jay R. Greedberg & Stephen R. Mitchell, *Object Relations in Psychoanalytic Theory*. 이재훈 역, 『정신분석학적 대상관계이론』(서울: 한국심리치료연구소, 1999), 48.

441 Paul A. Dewald, *Psychotherapy a Dynamic Approach*. 이근후, 박영숙 역, 『정신치료의 역동요법』(서울: 하나의학사, 1985), 28.

442 독일어 제목은 *Triebe und Triebschicksale*이다.

443 Sigmund Freud, "*Inst*incts and their Vicissitudes(1915)," in Ibid. vol. 14, trans. James Strachey (London: The Hogarth Press, 1957), 118-121.

444 Jean Laplanche & Jean B. Pontalis, *The Language of Psycho-Analysis*, 임진수 역, 『정신분석사전』(서울:

열린책들, 2005), 167.

445 Bruno Bettelheim, *Freud and man's soul* (Alfred a Knop fInc, 1983), 104–106.

446 영어권 번역에 따라 본능이라고 번역되어 있는 것을 원문에 따라 욕동(Treibe)으로 수정했다.

447 Paul A. Dewald, Ibid(1985), 28.

448 Sigmund Freud, "The Unconscious(1915)," in Ibid. vol. 14, trans. James Strachey (London: The Hogarth Press, 1957), 177.

449 David Bakan, *Sigmund Freud and the Jewish Mystical Tradition* (London: Free Association Books, 1990), 273.

450 Jean Laplanche & Jean B. Pontalis, Ibid. 112–113.

451 Jonathan Edwards, Ibid. 148.

452 Jonathan Edwards, Ibid. 149.

453 Sigmund Freud, *An Outline of Psychoanalysis* (New York: Norton, 1940), 85.

454 Emmanuel Levinas, *Le Temps et l'Autre*, trans. R. A. Cohen, *Time and The Other* (Pittsburgh, Pennsylvania: Duquesne University Press, 2004), 89–90

455 Leon J. Saul, Ibid(1992). 69.

456 Leon J. Saul, Ibid(1992). 69.

457 Leon J. Saul, Ibid(1992). 70.

458 Leon J. Saul, Ibid(1992). 73.

459 Freud를 전기와 후기로 나누는 통상적 기준은 인간의 정신심리 기제를 의식(전의식 포함) 무의식으로 나누어 파악했던 단계를 전기로 보고, 이 양분체계가 후에 이드(Id), 자아(Ego), 초자아(Superego)라는 삼분체계로 통합되는 단계를 후기로 규정한다.

460 Leon J. Saul, Ibid(1992). 74.

461 Paul A. Dewald, Ibid(1985). 28.

462 Freud의 1911년 저술인, "Formulations on the Two Principles of Mental Functioning"에서 처음 쾌락원칙이 언급한다. 자세한 내용은 Sigmund Freud, "Formulations on the Two Principles of Mental Functioning (1911)," In Ibid. vol. 12, trans. James Strachey (London: The Hogarth Press, 1964.), 219. 각주 참조.

463 Paul A. Dewald, Ibid(1985). 29–30. Ibid(2010). 23–24.

464 Paul A. Dewald, Ibid(2010). 26. 원문에는 충동이라고 번역되어 있다. 충동(derive)와 욕동(Triebe) 사이에도 미묘한 차이가 있다. 욕동은 더 생리적인 힘을 의미하고 충동은 더 정신적인 힘을 의미한다. 시카고정신분석학파의 학자인 저자는 더 감정이며 정신적인 의미로 Freud를 이해한다.

465 Leon J. Saul, Ibid(1992). 69.

466 Leon J. Saul, Ibid(1992). 69.

467 Leon J. Saul, Ibid(2006). 109–110, 220, 247.

468 Jonathan Edwards, Ibid. 148.

469 Jonathan Edwards, Ibid. 149.

470 Jonathan Edwards, Ibid. 151.

471 Jonathan Edwards, Ibid. 155.

472 Jonathan Edwards, Ibid. 148.

473 Jonathan Edwards, Ibid. 149.

474 Jonathan Edwards, Ibid. 155.

475 Richard A. Muller, Ibid. 134.

476 Paul A. Dewald, Ibid(2010). 24.

477 Paul A. Dewald, Ibid(2010). 20.

478 Breuer & Freud, "Studies on Hysteria(1893-1895)," In Ibid. vol. 2, trans. James Strachey (London: The Hogarth Press, 1959), 7.

479 Richard A. Muller, Ibid. 'habitus vitiosus acquisitus' 참조 135.

480 Maarten Wisse, "Habitus fidei: an essay on the history of a concept," Ibid. vol. 56, no 594 (2003): 175.

481 Richard A. Muller, Ibid. 281, 176.

482 Richard A. Muller, Ibid. 134.

483 Paul A. Dewald, Ibid(2010)., 26.

484 Leon J. Saul, Ibid(1992). 69.

485 Leon J. Saul, Ibid(1992). 69.

486 Leon J. Saul, Ibid(1998). 36.

487 동서심리상담연구소, 『대물림되는 핵심감정』(충북 영동: 동서심리상담연구소, 2004). 84. 그림 1. 참조.

488 Saul은 아동기의 생태적 욕구, 아동기의 타인과의 관계, 오이디푸스의 형제자매 상황, 아동에 대한 조건화의 영향, 정상적 욕구의 왜곡, 핵심적 양식과 성인기의 경험, 이렇게 6가지를 든다.

489 Leon J. Saul, Ibid(1992). 44.

490 Leon J. Saul, Ibid(2006). 385-409.

491 Leon J. Saul, Ibid(1992). 44-45.

492 Saul의 모형은 Leon J. Saul, Ibid(2006). 507을 참고하라.

493 이문희, Ibid. 186. 재인용.

494 전요섭, 『기독교상담의 실제 』(서울: 한국복음문서간행회, 2001), 14-18.

495 John Calvin, Inst. 3. 12-13.

496 William H. Goold. ed., "The Nature, Power, Deceit, and Prevalency of the Remainders of Indwelling Sin in Believers," in Works of John Owen, vol. 6 (Rio: Ages Software, Inc. 2000), 217.

497 Bruno Bettelheim, Ibid. 참조. James F. Masterson, Ibid. 41.

498 William H. Goold. ed., "The Nature, Power, Deceit, and Prevalency of the Remainders of Indwelling Sin in Believers," in Works of John Owen, vol. 6 (Rio: Ages Software, Inc. 2000), 217.

499 Louis Berkhof, Systematic Theology. 권수경, 이상원 역, 『벌코프 조직신학』(고양: 크리스챤다이제스트, 2001), 465. 원문 참고하여 일부 번역을 수정함.

500 James William Jones, Ibid(2004). 52.

501 Paul A. Dewald, Ibid(1985). 28.

502 욕동의 자극은 외부 세계가 아니라 신체의 내부에서 발생한다. 욕동은 순간적이 아니라 지속적인 자극을 주는 힘으로서 작용한다. 따라서 욕동을 회피할 수가 없으며 항구적인 문제다. Sigmund Freud, "Instincts and their Vicissitudes(1915)," in Ibid. vol. 14. trans. James Strachey (London: The Hogarth Press, 1957), 118-121 참조.

503 Emmanuel Levinas, Le Temps et l'Autre, trans. R. A. Cohen, Time and The Other (Pittsburgh, Pennsylvania: Duquesne University Press, 2004), 89-90.

504 Jonathan Edwards, Ibid. 151.

505 Thomas Aquinas, Ibid. 1. 95. 1. 이 표현이 꼭 옳다는 의미가 아니라 단지 대응한다는 의미다.

506 Richard A. Muller, Ibid. 135. peccatum habituale acquisitum 220. 참조

507 Maarten Wisse, "Habitus fidei: an essay on the history of a concept," in Ibid. vol. 56, no 594 (2003): 175.

508 Richard A. Muller, Ibid. 281, 176.

509 Louis Berkhof, Ibid. 465.

510 Leon J. Saul, Ibid(1992). 69.

511 Leon J. Saul, Ibid(1992). 69.

512 Richard A. Muller, Ibid. 224. *persona est naturae rationalis individua substantia.*

513 문병호, Ibid. 430.

514 Leon J. Saul, Ibid(1988). 32.

515 Karl Augustus Menninger, *Whatever Became of Sin* (New York: Hawthorn Books, 1973), 50–99.

516 최홍석, Ibid. 283–291.

517 Leon J. saul, Ibid(1988). 28. 원문은 아동기 감정양식으로 되어 있다.

518 박형용, 『교의신학: 인죄론』제3권 (서울: 은성문화사, 1968), 125–135.

519 Richard A. Muller, Ibid. 258.

520 Louis Berkhof, Ibid. 464.

521 James William Jones, Ibid(2004). 52.

522 Ronald Fairbairn, Ibid. 112–113.

523 Jay R. Greenberg & Stephen R. Mitchell, Ibid. 258.

524 최태영, "Karl Barth의 자연신학", 「신학과 목회」(영남신학대학교, 1998): 5. 참조. Barth는 초기 신앙의 유비로 신학을 전개하다가, Brunner와의 논쟁 후, 관계의 유비에 착안해 신학을 발전시켰다. 관계의 유비는 바르트의 자연신학의 틀을 형성하는 기초가 된다.

525 Paul A. Dewald, Ibid(1985). 28.

526 Heinz Hartmann, Ibid(1964). 114.

527 이문희, Ibid. 186.

528 Jonathan Edwards, Ibid. 148.

529 Jonathan Edwards, Ibid. 151.

530 Hoekema가 말하는 psychosomatic unity라는 표현은 미묘한 표현인데 그 방향성에 있어서 정신의 신체화로서 통일성을 말한다. 몸의 추동이 몸으로부터 정신에 표상되고 부착되는 방향성을 말한다면, 정신이 신체로 표현되는 것을 말하는 것이다(Anthony Andrew Hoekema, *The Bible and the Future*, 95, Created in God's Image, 217).

531 Hanna Segal, Ibid. 187, Ana–Maria Rizzuto, Ibid. 328, Madeleine Davis & David Wallbridge, Ibid. 131–140, Melanie Klein, Ibid(1975). 1–53.

532 William H. Goold. ed. "The Grace and Duty of being Spiritually–minded," Ibid. vol 7. (Edinburgh: The Banner of Truth, 1965), 483.

533 William H. Goold. ed. "The Grace and Duty of being Spiritually–minded," Ibid. vol 7. (Edinburgh: The Banner of Truth, 1965), 485.

534 Margaret S. Mahler, Ibid. 138–146. Donald W. Winnicott, Ibid. 14–20.

535 Sigmund Freud, "The Ego and The Id(1923)," in Ibid. vol. 19, trans. James Strachey (London: The Hogarth Press, 1961), 26.

536 Sigmund Freud, "New Introductory Lectures on Psycho–Analysis(1932)," in Ibid. vol. 22, trans. James Strachey (London: The Hogarth Press, 1964), 75.

537 Richard A. Muller, Ibid. 224. *persona est naturae rationalis individua substantia.*, 문병호, Ibid. 430.

538 Paul A. Dewald, Ibid(1985). 35.

539 Paul A. Dewald, Ibid(1985). 34.

540 Sigmund Freud, "The Ego and The Id(1923)," in Ibid. vol. 19, trans. James Strachey (London:

The Hogarth Press, 1961), 19.

541 Ana-Maria Rizzuto, Ibid. 329, 357, Margaret S. Mahler, Ibid. 64-94, Donald W. Winnicott, Ibid. 14-20, Madeleine Davis & David Wallbridge, Ibid. 131-140.

542 John Calvin, *Inst*. 1. 3. 1.

543 John Calvin, Ibid(1973). 30-33.

544 노승수, Ibid. 24.

545 David Cairns, Ibid. 128.

546 Melanie Klein, Ibid(1975). 1-53.

547 Richard A. Muller, Ibid. 278.

548 Augustine, *On Nature and Grace*, 3. 3; 19. 21; 20. 22.

549 Thomas Vincent, Ibid. 83-84.

550 John Calvin, *Inst*. 1. 15. 4. ; 2. 2. 12.

551 John Calvin, *Inst*. 1. 15. 4. Cf. Commentaries on the Book of Genesis, 95.

552 Richard A. Muller, Ibid. 'habitus infusus' 참조 134-145.

553 Jonathan Edwards, Ibid. 146.

554 Jonathan Edwards, Ibid. 151.

555 John Calvin, *Inst*. 1. 3. 1.

556 Richard A. Muller, Ibid. 278.

557 Sigmund Freud, "New Introductory Lectures on Psycho-Analysis(1932)," In Ibid. vol. 22. trans. James Strachey (London: The Hogarth Press, 1964), 62.

558 Calvin S. Hall, Ibid. 31.

559 Ana-Maria Rizzuto, Ibid. 87.

560 Ana-Maria Rizzuto, Ibid. 24.

561 Ana-Maria Rizzuto, Ibid. 87.

562 Ana-Maria Rizzuto, Ibid. 329.

563 Ana-Maria Rizzuto, Ibid. 328.

564 Ana-Maria Rizzuto, Ibid. 329.

565 Anthony Andrew Hoekema, *The Bible and the Future*, 95.

566 Richard A. Muller, Ibid. 224. *persona est naturae rationalis individua substantia*.

567 문병호, Ibid. 430.

568 최태영, Ibid.: 5. 참조.

569 Dietrich Bonhoeffer, Ibid. 37.

570 Karl Barth, Ibid. 185.

571 Louis Berkhof, Ibid. 287

572 Paul A. Dewald, Ibid(1985). 28.

573 Jay R. Greedberg & Stephen R. Mitchell, Ibid. 48.

574 Paul A. Dewald, Ibid(1985). 28.

575 Jay R. Greenberg & Stephen R. Mitchell, Ibid. 258.

576 Ronald Fairbairn, Ibid. 112-113.

577 Richard A. Muller, Ibid. 204. non posse non peccare.

578 Sigmund Freud, "New Introductory Lectures on Psycho-Analysis(1932)," in Ibid. vol. 22,, trans. James Strachey (London: The Hogarth Press, 1964) 58.

579 Sydney E. Pulver, Ibid. 97

580 Hanna Segal, Ibid, 187.

581 김진영, Ibid.: 77. 참조. Klein은 "유아는 어머니의 존재에 대한 타고난 무의식적 자각을 가지고 있다.…이 본능적인 지식은 유아가 어머니와 같은 최초의 관계형성을 위한 기초가 된다."고 보았다.

582 William H. Willimon, *Worship as Pastoral Care* (Nashville: Abingdon Press, 1982), 31–52.

583 Leon J. Saul, *The Childhood Emotional Pattern in Marriage*, 천성문 외역, 『아동기 감정양식과 성숙』 (서울: 시그마프레스, 2006), 273.

584 Leon J. Saul, *The Childhood Emotional Pattern in Marriage*, 최수호 역, 『결혼과 소아기 감정양식』(서울: 하나의학사, 1997), 339.

585 Paul A. Dewald, Ibid(2010), 131–134. 자세한 내용은 130쪽, "(2) 아동기 감정양식을 발견하는 방식"을 참고하라.

586 Leon J. Saul, Ibid(1992), 80.

587 Leon J. Saul, Ibid(2006), 276.

588 Leon J. Saul, Ibid(2006), 276–277.

589 Leon J. Saul, Ibid(2006), 277.

590 Leon J. Saul, Ibid(2006), 287.

591 Paul A. Dewald, Ibid(2010), 41–45.

592 Richard A. Muller, Ibid, 134

593 Richard A. Muller, Ibid, 134

594 Richard A. Muller, Ibid, 135. peccatum habituale acquisitum 220. 참조

595 Richard A. Muller, Ibid, 187–188.

596 Leon J. Saul, Ibid(1998), 36.

597 Leon J. Saul, Ibid(1992), 44–45.

598 1. 박탈(deprivation), 2. 지배(domination) 3. 경시(depreciation)

599 1. 투쟁(fight), 2. 도피(flight), 3. 억압(frozen)

600 Louis Berkhof, Ibid, 435–436.

601 Leon J. Saul, Ibid(1988), 32.

602 임영택, "웨슬리 초기 공동체 형성과 성격에 관한 연구", 『기독교교육정보』제38권 (2013): 57.

603 Heinz Kohut, Ibid(1985), 10.

604 Louis Berkhof, Ibid, 403. 참조, Berkhof은 구약에서는 하등한 것과 고등한 것, 동물적인 것과 신적인 것, 지상의 것과 천상의 것이라는 두 요인(factors)의 단일하고 조화로운 결과로서 인간을, 신약에서는 70인역을 거쳐 오면서 구약의 의미에 대해서 비물질적인 것으로 영혼과 물질적인 것으로의 몸이라는 그리스적 개념이 더하여진 것으로 설명한다.

605 Leon J. Saul, Ibid(1992), 69.

606 Jay R. Greedberg & Stephen R. Mitchell, Ibid, 258.

607 Leon J. Saul, Ibid(1998), 36.

608 Leon J. Saul, Ibid(1992), 44–45.

609 Richard A. Muller, Ibid, 134

610 Richard A. Muller, Ibid, 135. peccatum habituale acquisitum 220. 참조

611 Richard A. Muller, Ibid, 278.

612 이문희, Ibid, 175–181.

613 Benjamin. B. Warfield, "On the Literary History of Calvin's 'Institutes'," Calvin and Calvinism (New York: Oxford University Press, 1931), 373–428.

614 Richard A. Muller, Ibid. 304.

615 Benjamin. B. Warfield, "On the Literary History of Calvin's 'Institutes'," Ibid. 373–428.

616 한병수, Ibid.: 51–86.

617 이에 관한 많은 다른 의견은 한병수, Ibid.: 51–86를 참고하라.

618 Warren W. Wiersbe, *The Bible exposition commentary* Vol. 1 (Wheaton, IL: Victor Books, 1996), 513 참조. 원문은 아래와 같이 되어 있다. 1. 죄−의가 요구되다(1:18−3:20) 1)이방인의 죄책 (1:18−32), 2) 유대인의 죄책(2:1−3:8), 3)모든 세상의 죄책(3:9−20), 2. 구원−의가 요구되다. 1) 칭의의 진술(3:21−31) 2) 아브라함을 통한 칭의 예시(4장) 3) 아담 안에서 칭의의 설명 3. 성화−의 가 요구되다(6−8장) 1) 육체로부터 승리(6장) 2) 율법으로부터 자유(7장) 3) 성령 안에서의 보장(8 장) 4. 통치권−의가 요구되다(9−11) 1) 이스라엘의 과거의 부요(9장) 2) 이스라엘의 현재의 거부 (10장) 3) 이스라엘의 미래의 회복(11장) 5. 예배−의가 요구되다(12:1−15:7). 1) 교회 안에서(12 장) 3) 사회 인에시(13장) 3) 믿음이 연약한 지를 향하여(14:1−15:7)

619 Emmanuel Levinas, Ibid. 89−90

620 John Calvin, *Inst*. 1. 5. 15.

621 John Calvin, Ibid(1973). 30.

622 John Calvin, Ibid(1973). 33.

623 현은수, Ibid. 28−34.

624 한철희, Ibid.: 402−406.

625 Paker J. Palmer, Ibid. 54.

626 Robert M. Martin, Ibid. 46.

627 남경희, Ibid. 147.

628 John Calvin, *Inst*(1536). 1. 1. 1.

629 John McDargh, "Group Psychotherapy as Spiritual Discipline: From Oz to the Kingdom of God," *Journal of Psychology and Theology* 22(1994), 290−299.

630 Paul A. Dewald, Ibid(1985). 28.

631 Leon J. Saul, Ibid(1992). 69.

632 Jay R. Greedberg & Stephen R. Mitchell, Ibid. 266..

633 Paul A. Dewald, Ibid(2010). 131−134. Leon J. Saul. Ibid(1988). 45−50.

634 임효덕, Ibid.: 5.

635 Leon J. saul, Ibid(1988). 45−50.

636 Leon J. Saul, Ibid(1988). 45−48.

637 Paul A. Dewald, Ibid(2010). 129−148.

638 Leon J. Saul, Ibid(1988). 45−46.

639 Paul A. Dewald, Ibid(2010). 109−126

640 Leon J. Saul, Ibid(1988). 45−46. Paul A. Dewald, Ibid(2010). 131.

641 John Calvin, *Inst*(1559). 2. 6. 1.−2. 11. 14.

642 John Calvin, *Inst*. 2. 1. 2.

643 John Calvin, *Inst*. 2. 1. 3.

644 노승수, Ibid. 23.

645 Richard A. Muller, Ibid. 281, 176.

646 이은선, Ibid.: 293−294.

647 Paul A. Dewald, Ibid(2010). 184.

648 한철희, Ibid.: 402−406.

649 John Calvin *Inst.* 3. 2. 1. – 3. 2. 2.

650 John Calvin *Inst.* 3. 2. 6.

651 John Calvin *Inst.* 3. 2. 33 – 3. 2. 35.

652 John Owen, *The Mortification of Sin*, 서문강 역, 『죄죽이기』 (서울: SFC, 2004), 87–88.

653 Heinz Hartmann, "Contribution to the Metapsychology of Schizophrenia," in *The Psychoanalytic Study of fhe Child* 8 (1953), 185 참조; Heinz Hartmann, "Notes on the Theory of Sublimation," in *The Psychoanalytic Study of the Child* 10 (1955), 21 참조

654 Rizzuto는 하나님표상을 수염이 없는 하나님(god without whiskers), 거울 속의 하나님(god in the mirror), 불가사의한 하나님(god, the enigma), 적대자로서의 하나님(god, my enemy)로 제시했다.

655 임효덕, Ibid.: 7.

656 John Calvin, *Inst.* 4. 14. 1. – 4. 14. 13.

657 John Calvin, *Inst.* 4. 14. 9.

658 William H. Willimon, Ibid. 147–194.

659 Louis Berkhof, Ibid. 287.

660 현은수, Ibid. 28–34.

661 한철희, Ibid.: 402–406.

662 William E. Burns, *The Scientific Revolution: An Encyclopedia: History of Science* (Santa Barbara, California: ABC–CLIO, 2001), 84. Descartes의 이 명제는 라틴어로 된 cogito ergo zum이 더 유명하다.

663 Paker J. Palmer, Ibid. 138.

664 Michael F. Basch, Ibid. 53.

INDEX

색인

인명 색인

ㄱ

건트립 105
게스트 49

ㄴ

네스토리우스 86
노바 49
니젤 116
니체 74, 91

ㄷ

데이비스 145
데카르트 21, 195, 208
델라니 34, 85, 90, 118
돕슨 54
디마레스트 119
디월트 98, 159, 164

ㄹ

라캉 97
라쿠나 119
레비나스 160, 195
레이크 122
로젠블렛 135
루터 14, 37, 84, 129-132, 150, 165, 172, 200
리미니 131
리브스 37
리주토 33, 136, 138, 144-149, 204
린데만 69

ㅁ

맥레오드 88
맥킨토시 155
멀러 153
멜란히톤 125, 126, 129, 201

모린 25
밀러 34, 85, 90, 118

ㅂ

바르트 22, 23, 117-120, 174, 183
바빙크 113, 141, 150
바질 89
배틀즈 124
벌카우어 141
벌코프 149
벨라민 113
보에티우스 88
본회퍼 117, 118, 183
부마-프레디거 25
브랜든 127
브룬너 22, 116, 118
비엘 130
비트겐슈타인 16, 92, 96
빈센트 111, 113, 114, 122, 123, 126-129

ㅅ

사울 46-49, 68, 81, 94, 33, 140, 160-162, 172, 198
샌들러 135
스코투스 130
스토트 35
스튜어만 121
스프라울 25

ㅇ

아담스 107, 123, 124, 127
아리스토텔레스, 14, 20, 154
아퀴나스 20, 23, 109, 110, 130, 151, 154, 171
안나 프로이트 97, 98